• 二十一世纪"双一流"建设系列精品规划教材

民间非营利组织财务管理

MINJIAN FEIYINGLIZUZHI CAIWUGUANLI

主 编 ○ 谢晓霞

西南财经大学出版社

中国·成都

图书在版编目（CIP）数据

民间非营利组织财务管理/谢晓霞主编 . —成都:西南财经大学出版社，
2019.10
ISBN 978-7-5504-4070-8

Ⅰ.①民…　Ⅱ.①谢…　Ⅲ.①非营利组织—财务管理　Ⅳ.①F235

中国版本图书馆 CIP 数据核字（2019）第 168978 号

民间非营利组织财务管理

主编　谢晓霞

责任编辑	王利
封面设计	墨创文化　张姗姗
责任印制	朱曼丽
出版发行	西南财经大学出版社(四川省成都市光华村街 55 号)
网　址	http://www.bookcj.com
电子邮件	bookcj@foxmail.com
邮政编码	610074
电　话	028-87353785
照　排	四川胜翔数码印务设计有限公司
印　刷	四川五洲彩印有限责任公司
成品尺寸	185mm×260mm
印　张	13.75
字　数	222 千字
版　次	2019 年 10 月第 1 版
印　次	2019 年 10 月第 1 次印刷
印　数	1— 2000 册
书　号	ISBN 978-7-5504-4070-8
定　价	48.00 元

前言
Preface

民间非营利组织是指不以营利为目的，主要开展各种志愿性的公益或互益活动的非政府的社会组织。其主要属性包括了非营利性、非政府性、志愿公益性或互益性。民间非营利组织财务管理属于高级财务管理的一个分支，也是民间非营利组织管理的重要组成部分。

中国民间非营利组织的类型包括基金会、社会团体、民办非企业单位（或叫做社会服务机构），经过几十年的发展，当前的数量达到 80 多万家。中国慈善联合会发布的《2017 年度中国慈善捐助报告》显示，2017 年度中国境内接受国内外款物捐赠共计 1 499.86 亿元。如此快速增长的民间非营利组织数量，以及大额的募款总量，让民间非营利组织在运作过程中对资金募集、资金预算、资金使用、资金评估等方面的需求越来越多，迫切需要大量系统掌握非营利组织财务管理专业知识的人才进入公益领域，从资金运作管理方面为公益领域、社会组织发展提供专业支持。当前民间非营利组织越来越多地参与到社会治理、社区治理、社会发展的过程中，在基层治理中越来越发挥出自己的作用，同时，民间非营利组织在管理过程中，越来越凸显财务管理知识的匮乏，不知道如何更好地发挥民间非营利组织的资金使用效益，如何处理资金运作背后涉及的所有利益相关方关系，让资金能够高效透明地使用，更好地参与社会治理进程，发挥社会组织应有的作用。这些问题已经成为当前中国民间非营利组织财务管理工作面临的迫切需要解决的问题。然而，国内市场上现有的关于民间非营利组织财务管理领域的系统性介绍的教材书籍比较缺乏。因此，为丰富民间非营利组织财务管理领域的专业教材书籍市场，为广大感兴趣的读者系统性学习民间非营利组织财务管理知识提供方便，我们组织编撰了本书。

本书的出版是基于当前社会发展的大背景下，对社会管理、公益行业领域财务管理人才需求迫切的情况下，结合自己的研究领域，在编者出版的《民间非营利组织财务管理理论与实务》（经济管理出版社 2013 年出版）的基础上，进一步补充完善了民间非营利组织财务管理的理论知识体系，使其更加具有逻辑性、更加系统化，出版的一本专业书籍。本书增加了最近五年以来，在公益慈善领域、民间非营利组织财务管理领域出现的最新案例，比如公益信托（慈善信托）、互联网募款、社会企业的资金管理模式等内容。该教材的出版，一是为了满足市场需求，二是为了更新知识体系。

本书以财务管理领域的基本理论为基础，结合民间非营利组织的特点，在介绍民间非营利组织预算管理、日常资金管理、项目资金管理、筹资与投资管理、财务报告与财务分析理论和方法的基础上，对民间非营利组织的财务绩效评估和财务监督进行了介绍。并在理论介绍的基础上，从财务管理的视角出发，选取了最近几年民间非营利组织中的典型案例进行分析。本书既包括财务管理的基础知识的系统性介绍，又提供了经典案例分析，具有很强的可读性和实用性。

全书分为上下两篇。上篇介绍民间非营利组织财务管理基础理论，包括 8 章内容，从第 1 章到第 8 章分别对民间非营利组织财务管理涉及的基础概念、预算管理、日常资金管理、项目资金管理、筹资管理与投资管理、财务报告与分析、财务绩效评估、财务监督等基础内容进行了介绍。其目的是使读者对民间非营利组织财务管理的基本知识在理论上形成全面的认识，掌握财务管理的关键技术和方法。下篇从第 9 章到第 12 章，主要介绍民间非营利组织财务管理案例与实务，包括 16 个案例，目的是使读者通过案例分析加深对资金募集、资金运作及资金监督管理的理解，为在实践中处理民间非营利组织财务管理实务提供借鉴和参考。

总结起来，本书主要有以下两个特点：

（1）注重理论与实际相结合。整本书的结构安排以财务管理的系统性理论知识介绍为基础，在此基础上进行具体的财务管理技术和方法的介绍。

（2）引入大量近期典型的案例分析。本书在介绍财务管理基础理论的基础上，引入了大量的近期发生的真实案例，重点将财务管理的原理和方法与案例相结合进行分析，对现实中民间非营利组织的财务管理具有很强的指导性。

本书可以作为公共管理、慈善管理、非营利组织管理、会计学等管理类学科的本科和研究生教材，也可以作为民间非营利组织从业人员的普适性读本，并可以作为民间非营利组织管理层、民间非营利组织研究人员以及对民间非营利组织财务管理感兴趣的读者的日常阅读资料。

本书由谢晓霞主编，负责拟定撰写大纲以及逻辑框架，统筹编著工作。马研君、丁涌洪、刘梦妮等参与编写。其中：谢晓霞编写了第1章、第8章、第10章；马研君编写了第7章、第11章；丁涌洪编写了第3章、第5章、第6章、第9章；刘梦妮编写了第2章、第4章；明月、唐雨菲、张雅倩、武惟一、杨鹿野合作编写第12章；最后，由谢晓霞负责本书的审核、校稿和统稿工作。

本书的编写得到了西南财经大学、基金会中心网、北京师范大学珠海分校宋庆龄公益慈善教育中心等单位的大力支持。同时也借鉴了国内外作者的一些研究成果。在此，对本书中所借鉴文献的作者、撰写团队成员及对本书有贡献的所有各方表示由衷的感谢！

由于编者水平有限，书中疏漏和错误在所难免，真诚地希望广大读者提出宝贵意见，以便今后进一步修订和完善。

谢晓霞

2019年9月

于西南财经大学柳湖之畔

目录 CONTENTS

上篇
民间非营利组织
财务管理基础理论

第一章
民间非营利组织财务管理概述

学习目标

- 了解民间非营利组织财务管理的含义
- 理解民间非营利组织财务管理的特征
- 理解民间非营利组织财务管理与企业财务管理的区别
- 掌握民间非营利组织财务管理的基本内容

第一节　民间非营利组织财务管理的含义与特征

一、民间非营利组织的内涵

民间非营利组织是指由民间出资举办的、不以营利为目的，从事教育、科技、文化、卫生、宗教等社会公益活动的社会服务组织。它主要包括依照国家法律、行政法规登记的社会团体、基金会、民办非企业单位和寺院、宫观、清真寺、教堂等。

中华人民共和国财政部 2004 年颁布《民间非营利组织会计制度》，规定民间非营利组织应当同时具备以下特征：

（1）该组织不以营利为宗旨和目的；

（2）资源提供者向该组织投入资源不得取得经济回报；

（3）资源提供者不享有该组织的所有权。

民间非营利组织就是不以营利为目的的组织，其经营的目的在于社会利益而非某人或组织的经济利益。

二、民间非营利组织财务管理的特征

民间非营利组织财务管理是指民间非营利组织在运作过程中涉及的所有资金管理事务，包括民间非营利组织资金来源管理（筹资管理）、资金支出管理（日常资金管理、项目资金管理、投资管理）、资金管理涉及的内部控制、审计监督等事务。民间非营利组织财务管理的特征主要表现为：

（一）财务管理目标的非营利性

企业是以营利为目的的组织，其财务管理的目标是企业价值最大化或股东财富最大化。企业财务管理目标决定了财务管理的主要内容。而民间非营利组织不以营利为目的，也不向资源提供者提供经济回报。民间非营利组织的目标是在其财力允许的范围内向公民提供尽可能多的准公共产品，在资源有效配置的条件下使其社会价值最大化。这是民间非营利组织与企业财务管理目标最大的区别。

（二）资金来源的多样性

企业主要的资金来源一般通过销售产品或提供服务，从产品的消费者或者所服务的顾客那里获取。而民间非营利组织的资金来源呈现出多元化的特征，具有特殊性。民间非营利组织的资金主要来源于接受捐赠和公共部门的支持，也有很少一部分资金来源于从顾客那里获取的产品收入和服务收入，比如销售一些纪念品等形式获取的资源。当然，伴随着社会企业的发展，民间非营利组织的资金来源将会越来越呈现出多元化的趋势，但项目资金收入、政府购买服务、日常捐赠等方式仍然是民间非营利组织主要的资金来源渠道。

（三）财务管理主体的所有权形式的特殊性

企业的股东投资创办了企业，成为企业的所有者，拥有企业资财的剩余索取权。民间非营利组织资金的权益属于组织本身所有，资金的提供者在提供资财之后不再拥有所提供资财的所有权。民间非营利组织呈现出资源的提供者与资源的管理者相分离的委托—代理现象，由于两者的目标不一致，往往会产生委托—代理问题，从而降低资源的配置效率，妨碍民间非营利组织实现社会价值最大化这一目标。因此，民间非营利组织所有权形式的特殊性，决定了在其财务管理过程中更加强调如何降低委托—代理成本，最大化资源配置效率，从而实现社会价值最大化的目标。

三、民间非营利组织财务管理原则

民间非营利组织财务管理原则是组织非营利组织经济活动、处理财务关系的准则。民间非营利组织财务管理工作应遵循以下几项原则：

（一）严格执行国家法律、法规及财务制度的原则

在社会主义市场经济条件下，一切财务活动都必须在法律规定的范围内运行。民间非营利组织的财务管理要严格遵守国家相关法律、法规和财务制度，牢固树立法律意识，规范民间非营利组织财务行为，使各项财务管理工作在法制轨道上运行。这是民间非营利组织财务管理所应遵循的最基本的原则。

（二）坚持量入为出、控制成本的原则

控制成本是民间非营利组织财务管理工作必须长期坚持的原则。民间非营利组织在开展日常业务活动时，应以预算为依据，充分实现资源的有效配置。一方面，积极采取措施，有效地使用有限资金，反对和杜绝铺张浪费的现象；另一方面，要大力提高资金使用效率，不能盲目投资，应使有限的资金得到合理的使用。

（三）实行预算管理的原则

民间非营利组织的全部财务活动都应按规定编制预算，形成以预算管理为中心的经济管理信息系统，提高管理效果。正确编制组织预算，可以有计划地组织单位的财务活动，保证各项业务的顺利进行。随着财务预算制度的改革和创新，民间非营利组织预算的编制，应更多地采用零基预算等科学的编制方法，按照当地财政对其预算编制的要求，完成组织预算的编制、批准及执行工作。

（四）统一领导和集中管理的原则

民间非营利组织财务管理工作，是在最高管理层或总会计师的领导下，由民间非营利组织财务部门统一进行的管理工作。民间非营利组织财务管理是一项综合性较强的管理工作，它以价值形式综合反映本单位的生产经营活动，管理层进行统一领导时，必须加强各项财务基础工作的建设，财务相关部门也应健全各类原始记录，严格计量验收，加强定额管理，做好财产清查工作，形成统一领导和集中管理的多层管理格局。

（五）坚持以社会效益为主，讲究经济效益的原则

民间非营利组织承担着一定的政府福利职能，具有社会公益性特征，且不以营利为目的。其运行目的在于保障国民经济和社会事业的发展，并以社会效益为最高原则。民间非营利组织在追求社会效益的同时，也应注重财务管理的资金使用效率，要充分利用民间非营利组织现有的人力、物力、财力，达到社会效益的最大化，更好地满足社会的需求。

（六）国家、单位和个人三者利益兼顾的原则

民间非营利组织在财务管理中，必须坚持国家、单位与个人三者利益兼顾的原则。作为相对独立的财务核算主体，民间非营利组织在追求社会效益的同时，要自觉维护国家的利益，顾全大局，将国家利益放至首位。同时，在处理组织与职工之间的财务关系时，要坚持按劳分配制度，充分体现和认可职工的劳动权益。当三者利益发生冲突时，单位与个人的利益必须服从国家利益，个人利益则必须服从单位利益。

第二节 民间非营利组织财务管理的目标及内容

目标是判断一项决策优劣的指导和标准。财务管理的目标是建立财务管理体系的逻辑起点。财务管理的目标决定了它所采用的原则、程序和方法。

一、民间非营利组织财务管理的目标

一个组织本身的目标决定了组织的财务管理目标。民间非营利性组织财务管理的实质是管理组织资金方面的相关事务。民间非营利组织财务管理的目的是保证提供足够的资金，开展公共活动，完成具体的社会使命。这需要民间非营利组织制定科学的财务管理制度，使其能够获取并有效使用资金。民间非营利组织财务管理的目标可以表述为：获取并有效使用资金以最大限度地实现组织的社会使命。具体而言，民间非营利组织财务管理的基本目标是按照国家的方针、政策，根据自身资金运动的客观规律，利用价值形式、货币形式，对其各项经济活动进行综合管理。为了实现民间非营利组织财务管理的目标，民间非营利组织财务管理工作必须做到：

（一）建立健全内部财务管理制度

民间非营利组织财务管理制度是民间非营利组织进行财务活动、处理财务关系时应遵循的基本制度。民间非营利组织为了强化财务管理，不仅要严格遵循和执行国家财务管理法规，还要建立健全其内部财务管理制度，确定内部财务关系，使各部门之间互相配合、互相制约、协调一致地组织财务活动，处理好财务关系，实现财务工作规范化管理。

（二）加强经济核算，提高资金使用效益

民间非营利组织在进行财务管理时，要利用价值形式对民间非营利组织经营活动进行综合性管理的特点，促使其各个环节讲求经济效益，勤俭节约、精打细算，充分发挥资金的使用效率，促使民间非营利组织增收节支，通过会计核算，用尽可能少的劳动消耗和物资材料消耗，提供更多的优质社会服务。

（三）正确编制预算，合理安排收支

民间非营利组织预算是非营利组织完成各项工作任务，实现组织计划的先决条件，也是民间非营利组织财务工作的基本依据。民间非营利组织的全部财务活动，包括一切收支活动，都要按规定编制预算，实行计划管理。预算既要积极合理，又要保证供给，要分清轻重缓急和主次先后，使有限的资金尽量得到合理安排和使用。

（四）依法筹集资金，保证资金需要

民间非营利组织除取得国家财政补助外，要在国家政策允许范围内，挖掘潜力，多形式、多层次筹集资金，做到应收不漏，控制收入的流失。为了保证业务活动的正常开展，要积极筹措资金。筹措资金时，除了在数量上保证外，还要注意资金需求的计划性和协调性，按期按量筹措资金，保证资金供应，以满足各方面的需要，保证各项任务的顺利完成。

（五）节约开支，控制费用成本

民间非营利组织在积极组织收入的同时，必须要加强支出管理，减少浪费，压缩一切不必要的开支，严格执行审批制度，制定支出消耗定额，节约使用资金，控制费用和成本。

二、民间非营利组织财务管理的意义

民间非营利组织进行财务管理的意义主要是：

（一）有利于完善社会管理，弥补市场和政府在社会需求方面的不足

随着我国市场经济的迅猛持续发展，特别是近年来政府改革的稳步推进，财政职能转换和公共财政的建设，一些原来由财政全额拨款的社会福利部门和公共服务部门逐渐转变为自收自支的民间非营利组织部门，因此民间非营利组织得到了迅速的成长。它们在调动社会现有资源、提供社会公共服务、维护社会稳定、协调社会关系、促进经济发展、创造就业机会等方面发挥着重要的作用，特别是在扶助弱势群体和开展各种公益性的社会福利服务方面，发挥着政府与市场难以取代的积极作用。

（二）有利于实现财务会计管理功能，加强财务整合

民间非营利组织财务整合工作的质量直接影响资源配置的效率，直接影响组织整体经营状况的好坏，甚至最终决定民间非营利组织运行的成功或失败。民间非营利组织整合工作是全方位的，包括经营整合、财务整合、组织人事整合等方面。加强民间非营利组织财务整合有利于增强其竞争能力，完善内部会计要素，提高资产使用效率，确保资产增值保值。

（三）有利于降低成本，提高资源配置效率

资源配置就是通过资源的优化组合，尽量减少资源消耗，并取得尽量大的增量资源。财务管理是实现民间非营利组织可持续发展，实现有效资源配置的必要条件。建立健全一套完善的财务管理体系，规范民间非营利组织财务管理行为，不仅有助于提高民间非营利组织内部的管理效率、降低运营成本，而且还有助于对外树立良好的社会形象，提高民间非营利组织的公信度，提高资源的合理有效配置，有助于民间非营利组织更好地实现组织的宗旨和目标。

三、民间非营利组织财务管理与企业财务管理的区别

民间非营利组织财务管理是涉及民间非营利组织中的资金事务的综合管理，与企业的财务管理有一些类似的地方，都是对资金运动的综合管理。但是民间非营利组织出资者（即捐赠者）不要求回报，他们不期望收回或取得经济上的利益。民间非营利组织运营的目的主要不是获取利润或其等同物，即不以营利为目的，社会效益才是衡量其业绩的基本标准。它不存在营利性企业中的所有者权益问题，即不存在可以出售、转让或赎回，以及凭借所有权在机构清算时可以分享一定份额的剩余资产的权益。因此，民间非营利组织财务管理和企业这类营利性组织的财务管理存在着本质区别，具体表现为：

（一）财务管理的目标不同

企业财务管理的目标是追求利润最大化或股东财富最大化。而民间非营利组织财务管理的目标是社会价值最大化。

（二）财务管理目标与组织整体目标之间的关系不同

企业财务管理的目标与企业自身的目标是一致的，即财务目标等同于组织的整体目标，都是为了实现更多的利润或者更大的资产增值。而对于民间非营利组织而言，其生

存的目的是为社会提供公益服务，也就是完成某一社会使命。就是说，民间非营利组织是为了完成某一具体的社会使命而存在的，而不是为了自身的生存而存在的。所以，民间非营利组织的财务管理目标自始至终都必须服从和服务于组织的整体目标，即民间非营利组织财务管理只是为实现组织的整体目标而采取的一种有效的手段。当财务目标与组织目标发生冲突或矛盾时，应该以组织目标为重，而不能为实现财务目标而放弃对组织目标的追求。

（三）财务管理内容的侧重点不同

作为营利性组织的企业，其利润最大化或股东财富最大化的财务管理目标，决定了企业财务管理的主要内容是筹资管理、投资管理、营运资金管理、利润分配管理。然而，民间非营利组织财务管理的目标决定了其资金来源的特殊性，获取资金来源的评价标准与企业筹资的评价标准具有差异性。在投资管理方面，企业通常根据投资报酬率来判断项目的可行性，而民间非营利组织则根据社会价值的大小来判断投资的可行性，对投资管理的侧重点不同。企业倾向于通过投资获利，而民间非营利组织倾向于投资保值增值，最重要的是保值。因此，很多慈善基金会投资管理非常简单，仅仅是每年拨出非常小部分资金用于固定收益证券的投资，其目的主要是保值和合理收益。在营运资金管理过程中，企业更倾向于关注如何管理存货、应收账款、现金持有量等问题，而民间非营利组织则更倾向于关注项目资金和日常资金的管理。利润分配管理方面，企业倾向于对股东和利益相关者进行利润分配，制定合理的股利政策，而民间非营利组织的性质决定其没有利润分配的事项。尽管某些企业财务管理的基本原则也适用于民间非营利组织，但是由于其性质不同，财务管理的侧重点也不一样。比如项目管理在民间非营利组织管理中具有非常重要的作用和地位，而在企业财务管理中却不是重点。因此，有必要结合民间非营利组织的特点，按照财务管理的基本原则，进行民间非营利组织的财务管理工作。

四、民间非营利组织财务管理的主要内容

民间非营利组织财务管理的实质是对民间非营利组织中涉及的资金事务方面的管理。根据资金运动的动态过程，结合财务管理的基本原则和方法，依据重要性原则，本书将民间非营利组织财务管理的主要内容概况为以下几个方面：

（一）财务预算管理

预算管理是指民间非营利组织根据事业发展计划和年度财务收支计划，对计划年度内民间非营利组织财务收支规模、结构和资金渠道所做的预测，是计划年度内民间非营利组织各项事业发展计划和工作任务在财务收支上的具体反映，是民间非营利组织财务活动的基本根据。预算管理是民间非营利组织资金运动的起点，对民间非营利组织财务管理具有重要的意义。

（二）日常资金管理

日常资金管理是民间非营利组织财务管理中重要的组成部分。对民间非营利组织的日常资金进行科学合理的管理，可以加强保护货币资金的安全，防止贪污、盗窃和侵吞货币资金，杜绝因挪用、滥用货币资金造成的货币资金的短缺和损失；可以在保证民间非营利

组织有足够货币资金的前提下，合理调度资金，加速资金的周转，以促进其自身发展。

（三）项目资金管理

民间非营利组织的资金管理可以分为日常性活动的资金管理和项目性活动的资金管理两个方面。民间非营利组织在开展业务活动的时候，大部分会通过项目进行资金的运作，而如何使得一个好的项目得到更多的资金支持，如何有效地使用项目资金从而使其达到最优的资源配置效率，是项目资金管理中最重要的财务管理内容。

（四）筹资管理与投资管理

市场经济条件下，民间非营利组织的创立、生存和发展都必须依靠可持续的资源支持。筹资管理是民间非营利组织根据其持续经营和业务活动的需要，通过筹资渠道，运用筹资方式，依法经济有效地为组织筹集所需要的资金的财务行为。一个成功的民间非营利组织，必须要有全面且合理的筹资策略，以便为民间非营利组织的各项经济活动提供持续的资源支持。

民间非营利组织拥有多余资金的时候，为了避免资金闲置，使得资金能够保值增值，可以将资金用于投资。投资并不是一项简单的经济活动，需要考虑风险、收益等方面的问题，因此民间非营利组织需要进行投资管理，努力使得风险和收益能够实现最佳匹配。

（五）财务报告与分析

民间非营利组织财务报告与分析是指民间非营利组织根据会计报表及有关资料，采用专门的分析技术和方法，对一定时期内民间非营利组织财务状况、财务收支情况、效益情况等进行的研究、分析和评价。民间非营利组织财务报告与分析应关注民间非营利组织的财务状况及资产、负债、所有者权益变动情况分析，以反映民间非营利组织的筹资能力、发展能力及项目营运与管理效率；应注重财务收支情况分析、工作数量和质量指标的完成情况分析，以反映民间非营利组织增收节支、开源节流和社会效益与经济效益协调增长的情况。

（六）财务绩效评估

财务绩效评估是通过对民间非营利组织财务报表的相关数据和其他资料进行汇总、计算、对比和说明，进一步揭示财务状况、经营状况、管理效率的一种分析评价方法。民间非营利组织的财务绩效评价以民间非营利组织的使命为指导，通过合理地量化组织的投入与产出，从效果、效率两个方面，对组织的财务状况和业绩成果进行衡量。

（七）财务监督

民间非营利组织财务监督是指特定的监督主体对民间非营利组织财务活动和经济关系的合法性、合理性及其利用资源的有效性进行的监察和督促。实施合理有效的民间非营利组织财务监督，有利于保证民间非营利组织资产的安全和完整。

本章复习思考题

1. 什么是民间非营利组织的财务管理？
2. 民间非营利组织财务管理与企业财务管理的区别是什么？
3. 民间非营利组织的财务管理包含哪些内容？

第二章
民间非营利组织预算管理

学习目标

- 了解民间非营利组织预算管理的概念和意义
- 了解民间非营利组织预算管理的编制原则
- 了解民间非营利组织预算管理的预算体系和考核体系
- 理解民间非营利组织预算管理的程序
- 掌握民间非营利组织预算管理的基本方法

第一节　民间非营利组织预算管理概述

一、民间非营利组织预算管理的意义

预算管理是财务管理的核心内容之一。预算是各项运行发展计划在财务上的体现，预算管理能够使民间非营利组织有限的资金得到合理的配置，提高资金的使用效率。同时，预算管理也是政府等监督部门对民间非营利组织进行财务控制的主要手段。

（1）预算管理有利于增强政府等监管部门对民间非营利组织的监督，促进资源的合理优化配置。

通过对预算管理方式的改革，促进预算管理方式的合理化，从而增强政府财政部门对民间非营利组织的控制和监督，提高其经营绩效、支付能力和工作效率，这对于发挥民间非营利组织向社会提供公共物品和公共服务方面的独特优势、促进非营利组织的发

展具有重要意义。

（2）预算管理有利于维持市场竞争秩序，促进民间非营利组织之间的资源配置。

民间非营利组织进行预算管理是市场的要求。民间非营利组织虽然处于非物质生产领域，但同样也是国民经济的重要组成部分。它一方面为社会提供科学、文化、教育等方面的服务，另一方面也是商品、劳务的购买者和消费者。民间非营利组织进入市场，必然要遵循市场经济的一般规则。处理好组织内部各方面的利益分配，以促进组织内部积极性的提高，同时，加强资金管理，提高运营效率，是市场的需求，也是民间非营利组织自身生存与发展的必然要求。

二、民间非营利组织预算管理的概念

预算是政府机关、事业单位和社会团体等根据行政事业发展计划和任务编制的对于未来一定时期内收入和支出的计划。在我国，民间非营利组织中的预算一般是经法定程序批准的单位年度财务收支计划，多用于各部门的费用控制，也称为财务预算。

民间非营利组织预算管理是指民间非营利组织的理财主体或者其委托任命的管理人，为了正确设计其预算和全面实现核算目标，借助于科学的理论和方法，对预算的编制、审批、执行、调整、监督等过程实施的计划、组织、控制、分析、评价等一系列活动。

三、民间非营利组织预算管理的编制原则

民间非营利组织预算的编制是一项非常细致和复杂的工作。为了科学合理地编制好预算，应当遵循以下原则：

（一）公开性和统一性相结合的原则

民间非营利组织预算是组织所要完成的公益工作任务和事业计划的货币表现，是民间非营利组织日常收入和支出的管理控制依据。因此，其所编制的预算必须以一定的方式向社会公布，以便接受监督。民间非营利组织在编制预算时，要按照国家和有关主管部门的统一要求、统一设置的预算表格和统一的口径、程序及计算依据进行编制。

（二）合理性和完整性相结合的原则

民间非营利组织预算的编制要统筹兼顾，正确处理好整体与局部的关系、事业需要与财力支持的关系，做到科学合理地安排各项资金，使有限的资金产生最大的效用。民间非营利组织在编制预算时，预算的收支项目要完整，全部收支内容都必须纳入预算范围之内，不得遗漏或隐匿，更不能编制预算外预算。

（三）政策性和可靠性相结合的原则

民间非营利组织预算的编制必须以国家有关方针和政策以及各项财务制度为依据，根据事业发展规划的需要，合理安排和使用各项资金。

民间非营利组织预算的编制应当实事求是。预算收支的每一个数字指标必须运用科学的方法，依据充分确实的资料进行计算，不得随意假定、估计，更不能任意编造，保证预算数据的真实可靠性。

四、民间非营利组织的预算管理体系

构建民间非营利组织的预算管理体系，内容和模式可以有多种选择，基本的预算管理体系包括预算的编制、预算的执行、预算的分析与考核、预算的调整等内容，如图2-1所示。

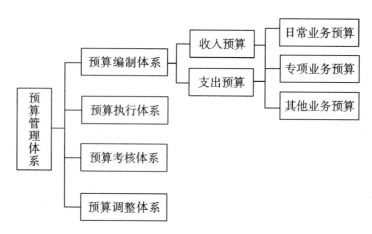

图 2-1　民间非营利组织预算管理体系图

民间非营利组织预算管理体系包括预算编制体系、预算执行体系、预算考核体系和预算调整体系。具体又划分为日常业务预算、专项业务预算和其他业务预算，其基本思路是从收入和支出两个角度进行预算编制。

（一）收入预算

收入预算是指民间非营利组织在年度内通过各种形式、各种渠道可能取得的用于各项事业以及其他活动的非偿还性资金的收入计划。因为收入预算汇集了预算年度内民间非营利组织可能提供的用于开展各项事业的全部资金收入，所以通过对收入预算各项指标的分析，可以明确了解完成民间非营利组织事业计划的财务保证力度以及民间非营利组织依法多渠道筹措经费的能力。

收入预算由财政补助收入和非财政补助收入两部分组成。财政补助收入是指民间非营利组织直接从财政部门取得的和通过主管部门从财政部门取得的各类事业经费，包括正常经费和专项资金。

非财政补助收入包括上级补助收入、事业收入、经营收入、附属单位上缴收入和其他收入。上级补助收入是民间非营利组织从主管部门和上级单位取得的非财政补助收入。事业收入是民间非营利组织开展专项业务活动及其辅助活动取得的收入。经营收入是民间非营利组织在专项业务活动及其辅助活动之外开展非独立核算经营活动取得的收入。附属单位上缴收入是民间非营利组织附属独立核算的单位按照有关规定上缴的收入。其他收入是指上述规定以外的其他各项收入，如投资收益、利息收入、捐赠收入等。

（二）支出预算

民间非营利组织的支出预算是单位年度内用于各项事业活动及其他活动的支出计

划。对支出预算各项指标的分析，可以明确民间非营利组织对有限资源的分配情况，掌握组织的发展方向和发展速度。依其支出的经济性质，支出预算一般可分为事业支出、经营支出、自筹基本建设支出、对附属单位补助支出和上缴上级支出。其中事业支出和经营支出是民间非营利组织在运营过程中最常见的支出预算。

事业支出是民间非营利组织开展专项业务活动及其辅助活动所发生的支出，包括人员支出、日常公用支出、对个人和家庭的补助支出三部分。有的民间非营利组织按照自身情况又从日常公用支出中划分出专项公用支出或固定资产构建和大修理支出等内容。

经营支出是指民间非营利组织在专项业务活动及其辅助活动之外开展非独立核算经营活动所发生的支出。自筹基本建设支出指民间非营利组织利用财政补助收入之外的资金安排基本建设所发生的支出。对附属单位补助支出是指民间非营利组织用财政补助收入之外的收入对附属单位予以补助所发生的支出。上缴上级支出是民间非营利组织按照规定的定额或比例上缴主管部门管理费用的支出。

五、现金预算

从预算编制执行的程序上划分，可以将预算分为预算的编制、预算的执行、预算的分析与考核等内容。从预算的表现形式进行划分，预算主要体现为现金预算。现金预算是反映现金流入和流出时间的预算，通常以月或年为单位进行现金流入流出的编制。有时也称为现金计划或者现金预测。现金预算编制的步骤如下：

（一）确定现金收入

确定现金收入是现金预算的起点，主要包括以下内容：第一，以营业预算为起点。第二，进行应计额相对于现金的基础性调整。第三，注意一般事项的调整。譬如不要忘记事先安排好的财务资金流入；不要忘记事先限定的净资产，例如延期给付或有时间限定的，或有目的限定的，以及在此期间内限制条件消失的优先赠予等内容。第四，安排日程，研究记录资料，从中发现季节性变化对现金供需量的影响。第五，预测未来12个月内可能的变化。第六，列出季度汇总以设立核对平衡监控机制。

（二）确定现金支出

现金支出预算的起始点仍然是营业预算支出。因为有的账目是可以支付的，因此可以做相对于现金收入的基础性调整，其中要注意的一个关键是资本预算支出，许多民间非营利组织没有将其计入现金预算。然后，对现金支出做好日程安排，认清季节性或其他的波动起伏，将每个季度的子预算汇总加到一起，然后与实际的现金流动进行对照，得出比较符合实际的现金支出预算。

（三）汇总分析，调整预算

可以把现金收入和现金支出放在一起，找出每月的差额（净资金流动）。将期末现金与需要的最低限额现金比较，分析月底是否有预期的盈余，或现金短缺。具体包括：第一，计算每月净现金流量、期末财务状况、现金盈余。第二，建立分析模型，看现金流入或现金支出是否有直接的季节性差异。第三，提出建议。对现金准备和筹资机制等内容，根据预算分析结果提出相应的建议。

第二节　民间非营利组织预算管理程序

一、预算前的准备阶段

此阶段的管理工作要点是做好调查和论证工作，包括：

（1）确定预算起点。即解决由谁提出预算目标、提出什么样的预算目标、以什么为依据提出预算目标三个方面的问题。

（2）确定收支标准等指标。收支标准是在制定预算时，对各项支出，依照有关规定或在科学测算的基础上所确定的单位定额。

（3）加强有关部门的协作。划分预算工作权限和职能，明确预算中涉及的各个部门的职责和分工。

二、预算的编制和审批阶段

此阶段的主要工作是执行《中华人民共和国预算法》规定的"两上两下"的法定程序。民间非营利组织根据本年度事业发展计划，结合上年预算执行情况以及增减变动因素，提出本年度收支预算建议方案，经最高财务决策机构审议后上报主管部门。主管部门对民间非营利组织报送的正式预算进行审核，合格后，在规定期限内予以批复，通过审核批复的预算即为民间非营利组织预算执行的依据。

三、预算的执行及调控阶段

此阶段的管理工作重点是监督和控制，主要包括：一是监督各项预算收入及时足额到位。在各项预算指标额度内，按规章制度安排各项支出；二是履行预算调整的法定程序。预算发生调整的条件主要有两个方面，一方面是事业任务发生了变化，另一方面是环境（包括政治、政策）等发生变化。预算调整必须在多方调查和科学论证且证据充足的前提下进行，必须按法定程序及权限行事。调整预算的方式有两种：一是追加或者降低预算指标，二是对预算科目予以调整。

四、预算执行后评价及审计阶段

此阶段的管理工作重点是检查和评价。检查的内容包括：预算项目执行的具体部门或负责人提交的项目进展情况报告、预算管理单位提交的预算执行情况的决算报告、审计监督部门提供的预决算审计报告。

民间非营利组织可以通过举行权力机构或者监督机构的汇报会和听证会等，让财务预算管理部门和项目执行部门的负责人到会接受讯问或质询，以此实现对预算执行的后评价。

民间非营利组织的预算管理程序具体见图2-2。

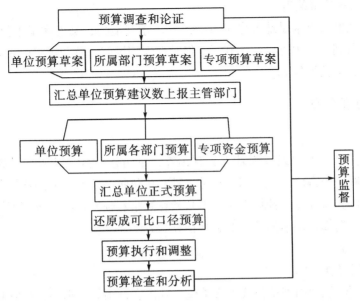

图 2-2　民间非营利组织的预算管理程序

第三节　民间非营利组织预算管理的基本方法

随着预算管理的发展，在传统的增量预算的基础上，民间非营利组织的预算管理方法有了很大进步，具体包括如下几种：

一、递补预算法

（一）概念

为了保证民间非营利组织预算的严肃性和有效性，预算在执行过程中原则上不调整。但是，在实际工作中，由于单位的事业计划发生重大变化，取得了较大数量的新增财源，民间非营利组织可经上级部门批准视新增财源情况调整支出预算，以此作为递补预算。

（二）操作方法

递补预算应包括递补收入预算和递补支出预算，并应坚持递补收入与递补支出相平衡的原则。递补预算必须经过单位最高决策机构审查批准，并报主管部门备案。预算收入除按稳健性原则预测外，还可列出"期望收入"，相应地安排递补支出预算。在预算执行过程中，根据单位递补收入预算的实现情况和单位财力实际状况，按项目递补支出。一般说来，这些项目应当属于建设性支出。

递补预算的财务管理模式如下：首先，按照 3～5 年规划期内的综合平衡和本年度内财务收支平衡的原则，建立分年度平衡的综合财务预算；其次，再将发展规划中已列出而预算经费中未正式列入支出的建设项目，按照轻重缓急排列，根据财务收支的实际情况，待有足够的收入弥补这项预算时，可以安排相应的支出项目依次递补支出。

（三）特点和适用范围

递补预算法既实事求是地考虑了目前的经济承受能力，又考虑了单位的整体发展，在小型民间非营利组织中可以灵活利用，但是在大型民间非营利组织中实施，需要制度和程序的保证，灵活性较差。

二、零基预算法

（一）概念

零基预算法全称为"以零为基础编制预算"的方法。这一技术在世界各国政府和企业的管理实践中获得广泛的应用。它是一种对单位每一事业计划的预算费用都是以零为基础重新加以分析计算的预算方法。零基预算法是在预算期内对所有预算项目进行严格审核、分析、测算、评估的基础上编制预算的方法。

（二）操作方法

1. 确定基层预算单位

民间非营利组织的内部单位或下级单位，凡需实行预算管理的，均应明确其基层预算单位。一般而言，能够确定成本、费用、效益的经济责任单位，都可以确定为基层预算单位。

2. 收集和分析数据资料

预算编制人员通过查阅以前年度的财务预决算报表以及会计资料，了解编制各项收支预算所需的数据资料。

3. 要求各部门提交预算方案

各责任部门应该依据单位未来总体发展需要以及分解到各部的任务，结合本部门的实际条件，对各自的收支项目进行详细讨论，对经费消耗与目标实现的相互关系进行充分论证，提出预算方案和资金使用理由。

4. 以零为起点编制和审核预算

民间非营利组织对各预算方案，以零为起点，进行成本效益分析和考核，然后汇总各部门的预算方案，确定本单位的人员支出数额，统筹考虑公用支出、专项支出等具体项目的支出费用。

5. 预算资金的分配

预算人员根据各预算目标的优先次序和各部门、各事项、各工作对目标的贡献强度进行排序，按照预算期可动用的资金及其来源，在各项目间加以分配，首先按人员和定额确定正常经费，再按照已确定的项目和活动的先后顺序安排预算资金。

（三）特点和适用范围

该方法避免了在编制收支预算时一般只注意上年度收支变化的情况，同时也迫使财务主管人员每年编制预算时从整体出发，重新考察民间非营利组织未来每一事业计划及其费用，有利于提高事业经费的使用效率。这一科学的管理思路在我国当前实施部门预算的背景下，对民间非营利组织的预算管理改革和实践具有重要意义。

零基预算法在编制预算时缺乏所需要的基础数据，缺乏对收入能力评估的科学方法，在专项经费追加预算的编制中存在专项经费追加预算频繁等特点，对零基预算法的科学性、准确性和权威性产生了一定的不利影响。

零基预算法的编制过程较为复杂，强调以零为起点进行预算编制，即使有些数据要借鉴以前年度的，也要对其进行修正和说明理由，工作量较大。同时，零基预算法在制定过程中，还需要预测服务水平与开支水平的关系、各项支出情况等，这对预算人员的素质提出了更高的要求。因此，考虑到预算编制的工作量以及零基预算法所需要的职业技能，零基预算法的适用范围主要是管理基础工作比较好的企业、政府机关、行政事业单位以及管理基础工作较好的民间非营利组织。

三、滚动预算法

（一）概念

滚动预算法也称连续预算法，其特点是预算执行一段时期后，根据这一时期的预算效果结合执行中发生的变化和出现的新情况等信息，对下一期间的预算进行修订，并自动向后延续一个时期，重新编制新一期预算的编制方法。

（二）操作方法

民间非营利组织实施滚动预算法，有两种方式可供选择：一是以一年为预算期，按月进行调整；二是以多年为预算期，按年进行调整。这种方式是在零基预算法的基础上发展而来的，适用于中长期规划。考虑到长期规划的时间较长，不确定因素较多，因此实行多年期滚动预算法以三年为宜。

采用三年期滚动预算法编制的预算，不仅包括当年的执行预算，还应当包括以后两年的指导性预算，使当年的实际预算始终在多年预算的背景下运作，预算在执行过程中自动延续。每年调整预算时，在调整当年预算的同时，对下两年预算进行预测、更新和改动。在该方法下，预算一般要编制三次，如对于 2020 年的预算，2018 年第一次编制估测预算，2019 年第二次编制初步预算，2020 年编制详细预算，每年都要滚动编制今后三年的预算。编制程序如图 2-3 所示。

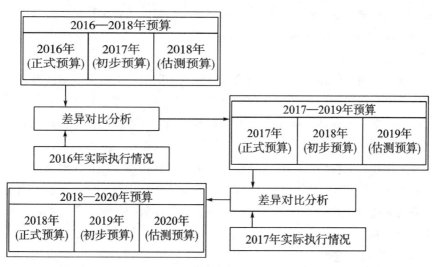

图 2-3　滚动预算法编制程序图

（三）特点和适用范围

滚动预算法采用的"长计划，短安排"的动态预算管理办法，可以弥补年度预算的缺陷，并能根据当前预算的执行情况，及时调整和修正，使预算更加切合实际，进而实现整体支出结构的优化。其中，当涉及单位发展的重大项目、中长期计划时，为保证中长期规划的如期实现，应采用多年期滚动预算法。

四、绩效预算法

（一）概念

绩效预算法以预算项目的绩效为基础编制预算，通过支出计划与绩效之间的关系反映预期达到的效果。绩效预算法产生于 20 世纪 50 年代的美国，它最初是从企业界移植过来的。绩效预算法的最大特点是强调"效"的地位，突出投入与产出的理财观念，建立起财政拨款与用款单位绩效考核挂钩的机制。

（二）操作方法

1. 预算编制

民间非营利组织的总预算按行政部门、管理部门等层次分类。各层次因管理目标的不同而在预算科目的选择上有所不同。编制绩效预算要参照单位往年（2～3 年）实际经费支出数额，既充分考虑以前年度的可比因素（剔除其中不合理的因素），又对预算年度新增的事业项目有充分的估计和评价。以各部门所承担并能完成的工作任务为基数与其经费挂钩，使预算与各部门的工作任务和工作目标捆绑在一起，促使各部门自觉地按预算的规范来支配自身的经济行为。

2. 预算执行

在绩效预算执行过程中，民间非营利组织的预算管理部门要随时掌握各个部门每项经济活动的经济信息，并责成单位财务部门对各部门取得的业绩及时、准确、真实地进行记录、分析，并及时反馈给有关考核部门。在民间非营利组织绩效预算的执行中，要建立一套自上而下、自下而上的严密的层层控制、层层反馈信息的反馈网络，以便一旦发现问题，就能迅速采取有效措施加以解决和调控，保证绩效预算在执行过程中起到有效的控制作用，从而达到加强预算管理的目的。

3. 预算评价

实施绩效预算后，要建立经常性的检查制度及定期的评估制度，对所有实行绩效预算的部门和项目，按量化的指标检查和督导其工作任务的完成、经济目标的实现、经费预算的执行等情况。定期按具体层次分类，对既定的业绩考核标准进行评估，从而找出既定目标与实际工作情况之间的差距，据此评价各部门工作的业绩优劣。

对完成工作任务和经济指标好的单位，要按既定预算拨付经费；对未能完成既定任务的单位，则应采取必要的惩罚措施，例如在其预算经费中按一定比例削减其经费，以便控制其未来的绩效。检查与评估的目的不仅是评价绩效与成果，更重要的是保证达到预定的绩效和目标。

（三）特点和适用范围

绩效预算法的优点不仅在于以预计经济效益的取得安排支出，而且在预算编制、执行及终了阶段一直注重以绩效作为衡量标准，对每个项目都经过科学的可行性论证和评价，对于监督和控制预算支出有积极作用。实行绩效预算分配符合公平性与效益性相结合的原则，能有效地鞭策经费使用部门提高工作效率，减少损失与浪费，是一种行之有效的较为理想的预算管理方法。

但需要注意的是，由于绩效预算法产生于企业界，因此民间非营利组织在具体应用时，不但要注重对经济效果的衡量，还要注重对社会效益的衡量。另外，由于民间非营利组织的预算投入与产出测算不是单纯以利润为指标的，而是更多地考虑社会价值的大小，所以对绩效衡量指标的选择，与企业等营利性组织有着本质的区别。因此，对绩效衡量指标及其标准的选择，是民间非营利组织在运用绩效预算法进行预算管理时，需要重点考虑的内容。

五、弹性预算法

（一）概念

弹性预算法是在不能准确预测业务量的情况下，根据量、本、利之间的关系，用一系列业务量水平编制的具有伸缩性的预算编制方法。

（二）操作方法

（1）选择和确定各种经营活动的计量单位消耗量、人工小时、机器工时等。

（2）预测和确定可能达到的各种经营活动业务量。在确定经济活动业务量时，要与各业务部门共同协调，一般可按正常经营活动水平的70%～120%范围确定，也可以过去历史资料中的最低业务量和最高业务量为上下限，然后再在其中划分若干等级，这样编出的弹性预算实用性较强。

（3）根据成本性态和业务量之间的依存关系，将单位的生产成本划分为变动成本和固定成本两个类别，并逐项确定各项费用与业务量之间的关系。

（4）计算各种业务量水平下的预测数据，并用一定的方式表示，形成某一项的弹性预算。

（三）特点和适用范围

弹性预算的特点包括：首先，弹性预算在可预见的业务量范围内确定多个业务量水平的预算数，适应性强。其次，根据实际业务量能很快找到或计算出相应的费用预算，从而对实际执行数的事前控制、事后考核分析提供可靠依据。

弹性预算的优势在于其使用范围比固定预算更加广泛、更有利于各项指标的调整，能够更好地发挥预算的控制作用。弹性预算多用于各种间接费用的预算，其主要用途是作为成本支出控制的工具。在计划期开始时，其可提供控制成本所需要的数据；在计划期结束后，将其用于评价和考核实际成本。

六、项目预算法

（一）概念

项目预算法是在单位投资所需要的资金确定的前提下，根据实际投资需要的资金额来计算需要筹集资金数额的方法。将现有资源按比例分配于不同的项目，并将预算过程与评估过程紧密结合在一起，借以考核项目运作是否有效，检查组织是否实现其宗旨与目标的预算编制方法。

（二）操作方法

1. 自上而下的项目预算方法

自上而下的项目预算方法，主要依赖于中上层项目管理人员的经验和职业判断。这些经验和职业判断可能来自历史数据或相关项目的现实数据。采用项目预算时，首先，由项目的上层和中层管理人员对项目的总体费用、构成项目的子项目费用进行估计；其次，将这些估计结果交给较低层级的管理人员，让这些管理人员对组成项目或子项目的任务和子任务的费用进行估计；最后，将较低层级的管理人员的估计结果向更下一级人员传递，直到最底层。

在具体的编制过程中，当把上层的管理人员根据他们的经验进行的费用估计分解到下层时，可能会出现下层人员认为上层的估计不足以完成相应任务的情况。这时，下层人员不一定会表达出自己的真实观点，不一定会和上层管理人员进行理智的讨论从而得出更为合理的预算分配方案。在实际中，他们往往只能沉默地等待上层管理者自行发现问题并予以纠正，这样往往会给项目带来诸多问题，有时甚至会导致项目失败。

自上而下方法的优点主要是总体预算往往比较准确。由于在预算过程中，总是将既定的预算在一系列工作任务间分配，避免了某些任务获得过多的预算而某些重要任务又被忽视的情况。

2. 自下而上的项目预算方法

自下而上的项目预算方法，要求运用项目预算表对项目的所有工作任务的时间和预算进行仔细考察。最初的预算是针对资源（团队成员的工作时间和原材料）进行的，然后才转化为所需要的经费。所有工作任务估算的总体汇总就形成了项目总体费用的直接估计。项目经理在此之上再加上适当的间接费用（如管理费用、不可预见费用等）以及项目要达到的利润目标，就形成了项目的总预算。

自下而上的预算方法要求全面考虑所有涉及的工作任务。与自上而下的项目预算方法一样，自下而上预算方法也要求项目有一个详尽的项目预算表。自下而上的项目预算方法也涉及一定的人员博弈问题。例如，当基层估算人员认为上层管理人员会以一定比例削减预算时，他们就会过高地估计自己的资源需求。这样就会使得高层管理人员认为下层的估算含有水分，需要加以削减，从而陷入一个怪圈，最终导致预算缺乏真实性。

自下而上的项目预算方法的优点在于，基层人员更为清楚具体活动所需的资源量。而且由于预算出自基层人员之手，可以避免引起争执和不满，有利于预算的执行和考核。

（三）特点和适用范围

项目预算主要适用于政府部门和事业单位，对其他民间非营利组织也同样适用。项目预算的特点包括：

（1）目的性和规范性相统一。项目有一个明确的目标，通常以完成部门特定工作任务或事业发展为目标。项目支出预算必须遵循一定的管理程序，相对于基本支出预算，项目支出预算要经历编制、评审、执行、控制、评价等阶段，每个阶段都要按照规定的格式和程序进行。

（2）鲜明性和择优性相统一。由于各部门职能不同，每个项目都有区别于其他项目的特点和内容。应在对申报的项目进行充分论证和严格审核的基础上，结合当年财力状况，按照轻重缓急和项目预期成果进行排序。

（3）时限性和专用性相统一。每个项目有明确的开始时间和结束时间。项目支出预算中，项目分为经常性项目、跨年度项目和一次性项目。跨年度项目和一次性项目都有明确的项目实施时限，经常性项目虽然是持续性项目，但一旦项目预算单位的职能和目标发生变化，那么经常性项目也将随之结束。项目预算的资金必须专款专用，不得用于其他用途。

（4）专业性和风险性相统一。项目预算是单位职能的体现，其编制、评审、执行和后期监督考评，都是以业务部门为主体的，具有很强的专业性。项目的实施受很多外界因素的影响，不同的项目在预算期间都可能面临着各种风险和不确定因素，存在风险性。

七、全面预算法

（一）概念

全面预算法是关于单位在一定的时期内（一般为一年或一个既定期间内）各项业务活动、财务表现等方面的总体预测的一种预算编制方法。它包括经营预算（如开发预算、销售预算、销售费用预算、管理费用预算等）和财务预算（如投资预算、资金预算、预计利润表、预计资产负债表等）。真正的全面预算应该做到事前有计划、事中有控制、事后能考评和追溯。

（二）操作方法

全面预算法根据不同的划分标准，采用不同的预算编制方法，是对前面提到的预算方法的总结和集中应用。具体而言，按其出发点的特征不同，编制全面预算的方法可分为增量预算法和零基预算法；按其业务量基础的数量特征不同，编制全面预算的方法可分为固定预算法和弹性预算法；按其预算期的时间特征不同，编制全面预算的方法可分为定期预算法和滚动预算法。通过对单位预算的编制，将单位的总体目标分解为具体的目标，对各个部门或者员工预算的结果进行具体分析，同时控制预算差异，保证单位总体目标的实现。全面预算管理的内容涉及销售预算、生产预算、能源预算、工程预算、财务费用预算以及其他项目的预算等多方面。

具体的操作步骤包括：

（1）要求各个部门在每月的一个规定日期向上级有关部门上报资金使用的规划，预算单位要专门负责这一事项，并且做出一定的记录。

（2）财务部门依据下属部室的资金使用计划，进行科学的分配，下达各个单位。对于每天的报销要进行核查，核查是否超过预算，并落实主管签收，严格执行授权审批制度。

（3）财务部要对资金使用表进行编制，并且对于各部室每天的支付给予一定的汇总，制成月度资金使用表，同时与计划表进行对比。对于超出计划数额较大的，应对其主管部门进行警示。

（4）财务部每周都要把资金使用表汇总并上报至总会计师，保证相关部门以及主管人员能够动态地掌握相关的情况。

（5）预算管理系统包括对各项指标进行预算。财务部门在设置账务的时候，要围绕预算管理来进行账务设置，以月为单位提供预算执行的数据，以形成较为规范的台账。

（三）特点和适用范围

全面预算管理是指单位在战略目标的指导下，对未来的经营活动和相应财务结果进行充分、全面的预测和筹划，并通过对执行过程的监控，将实际完成情况与预算目标不断对照和分析，从而及时指导经营活动的改善和调整，以帮助管理者更加有效地管理和最大限度地实现战略目标的预算管理方法。全面预算管理需要充分的双向沟通以及所有相关部门的参与。全面预算管理是一个全员、全业务、全过程的管理体系，是为数不多的几个能把组织的所有关键问题融合于一个体系的管控方法，是实现战略目标、提升经营业绩、实现组织价值的有力工具，也是防范风险、应对危机的重要法宝。

第四节　民间非营利组织预算管理的考核体系

一、预算考核遵循的原则

预算考核是对预算执行效果的一个认可过程，应遵循以下原则：

（1）目标性与刚性相统一原则。以预算目标为基准，按预算完成情况评价预算执行者的业绩。预算目标一旦确定，不得随意变更和调整。

（2）激励与分级考核相统一原则。预算目标是对预算执行者业绩评价的主要依据，考核必须与激励制度相配合，采用奖励为主、扣罚为辅的原则，体现目标、责任、利益的相互统一。预算考核应该根据组织结构层次或预算目标进行分解，分层次进行。被考核部门应结合自身实际，制定对下一级预算执行部门（或班组、个人）的考核办法并对其进行考核。

（3）时效性和例外管理相统一原则。预算考核是动态考核，每期预算执行完毕应该立即进行预算考核，及时分析预算执行情况。对一些阻碍预算执行的重大因素，如市场环境的变化、政策变化、重大意外等，考核时应作为特殊情况来处理。

二、预算考核的内容、方式和程序

（一）预算考核的内容和方式

（1）考核内容：以民间非营利组织与预算执行部门签订的目标责任书和下达的预算为依据，对预算执行情况进行考核。主要考核内容包括：编制预算的及时性和准确性；控制预算的严格性和合理性；预算分析的透彻性和预见性；预算执行的合理性和节约超支值。

（2）考核方式：预算考核可以分为日常考核与年终考核。日常考核采取每月度预算的考核形式，旨在通过信息反馈，控制和调节预算的执行偏差，确保预算的最终实现。年终考核采取每年度预算的考核形式，其考核结果旨在进行奖罚和为下一年度的预算提供依据。

（二）预算考核的程序

预算考核的具体工作由预算委员会办公室负责组织，财务部门及其他相关部门负责配合。具体考核程序如下：

（1）以各部门的分析报告及财务管理部门的账面数据为依据，分析、评价各责任中心预算的实际执行情况，找出差距，查明原因。

（2）预算委员会办公室对各部门预算执行情况进行考核。

（3）预算委员会办公室将考核结果报预算委员会，预算委员会对考核结果进行审批。

（4）预算委员会办公室将批准的考核结果报各相关部门执行。

三、预算考核体系的构建

（一）建立预算考核机构

应该建立预算委员会作为预算的考核机构。预算委员会的组成人员应以预算管理部门和人力资源部门的职能人员为主，抽调财务部门、审计部门等职能部门的专业人员参与。同时，要针对不同层次的责任中心，建立相应层次的预算考核机构。预算考核必须层层考核，不能越级考核，以实现责、权、利的有机统一。

（二）制定预算考核制度

预算考核制度包括预算编制考核制度、预算执行考核制度、预算控制考核制度、预算分析考核制度、预算考核奖惩制度等，通过建立健全预算考核制度，实现预算考核的制度化和规范化管理。

（三）确定预算考核目标

预算考核的目的是确认预算执行部门在预算期内的预算执行情况，促进预算执行部门完成预算目标。同时各个责任中心是不可分割的组成部分，相互密切联系，预算考核既要引导各责任中心积极完成自身承担的预算目标，又要为其他责任中心完成目标创造条件。因此，在确定预算考核目标时，应做到：

（1）局部指标和整体指标有机结合。以各责任中心承担的预算指标为主，同时本着相关性原则，增加一些全局性的预算指标和与其关系密切的相关责任中心的指标。

（2）定量指标与定性指标有机结合。

（3）绝对指标和相对指标有机结合。

（4）长期指标和短期指标有机结合。

（四）制定预算奖惩方案

预算奖惩方案需要在预算执行前被确定下来，并作为预算目标责任书的附件内容。设计预算奖惩方案时，不仅要考虑预算执行结果和预算标准之间的差异和方向，还要将预算目标直接作为奖惩方案的考核基数，以鼓励各责任中心尽可能地提高预算的准确度和完成度。同时，预算奖惩除了和本责任中心的预算目标挂钩之外，还要与组织整体目标挂钩，确保组织预算总目标的实现。

（五）预算考核的组织实施

预算考核作为预算管理的一项职能，在预算管理的整个过程中都发挥着重要的作用，是从预算编制、预算执行到预算期结束的全过程考核，因此预算考核是分阶段进行的。具体包括：

1. 预算编制的考核

这一阶段预算考核的主要内容是建立预算编制考核制度，对各预算编制部门编制预算的准确性和及时性进行考核评价，促进各部门保质保量地完成预算编制工作。

2. 预算执行的考核

这一阶段的主要内容是建立预算执行的考核制度，对各部门预算执行过程进行考核，及时发现其在预算执行中存在的预算偏差和问题，为预算管理部门和预算执行部门实施预算控制、纠正预算偏差或者调整预算偏差提供依据。

3. 预算结果的考核

预算结果考核属于事后考核，是以预算目标为依据，以各预算执行部门为对象，以预算结果为核心，对各预算部门的预算完成情况进行的综合考核。它主要包括建立预算综合考核制度、实施预算综合考核制度、确定预算差异、分析差异原因、落实差异责任、考核差异结果、评价各责任中心工作绩效、进行奖惩兑现等内容。

四、预算考核的奖惩方案

通过制定科学的预算奖惩方案，一方面能使预算落到实处，真正实现权、责、利的结合；另一方面能够有效引导各责任中心的组织行为，实现组织整体目标。

（一）制定预算奖惩方案的原则

（1）目标性原则。奖惩方案必须有利于引导各责任中心实事求是地编报预算指标，努力实现组织目标。

（2）客观公正原则。奖惩方案与员工个人利益密切相关，注意各部门利益分配的合理性，根据各部门工作难度合理确定奖励差距。奖惩方案设计完成后，要经过模拟实验，避免出现失控现象。

（3）全面性和奖惩并行原则。奖惩机制要在预算管理的全过程中发挥作用，奖惩机制应该涵盖组织各个部门。奖惩机制既要起到激励作用，也要起到约束作用，实现有奖有罚，奖罚并举，促进预算管理目标的实现。

（二）预算奖惩方案的设计

为引导责任中心实事求是地编报预算，在预算执行过程中应加强预算的监督、考核和管理，实现组织的预算目标。在组织设计预算奖惩方案时，应重点把握以下两点：一是以预算目标为奖励基数，制定具体的预算奖惩方案；二是在制定具体的预算奖惩方案时，应该充分考虑全局目标和具体相关目标，做到预算奖惩方案的全面性和重点性相统一。

本章复习思考题

1. 什么是民间非营利组织预算管理？其编制原则是什么？
2. 民间非营利组织全面预算管理体系具体包括哪些内容？
3. 民间非营利组织的预算管理程序包括哪几个阶段？
4. 简述民间非营利组织财务预算管理的基本方法及其概念。
5. 民间非营利组织财务预算考核遵循的原则有哪些？
6. 民间非营利组织财务预算考核体系的内容包括哪些？

第三章
民间非营利组织日常资金管理

学习目标

- 了解民间非营利组织日常资金管理的概念
- 了解民间非营利组织日常资金管理的相关制度规定
- 掌握民间非营利组织日常资金管理的会计核算

第一节　民间非营利组织日常资金管理概述

一、日常资金管理的概念

民间非营利组织日常资金管理是指及时对本组织的流动资金及日常财务收支进行管理，以保证各项资金的合理运用以及收支平衡的资金管理活动。一般而言，民间非营利组织日常资金管理的内容主要包括现金管理、银行存款管理、其他货币资金管理和存货管理四个方面。

二、日常资金管理的相关制度规定

财政部颁布的《民间非营利组织会计制度》等相关制度对此有明确的规定。具体规定如下：

（一）现金

现金是指民间非营利组织的库存现金。民间非营利组织应当严格按照国家有关现金管理的规定收支现金，并严格按照《民间非营利组织会计制度》规定核算现金的各项收支业务。

民间非营利组织应当设置"现金日记账"，由出纳人员根据收付款凭证，按照业务发生顺序逐笔登记。每日终了，做到日清月结，应当计算当日的现金收入合计数、现金支出合计数和结余数，并将结余数与实际库存数核对，做到账款相符。每日终了结算现金收支、财产清查等发现的现金短缺或溢余，应当及时查明原因，并根据管理权限，报经批准后，在期末结账前处理完毕。

（二）银行存款

银行存款是指民间非营利组织存入银行或其他金融机构的存款。《民间非营利组织会计制度》对银行存款的收款凭证和付款凭证的填制日期和依据做出了较为详细的规定，具体如下：

1. 采用支票结算方式

收款单位对于收到的支票，应填制进账单，并连同支票送交银行，根据银行盖章退给收款单位的收款凭证联和有关的原始凭证编制收款凭证，或根据银行转来由签发人送交银行的支票后，经银行审查盖章的收款凭证联和有关的原始凭证编制收款凭证；付款单位对于付出的支票，应根据支票存根和有关原始凭证编制付款凭证。

2. 采用汇兑结算方式

收款单位对于汇入的款项，应在收到银行的收账通知时，据以编制收款凭证；付款单位对于汇出的款项，应在向银行办理汇款后，根据汇款回单编制付款凭证。

3. 采用银行汇票结算方式

收款单位应当将汇票、解讫通知和进账单送交银行，根据银行退回的进账单和有关的原始凭证编制收款凭证；付款单位应在收到银行签发的银行汇票后，根据"银行汇票申请书（存根联）"编制付款凭证。如有多余款项或因汇票超过付款期等原因而退款时，应根据银行的多余款收账通知编制收款凭证。

4. 采用商业汇票结算方式

商业汇票的结算方式分为两种，即商业承兑汇票结算和银行承兑汇票结算方式。

采用商业承兑汇票结算方式的，收款单位将要到期的商业承兑汇票连同填制的邮划或电划委托收款凭证，一并送交银行办理转账，根据银行盖章退回的收账通知，据以编制收款凭证；付款单位在收到银行的付款通知时，据以编制付款凭证。

采用银行承兑汇票结算方式的，收款单位将要到期的银行承兑汇票连同填制的邮划或电划委托收款凭证，一并送交银行办理转账，根据银行的收账通知，据以编制收款凭证；付款单位在收到银行的付款通知时，据以编制付款凭证。

收款单位将未到期的商业汇票向银行申请贴现时，应按规定填制贴现凭证，连同汇票一并送交银行，根据银行的收账通知，据以编制收款凭证。

5. 采用银行本票结算方式

收款单位按规定受理银行本票后，应将本票连同进账单送交银行办理转账，根据银行盖章退回给收款单位的收款凭证联和有关原始凭证，据以编制收款凭证；付款单位在填送"银行本票申请书"并将款项交存银行，收到银行签发的银行本票后，根据申请书存根联编制付款凭证。收款单位因银行本票超过付款期限或其他原因要求退款时，在交回本票和填制的进账单经银行审核盖章后，根据银行退回给收款单位的收款凭证联编制收款凭证。

6. 采用委托收款结算方式

收款单位对于托收款项，根据银行的收账通知，据以编制收款凭证；付款单位在收到银行转来的委托收款凭证后，根据委托收款凭证的付款通知和有关的原始凭证，编制付款凭证。

7. 采用托收承付结算方式

收款单位对于托收款项，根据银行的收账通知和有关的原始凭证，据以编制收款凭证；付款单位对于承付的款项，应于承付时根据托收承付结算凭证的承付支款通知和有关发票账单等原始凭证，据以编制付款凭证。如拒绝付款，属于全部拒付的，不做账务处理；属于部分拒付的，付款部分按上述规定处理，拒付部分不做账务处理。

8. 现金日记账和银行存款日记账的账务处理

以现金存入银行，应根据银行盖章退回的交款回单及时编制现金付款凭证，据以登记"现金日记账"和"银行存款日记账"。向银行提取现金，根据支票存根编制银行存款付款凭证，据以登记"银行存款日记账"和"现金日记账"。收到的存款利息，根据银行通知及时编制收款凭证。

除此之外，鉴于银行存款的重要性，《民间非营利组织会计制度》还做出了关于日常资金管理中银行存款方面的其他的要求，具体如下：

（1）民间非营利组织应按开户银行和其他金融机构、存款种类等，分别设置"银行存款日记账"，由出纳人员根据收付款凭证，按照业务的发生顺序逐笔登记，每日终了应结出余额。"银行存款日记账"应定期与"银行对账单"核对，至少每月核对一次。月度终了，民间非营利组织账面余额与银行对账单余额之间如有差额，必须逐笔查明原因进行处理，并按月编制"银行存款余额调节表"调节相符。

民间非营利组织银行存款日记账与其开户银行提供的银行存款对账单进行核对。核对过程中不一致的情况分为四种：银行已收，组织未收；银行已付，组织未付；组织已收，银行未收；组织已付，银行未付。这四种情况统称未达账项，进行相应调节时编制的"银行存款余额调节表"格式如表 3-1，最后的结果应该是①＝②。

表 3-1　银行存款余额调节表

项目	金额	项目	金额
民间非营利组织银行存款日记账余额 　加：银行已收，组织未收 　减：银行已付，组织未付		银行对账单余额 　加：组织已收，银行未收 　减：组织已付，银行未付	
调节后的存款余额①		调节后的存款余额②	

（2）民间非营利组织应加强对银行存款的管理，并定期对银行存款进行检查，如果有确凿证据表明存在银行或其他金融机构的款项已经部分或者全部不能收回的，应当将不能收回的金额确认为当期损失，冲减银行存款。

（三）其他货币资金

其他货币资金是指民间非营利组织的外埠存款、银行汇票存款、银行本票存款、信用卡存款、信用证保证金存款、存出投资款（或者存入其他金融机构）等各种其他货币资金。

外埠存款，是指民间非营利组织到外地进行临时或零星采购时，汇往采购地银行开立采购专户的款项。

银行汇票存款，是指民间非营利组织为取得银行汇票按规定存入银行的款项。

银行本票存款，是指民间非营利组织为取得银行本票按规定存入银行的款项。

信用卡存款，是指民间非营利组织为取得信用卡按规定存入银行的款项。

信用证保证金存款，是指民间非营利组织为取得信用证按规定存入银行的保证金。

存出投资款，是指民间非营利组织存入证券公司但尚未进行投资的现金。

《民间非营利组织会计制度》针对日常资金管理的其他货币资金方面要求如下：

（1）设置"其他货币资金"主科目，并设置"外埠存款""银行汇票""银行本票""信用卡存款""信用证保证金存款""存出投资款"等明细科目，同时需要按外埠存款的开户银行、银行汇票或本票的收款单位等设置明细账。

（2）民间非营利组织应加强对其他货币资金的管理，及时办理结算，对于逾期尚未办理结算的银行汇票、银行本票等，应按规定及时转回。

（四）存货

存货是指民间非营利组织在日常业务活动中持有以备出售或捐赠的，或者为了出售或捐赠仍处在生产过程中的，或者将在生产、提供服务或日常管理过程中耗用的材料、物资、商品等，包括材料、库存商品、委托加工材料，以及达不到固定资产标准的工具、器具等。

民间非营利组织设置"存货"主科目进行账务处理，且应当按照存货的种类和存在形式设置明细账进行明细核算。对于存货取得和发出时的成本计量，应遵循如下原则：在取得存货时，应当以其成本入账；在发出存货时，应当根据实际情况采用个别计价法、先进先出法或者加权平均法，确定发出存货的实际成本。民间非营利组织的各种存货，应当定期进行清查盘点，每年至少盘点一次，对于发生的盘盈、盘亏以及变质、毁损等存货，应当及时查明原因，并根据管理权限，报经批准后，在期末结账前处理完毕。

民间非营利组织设置"存货跌价准备"科目，期末民间非营利组织应当对存货是否发生了减值进行检查。如果存货的可变现净值低于其账面价值，应当按照可变现净值低于账面价值的差额计提存货跌价准备。如果存货的可变现净值高于其账面价值，应当在该存货期初已计提跌价准备的范围内转回可变现净值高于账面价值的差额。

第二节　民间非营利组织日常资金管理制度

一、岗位设置与人员分工

岗位设置与人员分工是日常资金管理的基础，民间非营利组织应根据不同岗位特点进行分工，采用分级授权原则积极推进财务与业务一体化工作，从组织机构设置上确保资金流通安全。具体内容如下：

（1）会计人员应负责总分类账的登记、收支原始凭证的复核及收付款记账凭证的编制工作。

（2）出纳人员应负责现金的收支和保管、收支原始凭证的保管和签发、日记账的登记。出纳不得登记现金总账，也不得兼任稽核、会计档案保管和收入、支出、费用、债权债务账务的登记工作。

（3）内审人员应负责收支凭证和账目的定期审计、现金的突击盘点、银行存款账户的定期核对。

（4）会计主管应负责审核收支、保管和使用组织及组织负责人印章、定期与银行对账并编制银行存款余额调节表。

（5）组织负责人应负责审批收支预算、决算及各项支出，但是对于重大支出项目应由组织集体审批。

（6）电脑程序设计员应负责程序设计和修改，但不得负责程序操作，甚至不得进入财会部门。

二、现金管理制度

民间非营利组织应根据实际情况，在符合《民间非营利组织会计制度》要求的基础上建立现金管理制度，主要包括以下内容：

（1）制定库存现金管理制度。库存现金不得超过规定限额，一般为3~5天的日常需要量，如有特殊需要可超过5天但不得超过15天的日常需要量。库存现金超过一定数额时必须存入银行，如遇到特殊情况，超过规定限额应及时向理事会或相关管理部门通报，做好保卫值班工作。

（2）不得坐支现金。收到的现金应及时存入银行账户，严格执行现金收支"两条线"。

（3）不得以"白条"抵库。"白条"是指没有审批手续的凭证，其不能够作为记账的依据。

（4）认真做好现金的日常管理工作。日记账必须做到日清月结，并保证库存现金与账面金额相符。

（5）认真做好现金盘点工作。出纳应定期（每月、每季、年末）、不定期地对现金进行盘点，编制现金盘点表，财务机构负责人（或授权的会计）应对现金盘点进行监盘和不定期的抽盘，确保现金账面余额与实际库存相符。如发现不符，应及时查明原因并进行处理。

三、银行存款管理制度

民间非营利组织应根据实际情况，在符合《民间非营利组织会计制度》要求的基础上建立银行存款管理制度，主要包括以下内容：

（1）开立银行存款账户。开立账户用于银行收付业务，一般应开立两个账户，基本账户用来付款，一般账户用来收款。如根据业务需要，确需增开专用账户，需由计划财务部提出申请报理事会或相关管理部门批准后开立。

（2）应遵照国家相关银行账户管理的规定，不得出租、出借账户。

（3）尽可能使用转账结算。根据自身情况，设定结算起点，对于超过起点金额的所有公共业务，应当通过银行转账进行结算。

（4）对于各种银行存款方式的收款凭证和付款凭证的填制日期和依据，应按照《民间非营利组织会计制度》的要求进行。

（5）收到的汇票、支票等银行收款凭单应及时送存银行，并进行账务处理。

（6）支票、汇票、汇兑等付款，均须登记备查簿，详细填写单据编号、收款人名称、金额、用途、借款日期、报销日期等，并由经手人签字。

（7）出纳定期与银行核对银行存款余额，并编制银行余额调节表，会计需对银行余额调节表进行审核，对未达账项进行及时处理。

四、存货管理制度

民间非营利组织应根据实际情况，在符合《民间非营利组织会计制度》要求的基础上建立存货管理制度，主要包括以下内容：

（1）合理的存货收付制度。在取得和发出存货时，仓管员应当和当事人当面点清数量，当面开具单据（包括入库单、出库单和发票或收据证明单据），并确保财务审核审批人员和相关经办人都签字确认后，才能入库或出库，且做到单据和数量完全相符。

（2）仓储管理员管理制度。存放存货的仓库钥匙必须由专人保管，仓库管理以外的人员不得私自进出，并且需要做好清洁、整齐、防霉、防蛀、防潮等工作。仓管员必须经常定期及不定期地抽查物资，如发现问题及时上报上级主管并会同有关部门及时采取补救措施。

（3）存货的合理存放制度。存货的摆放要求科学、合理，区域要分开、清晰，摆列要整齐、有序，高低要适当、均衡。

（4）存货盘点制度。定期对存货进行清查盘点，每年至少盘点一次。对于发生的盘盈、盘亏以及变质、毁损等存货，应当及时查明原因，并根据管理权限，报经批准后，在期末结账前处理完毕。

（5）存货的减值制度。应当定期或者至少于每年年度终了，对存货是否发生了减值进行检查，并进行相应的会计处理。

五、报销制度

民间非营利组织应根据实际情况，在符合《民间非营利组织会计制度》要求的基础上建立报销管理制度，主要包括以下内容：

（1）报销的流程管理制度。报销前应将原始凭证分类汇总、粘贴后，填写支出凭单，在支出凭单上注明摘要和用途、报销金额（大小写必须相符）、单据张数。报销的发票，必须是合法的原始凭证，发票上印有税务局或财政局收费专用章和收款单位财务专用章，各种印章必须清晰。发票上要填写购货单位名称、购货品名、单价、数量、金额和日期。

（2）将填好且按规定审核、核准的支出凭单（附上原始单据）交部门负责人审签。

（3）将部门负责人审签的支出凭单（附上原始单据）报会计审核，审核无误后交由理事会或相关管理部门核准后报销。

（4）根据自身情况，设立一次性报销限额和财务办理报销时间，对于超过一次性报销限额的，通常需提前一个工作日通知财务。

六、借款制度

民间非营利组织应根据实际情况，在符合《民间非营利组织会计制度》要求的基础上建立借款管理制度，主要包括以下内容：

（1）现金及转账支票不应以任何理由借给外单位使用。

（2）组织内部人员因公务出差借款，需填写借款单，由各部部长批准后方可办理借款，设立借款限额，超过限额的需经理事会或相关管理部门签字，同时规定出差借款的报销期限。

（3）所借支票必须妥善保管，不得遗失，如因遗失而造成经济损失的，由借票人负责赔偿。

第三节　民间非营利组织日常资金管理的会计核算

一、现金的会计核算

（一）科目的设置

应设"现金"科目，其在资产负债表中的编号为 1001，该科目属资产类科目，其借方登记现金的增加，贷方登记现金的减少。期末借方余额，反映民间非营利组织实际持有的库存现金。

（二）具体会计核算

（1）从银行提取现金，按照支票存根所记载的提取金额，借记"现金"科目，贷记"银行存款"科目；将现金存入银行，根据银行退回的进账单第一联，借记"银行存款"科目，贷记"现金"科目。

（2）支付内部职工出差等原因所需的现金，按照支出凭证所记载的金额，借记"其他应收款"等科目，贷记"现金"科目；收到出差人员交回的差旅费剩余款并结算时，按实际收回的现金，借记"现金"科目，按应报销的金额，借记有关科目，按实际借出的现金，贷记"其他应收款"科目。

（3）其他原因收到现金，借记"现金"科目，贷记有关科目；支出现金，借记有关科目，贷记"现金"科目。

（4）现金清查结果：可能出现账实相符的情况，也可能出现账实不符的情况。账实不符的情况下，就会出现短缺或溢余，应及时查明原因，报批后在期末结账前处理完毕。

①如为现金短缺，属于应由责任人或保险公司赔偿的部分，借记"其他应收款"科目，贷记"现金"科目；属于无法查明的其他原因的部分，借记"管理费用"科目，贷记"现金"科目。

②如为现金溢余，属于应支付给有关人员或单位的部分，借记"现金"科目，贷记"其他应付款"科目；属于无法查明的其他原因的部分，借记"现金"科目，贷记"其他业务收入"科目。

二、银行存款的会计核算

（一）科目的设置

应设"银行存款"科目，其在资产负债表中的编号为1002，该科目属资产类科目，其借方登记银行存款的增加额，贷方登记银行存款的减少额。期末借方余额，反映民间非营利组织实际存在于银行或其他金融机构的款项。

（二）具体会计核算

（1）将款项存入银行和其他金融机构，借记"银行存款"，贷记"现金""应收账款""捐赠收入""会费收入"等有关科目。

（2）提取和支出存款时，借记"现金""应付账款""业务活动成本""管理费用"等有关科目，贷记"银行存款"。

（3）收到的存款利息，借记"银行存款"，贷记"其他应收款""筹资费用"等科目。但是，收到的属于在借款费用应予资本化的期间内发生的与购建固定资产专门借款有关的存款利息，借记"银行存款"，贷记"其他应收款""在建工程"科目。

（4）民间非营利组织发生外币业务时的账务处理：

①以外币购入商品、设备、服务等，按照购入当日（或当期期初）的市场汇率将支付的外币或应支付的外币折算为人民币金额，借记"固定资产""存货"等科目，贷记"现金""银行存款""应付账款"等科目的外币账户。

②以外币销售商品、提供服务或者获得外币捐赠等，按照收入确认当日（或当期期初）的市场汇率将收取的外币或应收取的外币折算为人民币金额，借记"银行存款""应收账款"等科目的外币账户，贷记"捐赠收入""提供服务收入""商品销售收入"等科目。

③借入外币借款时，按照借入当日（或当期期初）的市场汇率将借入款项折算为人民币金额，借记"银行存款"科目的外币账户，贷记"短期借款""长期借款"等科目的外币账户；偿还外币借款时，按照偿还当日（或当期期初）的市场汇率将偿还款项折算为人民币金额，借记"短期借款""长期借款"等科目的外币账户，贷记"银行存款"科目的外币账户。

④发生外币兑换业务时，如为购入外币，按照购入当日（或当期期初）的市场汇率将购入的外币折算为人民币金额，借记"银行存款"科目的外币账户，按照实际支付的人民币金额，贷记"银行存款"科目的人民币账户，两者之间的差额，借记或贷记"筹资费用"等科目；如为卖出外币，按照实际收到的人民币金额，借记"银行存款"科目的人民币账户，按照卖出当日（或当期期初）的市场汇率将卖出的外币折算为人民币金额，贷记"银行存款"科目的外币账户，两者之间的差额，借记或贷记"筹资费用"等科目。

各种外币账户的外币余额，期末时应当按照期末汇率折合为人民币，按照期末汇率折合的人民币金额与账面人民币金额之间的差额，作为汇兑损益计入当期费用。但是，属于在借款费用应予资本化的期间内发生的与购建固定资产有关的外币专门借款本金及其利息所产生的汇兑差额，应当予以资本化，记入"在建工程"科目。

⑤有确凿证据表明存在银行或其他金融机构的款项已经部分或者全部不能收回的，应当将不能收回的金额确认为当期损失，借记"管理费用"科目，贷记"银行存款"科目。

三、其他货币资金的会计核算

（一）科目的设置

应设"其他货币资金"科目，其在资产负债表中的编号为1009，该科目属资产类科目，其借方登记其他货币资金的增加额，贷方登记其他货币资金的减少额。期末借方余额，反映民间非营利组织实际持有的其他货币资金。

（二）具体会计核算

（1）外埠存款业务。民间非营利组织将款项委托当地银行汇往采购地开立专户时，借记"其他货币资金"，贷记"银行存款"科目。收到采购员交来供应单位发票账单等报销凭证时，借记"存货"等科目，贷记"其他货币资金"科目。将多余的外埠存款转回当地银行时，根据银行的收账通知，借记"银行存款"科目，贷记"其他货币资金"科目。

（2）银行汇票存款业务。民间非营利组织在填送"银行汇票申请书"并将款项交存银行，取得银行汇票后，根据银行盖章退回的申请书存根联，借记"其他货币资金"科目，贷记"银行存款"科目。民间非营利组织使用银行汇票后，根据发票账单等有关凭证，借记"存货"等科目，贷记"其他货币资金"科目；如有多余款或因汇票超过付款期等原因而退回款项，根据开户行转来的银行汇票第四联（多余款收账通知），借记"银行存款"科目，贷记"其他货币资金"科目。

（3）银行本票存款业务。民间非营利组织向银行提交"银行本票申请书"并将款项交存银行，取得银行本票后，根据银行盖章退回的申请书存根联，借记"其他货币资金"科目，贷记"银行存款"科目。民间非营利组织使用银行本票后，根据发票账单等有关凭证，借记"存货"等科目，贷记"其他货币资金"科目。因本票超过付款期等原因而要求退款时，应当填制进账单一式两联，连同本票一并送交银行，根据银行盖章退回的进账单第一联，借记"银行存款"科目，贷记"其他货币资金"科目。

（4）信用卡存款业务。民间非营利组织应按规定填制申请表，连同支票和有关资料一并送交发卡银行，根据银行盖章退回的进账单第一联，借记"其他货币资金"科目，贷记"银行存款"科目。民间非营利组织用信用卡购物或支付有关费用，借记有关科目，贷记"其他货币资金"科目。民间非营利组织信用卡在使用过程中，需向其账户续存资金的，借记"其他货币资金"科目，贷记"银行存款"科目。

（5）信用证保证金存款业务。民间非营利组织向银行交纳信用证保证金时，根据银行退回的进账单第一联，借记"其他货币资金"科目，贷记"银行存款"科目。根据开证行交来的信用证来单通知书及有关单据列明的金额，借记"存货"等科目，贷记"其他货币资金"科目和"银行存款"科目。

（6）存出投资款业务。民间非营利组织向证券公司划出资金时，应按实际划出的金额，借记"其他货币资金"科目，贷记"银行存款"科目；利用存出投资款购买股票、债券等时，按实际发生的金额，借记"短期投资"等科目，贷记"其他货币资金"科目。

（7）民间非营利组织对于逾期尚未办理结算的银行汇票、银行本票等，应按规定及时转回，借记"银行存款"科目，贷记"其他货币资金"科目。

四、存货的会计核算

（一）科目的设置

应设"存货"科目，其在资产负债表中的编号为1201，该科目属于资产类科目，借方登记存货的增加，贷方登记存货的减少。期末借方余额，反映民间非营利组织存货实际库存价值。

应设"存货跌价准备"科目，其在资产负债表中的编号为1202，该科目属于资产类科目，借方登记存货跌价准备的增加，贷方登记存货跌价准备的减少。期末贷方余额，反映民间非营利组织已计提的存货跌价准备。

（二）具体会计核算

（1）外购存货。按照采购成本（一般包括实际支付的采购价格、相关税费、运输费、装卸费、保险费以及其他可直接归属于存货采购的费用），借记"存货"科目，贷记"银行存款""应付账款"等科目。民间非营利组织可以根据需要在"存货"科目下设置"材料""库存商品"等明细科目。

（2）自行加工或委托加工完成的存货。按照采购成本、加工成本（包括直接人工以及按照合理方法分配的与存货加工有关的间接费用）和其他成本（指除采购成本、加工成本以外的，使存货达到目前场所和状态所发生的其他支出），借记"存货"科目，贷记"银行存款""应付账款""应付工资"等科目。民间非营利组织可以根据实际情况，在"存货"科目下设置"生产成本"等明细科目，归集相关成本。

（3）接受捐赠的存货。按照所确定的成本，借记"存货"科目，贷记"捐赠收入"科目。

（4）业务活动过程中领用存货。按照确定的成本，借记"管理费用"等科目，贷记"存货"科目。

（5）对外出售或捐赠存货。按照确定的出售存货成本，借记"业务活动成本"等科目，贷记"存货"科目。

（6）存货盘盈。按照其公允价值，借记"存货"科目，贷记"其他收入"科目。

（7）存货盘亏或者毁损。按照存货账面价值扣除残料价值、可以收回的保险赔偿和过失人的赔偿等后的金额，借记"管理费用"科目；按照可以收回的保险赔偿和过失人赔偿等，借记"现金""银行存款""其他应收款"等科目；按照存货的账面余额，贷记"存货"科目。

（8）存货跌价准备。如果存货的期末可变现净值低于账面价值，按照可变现净值低于账面价值的差额，借记"管理费用——存货跌价损失"科目，贷记"存货跌价准备"科目。

（9）如果以前期间已计提跌价准备的存货价值在当期得以恢复，即存货的期末可变现净值高于账面价值，按照可变现净值高于账面价值的差额，在原已计提跌价准备的范围内，借记"存货跌价准备"科目，贷记"管理费用——存货跌价损失"科目。

【例3-1】A为某民间非营利组织，2019年3月5日A支付内部职工李某出差所需现金3 000元。4月3日以5 000美元购入商品补充库存，当日汇率为6.8。4月25日，A通过银行支付货款。由于业务活动的需要，4月28日A委托当地银行汇往采购地开立专户10 000元。5月6日购入存货一批，采购价格15 000元，运输费1 000元，增值税税率为17%，当日通过银行交付货款。6月30日A在进行现金清查时，发现现金短缺1 000元，且无法查明原因。A在年末对存货是否减值进行检查时，发现存货可变现净值为200 000元，账面价值为210 000元，之前未计提减值准备。根据以上信息，编制相关会计分录。

解：根据题中信息编制会计分录如下：

1. 3月5日A支付内部职工李某出差所需现金时，

借：其他应收款   3 000

  贷：现金   3 000

2. 4月3日以美元购入商品补充库存时，

借：存货   34 000

  贷：应付账款   34 000

3. 4月25日，A通过银行支付货款时，

借：应付账款   34 000

  贷：银行存款   34 000

4. 4月28日A委托当地银行汇往采购地开立专户10 000元时，

借：其他货币资金   10 000

  贷：银行存款   10 000

5. 5月6日购入存货时，

借：存货   18 550

    贷：银行存款   18 550

6. 6月30日A进行现金清查时，

借：管理费用   1 000

    贷：现金   1 000

7. 年末对存货是否减值进行检查时，

借：管理费用——存货跌价损失   10 000

    贷：存货跌价准备   10 000

本章复习思考题

1. 什么是民间非营利组织日常资金管理？为何要进行日常资金管理？

2. 民间非营利组织银行存款日记账与银行存款对账单不符时应该怎么办？

3. 民间非营利组织日常资金管理制度应如何建立？

4. 民间非营利组织在现金清查结果账实不符时应如何进行会计处理？

5. 民间非营利组织应如何对外购的存货进行会计处理？

6. 请进行如下事项的会计处理：

A为某民间非营利组织，2019年8月发生如下业务：

（1）将现金10 000元存入银行。

（2）收到出差人员交回的差旅费剩余款500元。

（3）现金清查时发现现金溢余1 000元，且无法查明原因。

（4）借入外币5 000美元，借款期限为1个月，当日汇率为6.0。

（5）向证券公司划出资金100 000元。

（6）由于业务活动所需，领用存货，其成本为8 000元。

请根据以上信息，编制相关会计分录。

第四章
民间非营利组织项目资金管理

学习目标

- 了解民间非营利组织项目资金的收入管理
- 了解民间非营利组织项目资金的支出管理
- 理解民间非营利组织项目资金的评估

第一节　民间非营利组织项目资金的收入管理

一、项目资金的收入管理制度

民间非营利组织的项目资金收入管理制度的内容包括：第一，建立有效的项目立项申报工作制度，做到申报的每一个项目都有充分合理的科学依据支撑。做好项目选择、可行性分析、项目建议书的撰写等申请环节，提高申请的成功率，保证项目的资金来源。第二，设置合理的岗位进行项目资金的专项管理，确保项目资金的真实性和完整性。第三，建立合理的会计核算和资金管理制度，对项目资金的收入进行有效管理。

二、岗位设置和人员分工

（一）岗位设置

民间非营利组织的项目管理目前存在两种管理模式：第一，矩阵式项目管理模式。在矩阵式项目管理模式下，其岗位设置是项目管理部门，属于临时管理部门，由秘书长临时指派项目经理，由项目经理从各个职能部门抽调人员组成项目小组，项目经理直接对秘书长负责，受秘书长领导。这种模式决定了其岗位设置的特殊性，即项目管理部门属于秘书长领导下的临时部门，主要目标是为了完成某一项目任务，虽然具有权力集中的优点，但也同时具有等级制度明显、信息不畅的缺点。第二，网络式项目管理模式。现代民间非营利组织的项目管理往往采取网络式管理结构，秘书长下面仍然是各个职能部门，但其中新增一个项目部，项目部下面再分设项目经理，项目经理不再直接面对秘书长，项目经理和各个职能部门之间更多的是一种横向的合作关系。这种结构有利于保障项目经理的权责统一，使单个的项目管理机构更为独立，自主权更大。

（二）人员分工

在项目组织实施的过程中，项目经理是一个至关重要的角色。应规划好项目经理的职业生涯，如项目经理的定位与地位，如何使项目经理责、权、利对等，等等。在此基础上，制定项目经理的发展路线，如项目助理、项目经理、高级项目经理、项目总监等各个级别的素质要求和待遇等。通过项目经理的生涯规划，增强项目经理的归属感，提高人力资源的稳定性。同时，应设置相应的人员考评激励机制，调动组织成员为实现项目目标而努力工作，提高各类人员的工作积极性。在绩效评价系统内应包括对项目经理、项目团队和项目组成员的考核制度。

三、会计核算

项目资金的收入来源包括：捐赠收入、会费收入、提供服务收入、政府补助收入、商品销售收入、投资收益和其他收入。对于不同的收入，需要进行不同的会计核算。

（一）捐赠收入

捐赠收入是指民间非营利组织接受其他单位或者个人捐赠所取得的收入，其主要会计处理如下：

（1）接受的捐赠，按照应确认的金额，借记"现金""银行存款""短期投资""存货""长期股权投资""长期债权投资""固定资产""无形资产"等科目，贷记科目"限定性收入"或"非限定性收入"明细科目。

对于接受的附条件捐赠，如果存在需要偿还全部或部分捐赠资产或者相应金额的现时义务时（比如因无法满足捐赠所附条件而必须将部分捐赠款退还给捐赠人时），按照需要偿还的金额，借记"管理费用"科目，贷记"其他应付款"等科目。

（2）如果限定性捐赠收入的限制在确认收入的当期得以解除，应当将其转为非限定性捐赠收入，借记科目"限定性收入"明细科目，贷记科目"非限定性收入"明细科目。

（3）期末，将本科目各明细科目的余额分别转入限定性净资产和非限定性净资产。转入限定性净资产，借记科目"限定性收入"明细科目，贷记"限定性净资产"科目；转入非限定性净资产，借记科目"非限定性收入"明细科目，贷记"非限定性净资产"科目。

（二）会费收入

会费收入是指民间非营利组织根据章程等规定向会员收取的会费收入。民间非营利组织应当按照会费种类（如团体会费、个人会费等）设置明细账，进行明细核算。其主要会计处理如下：

（1）向会员收取会费，在满足收入确认条件时，借记"现金""银行存款""应收账款"等科目，贷记科目"非限定性收入"明细科目。如果存在限定性会费收入，应当贷记科目"限定性收入"明细科目。

（2）期末，将本科目的余额转入非限定性净资产，借记科目"非限定性收入"明细科目，贷记"非限定性净资产"科目。如果存在限定性会费收入，则将其金额转入限定性净资产，借记科目"限定性收入"明细科目，贷记"限定性净资产"科目。

（三）提供服务收入

提供服务收入是指民间非营利组织根据章程等规定向其服务对象提供服务取得的收入。民间非营利组织应当按照提供服务的种类设置明细账，进行明细核算。提供服务收入的会计处理如下：

（1）提供服务取得收入时，按照实际收到或应当收取的金额，借记"现金""银行存款""应收账款"等科目，按照应当确认的提供服务收入金额，贷记本科目，按照预收的价款，贷记"预收账款"科目。在以后期间确认提供服务收入时，借记"预收账款"科目，贷记科目"非限定性收入"明细科目。如果存在限定性提供服务收入，应当贷记科目"限定性收入"明细科目。

（2）期末，将本科目的余额转入非限定性净资产，借记科目"非限定性收入"明细科目，贷记"非限定性净资产"科目。如果存在限定性提供服务收入，则将其金额转入限定性净资产，借记科目"限定性收入"明细科目，贷记"限定性净资产"科目。

（四）政府补助收入

政府补助收入是指民间非营利组织接受政府拨款或者政府机构给予的补助而取得的收入，其会计处理如下：

（1）接受的政府补助，按照应确认收入的金额，借记"现金""银行存款"等科目，贷记科目"限定性收入"或"非限定性收入"明细科目。

对于接受的附条件政府补助，如果民间非营利组织存在需要偿还全部或部分政府补助资产或者相应金额的现时义务时（比如因无法满足政府补助所附条件而必须退还部分政府补助时），按照需要偿还的金额，借记"管理费用"科目，贷记"其他应付款"等科目。

（2）如果限定性政府补助收入的限制在确认收入的当期得以解除，应当将其转为非限定性捐赠收入，借记科目"限定性收入"明细科目，贷记科目"非限定性收入"明细科目。

（3）期末，将本科目各明细科目的余额分别转入限定性净资产和非限定性净资产，转入限定性净资产，借记科目"限定性收入"明细科目，贷记"限定性净资产"科目；转入非限定性净资产，借记科目"非限定性收入"明细科目，贷记"非限定性净资产"科目。

（五）商品销售收入

商品销售收入是指民间非营利组织销售商品所形成的收入，民间非营利组织应当按照商品的种类设置明细账，进行明细核算。商品销售收入的会计处理如下：

（1）销售商品取得收入时，按照实际收到或应当收取的价款，借记"现金""银行存款""应收票据""应收账款"等科目，按照应当确认的商品销售收入金额，贷记科目"非限定性收入"明细科目；如果存在限定性商品销售收入，应当贷记科目"限定性收入"明细科目；按照预收的价款，贷记"预收账款"科目。在以后期间确认商品销售收入时，借记"预收账款"科目，贷记科目"非限定性收入"明细科目；如果存在限定性商品销售收入，应当贷记科目"限定性收入"明细科目。

（2）销售退回，是指民间非营利组织售出的商品，由于质量、品种不符合要求等原因而发生的退货。销售退回应当分别情况处理：

①未确认收入的已发出商品的退回，不需要进行会计处理。

②已确认收入的销售商品退回，一般情况下直接冲减退回当月的商品销售收入、商品销售成本等。按照应当冲减的商品销售收入，借记本科目，按照已收或应收的金额，贷记"银行存款""应收账款""应收票据"等科目，按照退回商品的成本，借记"存货"科目，贷记"业务活动成本"科目。

如果该项销售发生现金折扣，应当在退回当月一并处理。

③报告期间资产负债表日至财务报告批准报出日之间发生的报告期间或以前期间的销售退回，应当作为资产负债表日后事项的调整事项处理，调整报告期间会计报表的相关项目：按照应冲减的商品销售收入，借记"非限定性净资产"科目；如果所调整收入属于限定性收入，应当借记"限定性净资产"科目；按照已收或应收的金额，贷记"银行存款""应收账款""应收票据"等科目；按照退回商品的成本，借记"存货"科目，贷记"非限定性净资产"科目。

如果该项销售已发生现金折扣，应当一并处理。

（3）现金折扣，是指民间非营利组织为了尽快回笼资金而发生的理财费用。现金折扣在实际发生时直接计入当期筹资费用。按照实际收到的金额，借记"银行存款"等科目；按照应给予的现金折扣，借记"筹资费用"科目，按照应收的账款，贷记"应收账款""应收票据"等科目。

购买方实际获得的现金折扣，冲减取得当期的筹资费用。按照应付的账款，借记"应付账款""应付票据"等科目；按照实际获得的现金折扣，贷记"筹资费用"科目；按照实际支付的价款，贷记"银行存款"等科目。

（4）销售折让，是指在商品销售时直接给予购买方的折让。销售折让应当在实际发生时直接从当期实现的销售收入中抵减。

（5）期末，将本科目的余额转入非限定性净资产，借记本科目，贷记"非限定性净资产"科目。如果存在限定性商品销售收入，则将其金额转入限定性净资产，借记本科目，贷记"限定性净资产"科目。

（六）投资收益

关于投资收益的会计核算详见第5章。

（七）其他收入

其他收入是指除上述主要业务活动收入以外的其他收入，如固定资产处置净收入、无形资产处置净收入等。民间非营利组织应当按照其他收入种类设置明细账，进行明细核算。其他收入的会计核算如下：

（1）现金、存货、固定资产等盘盈的，根据管理权限报经批准后，借记"现金""存货""固定资产""文物文化资产"等科目，贷记科目"非限定性收入"明细科目，如果存在限定性其他收入，应当贷记科目"限定性收入"明细科目。

（2）对于固定资产处置净收入，借记"固定资产清理"科目，贷记本科目。

（3）对于无形资产处置净收入，按照实际取得的价款，借记"银行存款"等科目，按照该项无形资产的账面余额，贷记"无形资产"科目，按照其差额，贷记本科目。

（4）确认无法支付的应付款项，借记"应付账款"等科目，贷记本科目。

（5）在非货币性交易中收到补价情况下应确认的损益，借记有关科目，贷记"其他业务收入"科目。

（6）期末，将本科目的余额转入非限定性净资产，借记本科目，贷记"非限定性净资产"科目。如果存在限定性的其他收入，则将其金额转入限定性净资产，借记本科目，贷记"限定性净资产"科目。

以上所有收入科目在期末结转后，均应无余额。

【例4-1】A为某民间非营利组织，2019年3月A的某项目接受附条件捐款银行存款50 000元，该捐款需偿还10%。6月通过银行存款收到会费10 000元，均为非限定性收入。6月末提供服务获得非限定性收入8 000元，7月通过银行收到该服务收入。7月收到政府限定性补助60 000元，销售商品收到非限定性价款4 000元，销售当日收到银行存款。期末对存货进行检查时，非限定性存货盘盈1 000元。请根据以上信息，编制相关会计分录。

解：根据题中信息编制会计分录如下：

1. 3月收到需部分偿还的捐款时，

借：银行存款	50 000
贷：捐赠收入——限定性收入	50 000
借：管理费用	5 000
贷：其他应付款	5 000

2. 6月收到会费时，

借：银行存款	10 000
贷：会费收入——非限定性收入	10 000

3. 6月末提供服务获得收入时，

借：应收账款	8 000
贷：提供服务收入——非限定性收入	8 000

4. 7月收到服务收入时，

借：银行存款	8 000
贷：应收账款	8 000

5. 7月收到政府补助时，

借：银行存款	60 000
贷：政府补助收入——限定性收入	60 000

6. 7月销售商品时，

借：银行存款 4 000

　　贷：商品销售收入——非限定性收入 4 000

7. 期末存货盘盈时，

借：存货 1 000

　　贷：其他收入——非限定性收入 1 000

8. 期末进行结转时，

借：捐赠收入——限定性收入 50 000

　　政府补助收入——限定性收入 60 000

　　贷：限定性净资产 110 000

借：会费收入——非限定性收入 10 000

　　提供服务收入——非限定性收入 8 000

　　商品销售收入——非限定性收入 4 000

　　其他收入——非限定性收入 1 000

　　贷：非限定性净资产 23 000

第二节　民间非营利组织项目资金的支出管理

一、项目资金的支出管理制度

建立项目资金的支出管理制度，应该从项目资金的预算、使用、项目结算及资金使用效果的绩效评价四个环节进行。完善并细化各环节的实施办法及操作流程，形成一整套行之有效的项目资金支出管理机制，使项目的开展和专项资金的使用做到公开透明。民间非营利组织可以通过完善项目设立申报阶段的支出管理机制、项目实施阶段的支出管理机制和项目验收考评阶段的支出管理机制，来提高项目资金的使用效率。具体而言：

（一）建立资金预算项目库，减少立项随意性

预算项目库是指对申请预算项目进行规范化、程序化管理的数据库系统，系统中完整地反映项目名称、总投资、补助额、项目执行情况以及资金使用绩效等信息，并实现与预算编制系统衔接，每年列入预算的项目须从项目库中选取。对各类项目申请，从立项依据、可行性论证等方面进行严格审核，按照规模均衡的要求进行筛选、分类、排序，建立项目库。根据工作任务、事业发展目标，确定当年项目安排的原则和重点，结合当年度财力状况和项目排序、项目资金结余情况，按轻重缓急分类择优筛选，统筹安排项目支出预算。在我国现行的项目资金支出预算管理办法的要求下，根据本单位自身的实际情况和数据支撑，对项目支出资金的需求量进行科学合理的预测，提高预算编制的科学化水平，使得项目资金的支出预算具有可操作性。

（二）细化预算支出内容，做实资金预算

细化预算支出是当前推进项目支出资金精细化管理的重要手段，应逐步建立一套项目支出预算的定额标准，切实推行"零基预算"。做实资金预算就是要使预算落实到每一个项目和每项支出的每一科目，原则上不应安排尚未明确具体支出内容的预算。因客观因素年初确实无法细化到具体项目的，可以预留一个预算控制额度，待具体方案明确后，再编制该项目的明细化预算。

（三）规范预算调整程序，强化预算约束力

为了保持项目支出资金预算的严肃性，必须按照批复下达的预算项目、科目和数额执行，不得随意变动，严格控制预算调整。如遇到难以预见的特殊情况确需调整的，必须按照规定的程序办理调整手续。

对于确需调整且随时提请审批执行难度较大的情况，可以改进预算调整的程序和方法，确定预算调整的比例或绝对额，实行总量控制，在规定范围内采取备案制和审批制相结合的预算调整方式。对一定标准内的预算调整，采取备案制，将调整事项送相关审批部门备案存查；而对于超出标准的预算调整，则采取审批制，先将预算调整方案提交相关审批部门审查批准，维护预算的刚性约束力。

（四）加强资金支出管理，保证专款专用

加大对项目资金使用团队相关人员的宣传教育，提高对项目支出资金"专款专用"的重要性和必要性的认识。财务管理部门要严格规范资金的支付管理，严格执行财经纪律，确保项目支出资金做到专款专用。加强预算执行改革，推行集中支付管理制度，将项目支出资金纳入财务管理体系，由财务部门直接支付到最终受益人，使每一笔项目支出资金去向都在财务部门的监控之下，防止挪用移用现象发生。

（五）及时拨付资金，改善资金结余管理

加快对项目支出的审核速度，对资料齐全、符合条件的项目，缩短在业务部门流转的过程，尽快拨付资金。将项目支出资金申报作为日常工作常年受理，及早受理，不断提高项目审核和资金拨付效率，加快项目支出资金预算执行进度。通过实施财务直接支付改革措施，将项目支出的结余资金留在财务账上，实现对项目支出结余资金的统筹管理，从而有效控制结余资金规模，减少资金沉淀。

二、岗位设置和人员分工

（一）岗位设置

民间非营利组织应该设置专门的项目资金管理部门或者岗位对项目资金的支出进行有效的管理。项目资金管理部门应当加强与人事部门的沟通与合作，联合人事部门统一培训和安排项目资金的管理人员，提高民间非营利组织项目资金管理的工作效率。具体包括：

第一，项目资金管理部门应积极配合人事部门统一招聘相关资金管理人员，吸纳专业素养优秀、胜任能力强的高素质人才加入本单位的项目资金管理工作中。第二，财务部门应根据本单位特点和实际情况制定项目资金管理人员培训和轮岗制度，通过定期的培训和轮岗制度，使得相关人员不仅能胜任某一个具体岗位的资金管理工作，还能够熟悉民间非营利组织整个项目涉及的其他管理工作，从而提升民间非营利组织项目资金管理的整体工作水平。

（二）人员分工

民间非营利组织应提高项目管理人员对项目资金管理的重视程度，将项目资金管理的工作职能定位于全面参与项目资金的使用决策与控制。项目资金管理人员应该参与项目资金管理的全过程，对整个过程进行统筹规划，以保证资金使用的高效率。

民间非营利组织在项目资金的管理过程中，要充分发挥财务部门在项目资金管理过程中的作用。推进项目资金管理人员的能力建设，全面提高项目资金管理人员的综合素质。具体包括：一是加强业务学习和培训。项目资金的管理人员应及时更新知识，全面掌握会计核算、目标管理和分析预测方法，掌握社会科学领域相关知识，了解学科发展情况，以适应现代管理的需要。二是转变观念，确立先进的资金管理理念。这是提高项目资金管理人员综合素质的关键。三是充分利用财务管理信息系统，全面提高项目资金管理的工作效率，提高项目资金管理能力和执行能力，灵活运用现代财务管理办法，努力使项目管理人员成为复合型的人才。

三、会计核算

项目支出包括业务活动成本、管理费用、筹资费用和其他费用。对于不同的支出，需采用不同的会计核算。

（一）业务活动成本

业务活动成本，是指民间非营利组织为了实现其业务活动目标、开展其项目活动或者提供服务所发生的费用。如果民间非营利组织从事的项目、提供的服务或者开展的业务比较单一，可以将相关费用全部归集在"业务活动成本"项目下进行核算和列报；如果民间非营利组织从事的项目、提供的服务或者开展的业务种类较多，民间非营利组织应当在"业务活动成本"项目下分别项目、服务或者业务大类进行核算和列报。民间非营利组织发生的业务活动成本，应当按照其发生额计入当期费用。其会计处理如下：

（1）发生的业务活动成本，借记本科目"业务活动成本"，贷记"现金""银行存款""存货""应付账款"等科目。

（2）期末，将本科目"业务活动成本"的余额转入非限定性净资产，借记"非限定性净资产"科目，贷记本科目。

（二）管理费用

管理费用是指民间非营利组织为组织和管理其业务活动所发生的各项费用，包括民间非营利组织董事会（或者理事会或者类似权力机构）经费和行政管理人员的工资、奖金、福利费、住房公积金、住房补贴、社会保障费、离退休人员工资与补助，以及办公费、水电费、邮电费、物业管理费、差旅费、折旧费、修理费、租赁费、无形资产摊销费、资产盘亏损失、资产减值损失、因预计负债所产生的损失、聘请中介机构费和应偿还的受赠资产等。其中，福利费应当依法根据民间非营利组织的管理权限，按照董事会、理事会或类似权力机构等的规定据实列支。民间非营利组织发生的管理费用，应当在发生时按其发生额计入当期费用，且应当按照管理费用种类设置明细账，进行明细核算。其会计处理如下：

（1）现金、存货、固定资产等盘亏，根据管理权限报经批准后，按照相关资产账面价值扣除可以收回的保险赔偿和过失人的赔偿等后的金额，借记本科目"管理费用"；按照可以收回的保险赔偿和过失人赔偿等，借记"现金""银行存款""其他应收款"等科目；按照已提取的累计折旧，借记"累计折旧"科目；按照相关资产的账面余额，贷记相关资产科目。

（2）对于因提取资产减值准备而确认的资产减值损失，借记本科目"管理费用"，贷记相关资产减值准备科目。冲减或转回资产减值准备，借记相关资产减值准备科目，贷记本科目"管理费用"。

（3）提取行政管理用固定资产折旧时，借记本科目"管理费用"，贷记"累计折旧"科目。

（4）摊销无形资产时，借记本科目"管理费用"，贷记"无形资产"科目。

（5）发生的应归属于管理费用的应付工资、应交税金等，借记本科目"管理费用"，贷记"应付工资""应交税金"等科目。

（6）对于因确认预计负债而确认的损失，借记本科目"管理费用"，贷记"预计负债"科目。

（7）发生的其他管理费用，借记本科目"管理费用"，贷记"现金""银行存款"等科目。

（8）期末，将本科目的余额转入非限定性净资产，借记"非限定性净资产"科目，贷记本科目"管理费用"。

（三）筹资费用

有关筹资费用的会计核算详见第5章。

（四）其他费用

其他费用是指民间非营利组织发生的，无法归属到上述业务活动成本、管理费用或者筹资费用中的费用，包括固定资产处置净损失、无形资产处置净损失等。民间非营利组织发生的其他费用，应当在发生时按其发生额计入当期费用，应当按照费用种类设置明细账，进行明细核算。其会计处理如下：

（1）发生的固定资产处置净损失，借记本科目"其他费用"，贷记"固定资产清理"科目。

（2）发生的无形资产处置净损失，按照实际取得的价款，借记"银行存款"等科目；按照该项无形资产的账面余额，贷记"无形资产"科目；按照其差额，借记本科目"其他费用"。

（3）期末，将本科目的余额转入非限定性净资产，借记"非限定性净资产"科目，贷记本科目"其他费用"。

以上费用类科目在期末结转后，均应无余额。

【例4-2】A为某民间非营利组织，2019年A发生的业务活动成本为20 000元，因提取固定资产减值准备而确认的固定资产减值损失5 000元，发生固定资产处置净损失

1 000 元。请根据以上信息，编制相关会计分录。

解：根据题中信息编制会计分录如下：

1. 发生业务活动成本时，

借：业务活动成本 20 000

贷：银行存款 20 000

2. 确认资产减值损失时，

借：管理费用 5 000

贷：固定资产减值准备 5 000

3. 发生固定资产处置净损失时，

借：其他费用 1 000

贷：固定资产清理 1 000

4. 期末结转时，

借：非限定性净资产 26 000

贷：业务活动成本 20 000

管理费用 5 000

其他费用 1 000

第三节　民间非营利组织项目资金的评估

一、项目绩效考核机制的建立

项目绩效考核机制中包括合理的考评标准和专业的评价团队。建立一个由居于中立地位的专家组成的评审机构，根据项目的不同特点订立不同的切实可操作的评价指标，对项目资金进行事前、事中、事后的评价，能够保证项目绩效考核机制的有效运转。项目绩效考核机制包括了对项目的事前评价、事中评价、事后评价。具体而言：

（1）事前评价。事前评价是对项目资金使用的必要性也就是对这些资金产生的财务、经济、社会和生态环境等方面效益进行的全面和系统的分析，促进预算编制的科学性、合理性，促使项目资金结构优化。

（2）事中评价。事中评价主要是分析项目在进展过程中的运行情况，研究项目的具体进展，及时处理进展工作中的一些问题，保证项目资金的使用效率。

（3）事后评价。事后评价是通过审查和评价项目支出成果是否符合目标要求，作为以后年度项目资金审批的依据。对完成得好的项目组，可以将项目的结余资金留归该项目组使用，以示对有贡献的个人和项目团队给予适当的物质奖励。对于造成组织资产流失的项目组，可以暂时不再安排项目，以示惩罚。

二、建立项目的审计制度

项目审计的目的是通过审计明确项目资金的使用是否按批准的预算进行。对项目资金的审计重点主要是资金的实际使用效果和资金结余两个方面。在建立项目审计制度时，需要重点注意以下方面的内容：

（一）项目审计具有一定的特殊性

民间非营利组织项目的特殊性，决定了实施项目审计有别于一般审计的内容。审计客体是项目承担（实施）部门（单位）；审计的内容涵盖了项目实施的全过程（立项可行性、费用支出、效益等）；审计的重点是项目的绩效性。

（二）项目审计中包括了对项目可行性研究结论的再审计

该措施是把运用审计监督方法来控制项目管理的关口，从目前较为普遍的对项目绩效与实施阶段的审计管理前移到前期对项目源头的可行性研究阶段，对可行性研究的主要内容进行审计，用项目评估和可行性研究审计的"双保障"措施来确保项目决策的准确、科学与操作程序的规范性，是从源头治理项目决策失误的一条极其有效的途径。

（三）审计方法的多样性

应针对不同项目的特点开展分层次、分阶段的效益审计，选择相适应的多种审计方法，保证审计结果的可靠性。审计方法主要包括：审计与审计调查相结合的方法，审计专家经验与行业专家经验相结合的方法，项目立项形式审核与专家评估和事前审计相结合的方法，项目预算执行审计与经济责任审计相结合的方法，项目预算审计与项目决算审计相结合的方法，项目预算执行审计、经济（离任）责任审计与效益审计相结合的方法，项目审计与项目评估相结合的方法，项目财务数据审计与项目业务资料（包括项目成果报告）审计相结合的方法等。

（四）项目支出预算审计

项目支出预算是支出预算审计的一个重点，在审查过程中应重点关注是否存在违规转移项目经费、克扣或延押项目资金；是否存在将项目经费挪用或挤占用作他途；是否严格按照项目经费的预算申请书安排使用资金，是否切实做到"专款专用"等内容。具体包括：

（1）审查是否存在克扣或截留下属单位专项资金，延押和滞拨专项资金。防止因资金拨付不到位、不及时，造成专项事业任务得不到及时完成和顺利落实。

（2）审查是否存在分解项目到下属单位的情况。重点审查被审计单位项目预算申报编制时，未在预算说明中明确项目具体承担单位或部门，项目决算时资料与实际执行不符的情况。

（3）审查是否按照项目预算执行经费收支。重点审查项目申报文件内容与实际执行情况，审查实际支出与预算的一致性。防止未按规定的时效落实项目的建设，项目自筹资金不到位、套取上级财政资金，防止项目支出中超预算或列支无预算支出等情况。

（4）审查是否存在超范围支出或公用经费挤占项目经费的情况。重点审查项目经费签订的合同合约条款、实际采购的项目设备材料与预算中的项目明细、招标文件中合同条款是否相符，审查项目实际执行与预算内容是否相符的情况，防止挤占和挪用项目经费。

（5）审查是否存在基本经费与项目经费调剂使用、项目打包的情况。重点审查项目之间相互调剂使用资金、项目打包合用资金的情况，审查调剂项目和打包项目的原因、资金数额和使用情况，防止专款不专用的情况发生。

本章复习思考题

1. 民间非营利组织的项目活动主要集中在哪几个领域?

2. 民间非营利组织如何申报项目?

3. 民间非营利组织如何提高项目资金的利用效率?

4. 对项目资金的运用进行事前、事中、事后评价的具体内容是什么?

5. 民间非营利组织项目活动的审计方法包括哪些?

6. 民间非营利组织项目评估的内容和步骤包括哪些?

7. A 为某民间非营利组织,2019 年 6 月发生以下业务:

(1) 解除限定性捐赠收入 10 000 元的限制。

(2) 通过银行存款收到会费 8 000 元,其中 20% 为限定性收入。

(3) 处置固定资产获得净收入 1 000 元。

(4) 发生业务活动成本 5 000 元,暂未支付。

(5) 提取行政管理用固定资产折旧 500 元。

(6) 处置账面余额为 80 000 元的无形资产,收到银行存款 71 000 元。

请根据以上信息,编制相关会计分录。

第五章
民间非营利组织筹资管理与投资管理

学习目标

- 了解民间非营利组织筹资管理和投资管理的相关概念
- 了解筹资管理和投资管理的相关会计核算
- 理解筹资管理和投资管理的原则

第一节　民间非营利组织筹资管理概述

一、筹资管理的含义与目的

筹资管理是指民间非营利组织根据其持续经营和业务活动的需要，通过筹资渠道，运用筹资方式，依法经济有效地为组织筹集所需要的资金的财务行为。民间非营利组织筹资管理可为组织的存在和发展提供可持续的资源，包括两个具体目标：第一，为保证组织的基本运作提供资源。这是民间非营利组织筹资管理的基本目标。民间非营利组织的设立、生存都需要资金来支撑，满足组织的基本运作是民间非营利组织筹资需达到的第一个目标，也是实现组织社会使命的基础。第二，为可持续且有效地开展业务活动提供资源。

二、影响民间非营利组织筹资的因素

（一）内部因素

1. 民间非营利组织的非营利性特征

民间非营利组织的非营利性特征是影响其筹资的重要因素。民间非营利组织不以营利为目的，并且其财产归公益法人所有，资金拥有者在投资、捐赠民间非营利组织时，不得以获取投资回报为条件。这些非营利性的特征导致民间非营利组织在筹资时经济利益驱动机制不足，不能通过实施投资报酬吸引投资者的关注，筹集资金的方式较少，筹资渠道相对于企业等营利性组织而言，相对单一，筹资比较困难。

2. 民间非营利组织的主要业务类型

不同民间非营利组织有不同的社会使命。有些民间非营利组织的社会使命单一，且不被社会广泛关注，导致了一些民间非营利组织筹资困难。而有些民间非营利组织由于承担了广泛的社会使命，受关注度较高，筹资渠道通畅，筹资相对容易。

3. 民间非营利组织的治理结构

合理的治理结构有利于民间非营利组织筹资的实现。治理结构的优劣会影响组织的运行效率和透明度，会影响委托—代理成本的高低，会对筹资渠道有深入的影响。一个拥有良好治理结构的民间非营利组织，不仅具有高效的管理能力，而且筹资能力也较强。

4. 民间非营利组织的社会公信力

接受捐赠是民间非营利组织筹资的主要渠道之一。如果组织缺乏社会公信力，会导致组织向社会募款的能力下降，筹资效果变差，也不容易实现筹资渠道的多元化。相反，如果组织的社会公信力强，社会募捐能力会提高，筹资效果较好。

当然，还有其他一些内部影响因素会影响民间非营利组织的筹资，比如民间非营利组织的历史背景、与政府和其他组织或个人联系的紧密程度、组织的透明度水平、组织的宣传力度等，都会对民间非营利组织的筹资产生一定的影响。

（二）外部因素

1. 国家有关法律法规和政策

国家有关法律法规和政策对民间非营利组织筹资也有较大的影响，如工会的筹资、国家税收政策等。这些法律法规和政策可能是针对民间非营利组织自身的规定，也可能是面向民间非营利组织捐赠者的规定。比如税法对于企业捐赠的免税比率的规定，直接影响企业对民间非营利组织的捐赠水平。

2. 国民经济发展水平与民众的收入水平

国民经济发展水平与民众收入水平直接影响了人们的捐赠能力和投身公益事业的热情。目前而言，动员企业进行捐赠的机制比较强，而动员个人捐赠的机制较弱。

3. 文化和地域因素

我国大多数地区都有着自身的传统观念，在接受捐赠的问题上，只有为特定文化习惯所接受的筹资方式才能被民间非营利组织使用。同时，地域因素也影响着筹资渠道。例如在发达地区的民间非营利组织，能够较容易地寻求到国内社会和国际社会的捐助，而在一些不够发达的地区，民间非营利组织筹资渠道则相对单一。

当然，还有一些其他外部影响因素会影响民间非营利组织的筹资，比如社会舆论、媒体曝光度等，均会在不同程度上影响民间非营利组织的筹资。

三、筹资渠道

筹资渠道是指民间非营利组织筹集资金来源的方向与通道，能够体现出资金的源泉和流量。现行的民间非营利组织筹资渠道主要有接受捐赠、财政补助、出资者提供、向金融机构借款、业务活动收入、境外相关组织援助和会费收入。

（一）接受捐赠

接受捐赠是指民间非营利组织从其他组织或公众募集资金，可以分为组织捐赠和个人捐赠。组织捐赠是社会上的企业、政府组织或其他组织，用组织的资金向特定民间非营利组织提供的捐赠。个人捐赠是社会公众根据自身的生活水平和收入情况，自愿地向民间非营利组织提供的捐赠。这里所说的捐赠可以是货币资金，也可以是各种物品、设备等实物资产。

（二）财政补助

财政补助是各级政府向民间非营利组织提供的资金。各级政府的资金主要通过税收等无偿方式取得，原则上是取之于社会、用之于社会。而民间非营利组织提供的是公益性社会服务，与政府组织的社会管理有着共同的目标，因此为了保证社会稳定发展，政府有义务向民间非营利组织提供资金，支持社会公益活动的发展。

（三）出资者提供

出资者提供的资金是民间非营利组织的基本资金来源。根据我国民间非营利组织相关注册登记条例的规定，任何社会组织都需要依法设立，需要具有与其业务活动相适应的经费来源，即每一个民间非营利组织一般都有出资者，负责启动资金的注入。对于民间非营利组织，其出资者只能是民间的社会其他组织或个人，由民间的社会组织或个人提供经费来源。

（四）向金融机构借款

向金融机构借款是民间非营利组织一项重要的筹资渠道，根据借款期限的长短可以分为长期负债和短期负债。民间非营利组织取得银行借款也需要有一定的条件，符合银行贷款的各项要求。首先由民间非营利组织向金融机构提出借款申请，金融机构按规定进行审批，审批通过后与金融机构签订借款合同，取得银行借款，并按规定时间偿还借款本息。

（五）业务活动收入

业务活动收入是指民间非营利组织在向服务对象提供服务或商品时取得的资金。民间非营利组织的业务活动收入不以营利为目的，其主要是用于弥补业务活动资金的不足。民间非营利组织提供的服务或商品可以分为有偿和无偿两种，有偿提供的收入，可作为民间非营利组织的业务活动收入。民间非营利组织的业务活动收入应以低于成本或成本补偿为原则，不可超出规定的标准，其目的是通过收取一定的补偿费用来维持民间非营利组织的正常运营，以便为更多的公民提供更好的服务。

（六）境外相关组织援助

在全球化的今天，民间非营利组织除了从境内各社会组织及社会公众取得资金外，还可以从境外相关组织取得资金。在国际上存在着一些专门向世界各地提供国际援助资助的组织，每一个国际援助资助组织都有其相应的宗旨和确定的援助方向，要取得其援助首先必须符合其标准，其次向该组织提出申请并获得批准。

（七）会费收入

会费收入是指民间非营利组织根据章程等规定向会员收取的会费，通常属于非交换交易收入。一般情况下，民间非营利组织的会费收入为非限定性收入，除非相关资产提供者对资产的使用设置了限制。

四、筹资管理的原则

（一）时间的配比性原则

筹资管理需要考虑的时间包括资金需求时间、费用支付时间和还本时间。筹集资金时，以资金的需要时间确定合理的筹集时间，保证资金及时到位，这样可以避免因资金过早取得而导致资金的闲置和不必要的浪费，或者由于筹资滞后影响资金的使用，从而影响业务活动的开展。同时还需要考虑费用支付时间和还本时间，避免还债高峰期对现金流量的影响。

（二）筹资数目的合理性原则

民间非营利组织应该合理确定需要筹集的资金，充分考虑筹资管理的两个目标，避免资金的浪费与不足，避免由于过分筹资而降低民间非营利组织的公信度，丧失持续筹资能力。

（三）筹资风险的适当性原则

民间非营利组织在筹资的时候需要考虑风险的存在，以组织所能承担风险的程度作为组织筹措多少资金的依据，防止因债务过多而造成组织的财务风险过高。

（四）筹资成本的最小化原则

民间非营利组织在筹措资金的时候，要做到既满足资金预算的需要，又尽量降低资金总成本。因为在收入一定的情况下，筹资总成本支出越小，能提供给组织用于生存与发展的资金也就越多。因此在考虑不同来源的资金成本时，要尽可能选择经济、可行的筹资渠道与方式，并且不仅考虑利率风险，还需要考虑汇率风险，权衡利弊，尽量使筹资成本最低。

（五）筹资途径的合法化原则

民间非营利组织的筹资行为和筹资活动必须遵循国家的相关法律法规。依法履行法律法规和合同约定的责任，合法合规地进行筹资，依法进行信息披露，维护各方的合法权益，是实现有效筹资管理的必要条件。

第二节　民间非营利组织筹资管理制度

一、筹资费用管理的内容

民间非营利组织筹资费用，是指民间非营利组织为筹集业务活动所需资金而发生的费用，包括民间非营利组织为了获得捐赠资产而发生的费用以及应当计入当期费用的借款费用、汇兑损失（减汇兑收益）等。民间非营利组织为了获得捐赠资产而发生的费用包括举办募款活动费、准备、印刷和发放募款宣传资料费以及其他与募款或者争取捐赠资产有关的费用。民间非营利组织发生的筹资费用，应当在发生当期按其发生额如实计入当期费用。以上筹资过程中发生的各项费用，均应纳入民间非营利组织筹资费用管理体系中。

二、岗位设置与人员分工

为了提高筹资效率，降低筹资成本，增加筹资金额，民间非营利组织应对筹资所涉及的岗位和人员，进行专门的岗位设置与人员分工，实行相应的筹资激励与约束机制。例如，可以设置筹资管理委员会，专门负责资金筹募、管理和项目实施。该筹资管理委员会的委员一般由民间非营利组织的创始发起人、捐赠方代表等利益相关者组成，通常包括主任委员 1 人，执行主任委员 1 人，副主任委员和委员若干，由执行主任主持管理委员会的工作。管理委员会的职责具体如下：

（1）对筹资方面有关章程进行制定和修改；

（2）选举和罢免执行主任委员、副主任委员、一般委员；

（3）对项目计划书和项目预算进行审核，提交民间非营利组织相关管理部门审批；

（4）拟定工作报告和财务报告，提交民间非营利组织理事会等决策机构审议；

（5）对拟开展项目活动的立项和相应的执行方案、项目预算进行审核，提交民间非营利组织理事会等决策机构审批；

（6）对资金的募集、资金使用情况和项目实施进行审核、监督与管理；

（7）拟定筹资方案的终止及其他重大事项，报民间非营利组织理事会等决策机构审议。

一般而言，管理委员会须有 2/3 以上委员出席方能召开，其决议须经到会委员 2/3 以上表决通过方能生效。

三、筹资管理的会计核算

（一）科目设置

为了核算民间非营利组织的筹资费用，应当按照筹资费用种类设置明细账，进行明细核算，并设置"筹资费用"科目，科目编号第 5301 号。发生筹资费用时，借记"筹资费用"科目,贷记"预提费用""银行存款""长期借款"等科目。发生应冲减筹资费用的利息收入、汇兑收益时,借记"银行存款""长期借款"等科目,贷记"筹资费用"科目。期末,将本科目的余额转入非限定性净资产,借记"非限定性净资产"科目,贷记"筹资费用"科目。结转后,"筹资费用"科目应无余额。

（二）会计核算

1. 为获得捐赠资产而发生筹资费用的会计核算

民间非营利组织发生的为获得捐赠资产的筹资费用,应当在发生时按其发生额计入当期筹资费用。发生捐赠费用时,借记"筹资费用"科目,贷记"现金""银行存款"等科目。

2. 借款费用的会计核算

民间非营利组织发生的借款费用,应当在发生时按其发生额计入当期筹资费用。发生借款费用时,借记"筹资费用"科目,贷记"预提费用""银行存款""长期借款"等科目。发生的应冲减筹资费用的利息收入,借记"银行存款""长期借款"等科目,贷记"筹资费用"科目。

3. 汇兑损失的会计核算

民间非营利组织在筹资过程中发生汇兑损失时,应借记"筹资费用"科目,贷记"银行存款""长期借款"等科目；发生的应冲减的汇兑收益,借记"银行存款""长期借款"等科目,贷记"筹资费用"科目。

4. 筹资费用科目的结转

期末,应将"筹资费用"科目余额转入"非限定性净资产"。结转后,"筹资费用"科目无余额。

【例5-1】A为某民间非营利组织,2019年6月5日A因获得捐赠资产产生费用2 000元,通过现金支付。6月30日A通过银行存款支付借款费用5 000元。期末,筹资费用科目借方余额为10 000元。根据以上信息,编制相关会计分录。

解：根据题中信息编制会计分录如下：

1. 因获得捐赠资产产生费用时,

借：筹资费用　　　　　　　　　　　　　　　　　　　　　　　2 000
　　贷：现金　　　　　　　　　　　　　　　　　　　　　　　　2 000

2. 支付借款费用时,

借：筹资费用　　　　　　　　　　　　　　　　　　　　　　　5 000
　　贷：银行存款　　　　　　　　　　　　　　　　　　　　　　5 000

3. 期末结转筹资费用时,

借：非限定性净资产　　　　　　　　　　　　　　　　　　　10 000
　　贷：筹资费用　　　　　　　　　　　　　　　　　　　　　10 000

第三节 民间非营利组织投资管理概述

一、投资管理的含义与目的

投资是指用某种有价值的资产，包括资金、人力、知识产权等投入某个企业、项目或经济活动中，以获取未来收益的经济行为。广义的投资包括股票投资、债券投资、房地产投资、期货投资、固定资产投资、存货投资等。笼统来看，投资可分为实物投资、资本投资和证券投资。投资管理是指投资者对投资方向、投资金额以及何时投资进行决策的过程。对于民间非营利组织而言，证券投资是其主要的投资领域之一，即以货币购买企业发行的股票和公司债券，间接参与企业的利润分配。

民间非营利组织投资管理一般分五个步骤进行，如图5-1所示。

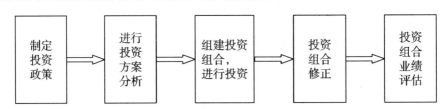

图 5-1 民间非营利组织投资管理步骤图

二、投资的分类

（一）按投资回收期限分类

按投资回收期限的长短，投资可分为短期投资和长期投资。短期投资是指民间非营利组织持有的能够随时变现并且持有时间不准备超过1年（含1年）的投资，包括股票、债券投资等。长期投资是指不满足短期投资条件的投资，即民间非营利组织持有的超过1年的投资。短期投资具有容易变现、风险较低、收益较低的特点。长期投资一般不易变现，风险比短期投资要高，但收益也较高。

（二）按投资行为的介入程度分类

按投资行为的介入程度，投资可分为直接投资和间接投资。直接投资包括民间非营利组织内部直接投资和对外直接投资，前者形成民间非营利组织内部直接用于运作的各项资产，后者形成民间非营利组织持有的各种股权性资产。间接投资是指通过购买被投资对象发行的金融工具而将资金间接转移交付给被投资对象使用的投资，如购买特定投资对象发行的股票、债券、基金等。

（三）按投资的性质分类

按投资的性质，投资可分为债权性投资、权益性投资和混合性投资。债权性投资是指定期获得固定数额的利息，并在债权期满时收回本金的投资，民间非营利组织可通过购买债务证券获得债权性投资。权益性投资是指为获取其他企业的权益或净资产所进行的投资，如对其他企业的普通股股票投资。混合性投资是指同时兼有债务性和权益性的投资，民间非营利组织可通过购买混合性债券获得，如购买可转换债券。

三、投资方案的评价方法

投资方案的评价方法，根据是否考虑货币时间价值，可以分为静态投资评价方法和动态投资评价方法。静态投资评价方法，或叫做非贴现法，通常不考虑货币时间价值，主要包括投资回收期法和会计收益率法。动态投资评价方法，需要充分考虑货币时间价值，主要包括净现值法、盈利指数法、内部收益率法等。

（一）静态投资评价方法

1. 投资回收期法

投资回收期是指回收初始投资所需要的时间。即投资项目经营净现金流量抵偿原始总投资所需要的全部时间。一般以年为单位。这种方法比较简单，实用性强。该方法主要用于多项目之间的筛选和初评。

投资回收期的计算，视每年的营业现金净流量是否相等而有所不同。

（1）如果每年的营业现金净流量相等，其计算公式如下：

$$投资回收期＝原始投资额/每年营业现金净流量$$

（2）如果每年的营业现金净流量不等，那么，计算回收期要根据每年末尚未回收的投资额加以确定。其计算公式如下：

$$投资回收期＝前几年收回的原始投资额部分＋最后一年尚未回收原始投资额部分/$$
$$次年营业现金净流量$$

在运用投资回收期法进行投资项目的分析时，其判定原则是：项目回收期小于预期回收期，项目可行；如果存在若干项目，则选择回收期最小的投资项目。投资回收期法的优点：

（1）可作为衡量备选方案风险程度的指标。回收期越短，风险越小。

（2）可以衡量方案的投资回收速度。

（3）计算简便，容易掌握，决策成本较低。

投资回收期方法的缺点在于：忽视投资方案的获利能力；没有考虑资金时间价值；忽视回收期满后发生的现金流量。

2. 会计收益率法

会计收益率法，也称为平均报酬率法，是用投资项目寿命周期内年平均报酬率来评估投资项目的一种方法。其计算公式如下：

$$会计收益率＝年平均现金净流量/初始投资额$$

在采用会计收益率这一指标时，需事先确定一个组织要求达到的会计收益率，或称必要报酬率。在进行决策时，只有高于必要报酬率的投资方案才是可行的。而在有多个方案的互斥投资方案选择中，应选用会计收益率最高的方案。会计收益率法的优点：

（1）考虑了方案寿命期的全部现金流量所体现出来的获利能力。

（2）计算简单，容易理解。

会计收益率法的缺点：

（1）忽视各年现金流量的差异。

（2）没有考虑风险因素。

（3）没有考虑资金的时间价值。

（二）动态投资评价方法

1. 净现值法

净现值法是运用投资项目的净现值进行投资评估的基本方法，是利用经营净现金流量的现值之和与投资额现值的差额，来判断投资方案是否可行的一种投资方案评价方法，通常用 NPV 表示。其具体计算公式如下：

$$NPV = 未来各年的净现金流量的现值之和$$
$$= 各年净现金流量的折现值之和-初始投资现值之和$$

在运用净现值法进行投资方案选择时的决策规则是：NPV>0 时，投资项目可行；否则，投资项目不可行。对于多种投资方案的筛选，应选择 NPV 最大的投资项目。

运用净现值法进行投资方案分析时的计算步骤如下：

（1）计算各种备选投资方案的每年营业现金净流量。

（2）计算各种备选投资方案的未来报酬的总现值（各年净现金流量的折现值之和）。其计算步骤：

第一步，将每年的营业现金净流量折成现值。如果每年的净现金流量相等，则按年金法折成现值；如果每年的净现金流量不等，则先对每年的净现金流量用复利法折成现值，然后加以合计。

第二步，将终结现金流量折算成现值。

第三步，计算各年净现金流量的折现值之和。

（3）计算净现值。其计算公式如下：

$$净现值=各年净现金流量的折现值之和-初始投资现值之和$$

2. 盈利指数法

盈利指数法，又称获利指数法或现值指数法，是指用项目未来现金流量总现值与初始投资额现值之比来衡量投资项目经济效益的一种方法，通常用 PI 表示。其计算公式如下：

$$PI=经营期各年现金流量的现值合计/原始投资额的现值合计$$

盈利指数法的判定原则：投资项目的获利指数应大于 1。若投资项目的获利指数大于 1，投资项目可行；否则，不可行；获利指数越大，投资方案越好。

3. 内部收益率法

内部收益率法，也称为内部报酬率法或内涵报酬率法，是通过计算使项目的净现值等于零的贴现率来评估投资项目的一种方法。这个贴现率即是该投资方案本身的报酬率，通常用 IRR 表示。内部收益率既是项目投资实际期望达到的内部报酬率，也是投资项目的净现值等于零时的折现率。其计算步骤如下：

（1）建立净现值等于零的关系式。

（2）采用试错法和插值法，计算内部收益率。

采用内部收益率法进行投资方案分析时，具体的判定原则是：内部收益率大于资本成本，该投资方案可行；否则，方案不可行。内部收益率指标越大，投资方案就越好。

运用内部收益率法进行投资方案分析时，其优点在于计算非常准确，能够了解投资项目自身的报酬率，有利于做出正确的投资决策。其缺点在于运用内部收益率法进行投资方案分析时，计算难度较大。

其计算方法可以分两种情况：

（1）每年现金净流量相等时的计算方法：

第一步，求出使净现值为零时的年金现值系数。

第二步，查附录中的表格，确定内部报酬率的范围，在表中找出对应的贴现率，即内部报酬率。

第三步，如查不到正好对应的贴现率，则在表中找出相邻的两个数字，用插值法求出内部报酬率。

（2）年现金流量不等时，采用试算法，预估几个贴现率计算净现值：

第一步，估算贴现率 i_1，并以此来计算净现值。如果计算出的净现值为正数，则表示预估的贴现率（资本成本率）小于实际的内部报酬率，应提高贴现率，再进行测算，最终使 $NPV_1>0$ 又最接近于 0。

第二步，如果计算出的净现值为负数，则表明预估的贴现率大于该方案的实际的内部报酬率，应降低贴现率，再进行测算，最终估算出另一个贴现率 i_2，使得用 i_2 计算出来的 $NPV_2<0$ 又最接近于 0。

第三步，用插值法求出介于这两个（使净现值一正一负且最接近于 0 的）贴现率之间的（使净现值等于 0 时的）内部报酬率。

四、投资管理的原则

（一）收益与风险最佳组合原则

投资是一个收益与风险并存的经济活动，因此投资方案应该遵循收益与风险最佳组合原则，即风险一定的前提下，尽可能使收益最大化；或收益一定的前提下，尽可能使风险最小化。

（二）分散投资原则

分散投资也称为组合投资，是指同时投资在不同的资产类型或不同的证券上。分散投资引入了对风险和收益均衡原则的一个重要的改变，分散投资相对于单一证券投资的优势在于，分散投资可以在不降低收益的同时降低风险。

（三）理性投资原则

投资时需要考虑到投资资金被占用的时间、机会成本、预期的通货膨胀率以及未来收益等一系列因素，分析比较后审慎地投资。

（四）适度原则

民间非营利组织的主要任务并不是投资营利，因此在投资时要量力而行，考虑到自身的资金状况，不能由于过度投资而影响组织业务活动的正常开展。

第四节 民间非营利组织投资管理制度

一、岗位设置与人员分工

投资管理的岗位设置一般有挑选、决策、评估、财务、监督五个。其中，挑选岗位的职责主要是在众多可供选择的投资方案中，结合组织的实际情况以及其他相关信息，挑选出最合适的投资方案，并交予决策者进行决策。决策岗位的职责主要是根据挑选岗位给出的方案，进行投资方案的决策。评估岗位的职责主要是对投资的效果进行评估。财务岗位的职责主要是在投资方案确定后，负责投资时的相关财务事宜，如银行开户、支付手续费等。监督岗位的职责主要是对投资进行日常管理，并监管投资是否根据国家相关法规进行。

二、投资管理的会计核算

根据《民间非营利组织会计制度》的规定，在投资管理中涉及的会计核算有短期投资、短期投资跌价准备、长期股权投资、长期债权投资、长期投资减值准备、投资收益六个科目。

（一）短期投资

"短期投资"科目应按照短期投资种类设置明细账，进行明细核算，其资产负债表中科目编号为1101，主要用于核算民间非营利组织持有的能够随时变现并且持有时间不准备超过1年（含1年）的投资，包括股票、债券投资等，其期末借方余额反映民间非营利组织持有的各种股票、债券等短期投资的成本。如果民间非营利组织有委托贷款或者委托投资（包括委托理财）且作为短期投资核算的，也应当在短期投资科目下单设明细科目核算。其会计核算主要包括：

（1）在取得短期投资时应当按照投资成本计量。以现金购入的短期投资，按照实际支付的全部价款，包括税金、手续费等相关费用作为其投资成本，借记"短期投资"科目，贷记"银行存款"等科目。如果实际支付的价款中包含已宣告但尚未领取的现金股利或已到付息期但尚未领取的债券利息，则按照实际支付的全部价款减去其中已宣告但尚未领取的现金股利或已到付息期但尚未领取的债券利息后的金额作为短期投资成本，借记"短期投资"科目；按照应领取的现金股利或债券利息，借记"其他应收款"科目；按照实际支付的全部价款，贷记"银行存款"等科目。接受捐赠的短期投资，按照所确定的投资成本，借记"短期投资"科目，贷记"捐赠收入"科目。

（2）收到被投资单位发放的利息或现金股利时，按照实际收到的金额借记"银行存款"等科目，贷记"短期投资"科目。但是，实际收到在购买时已记入"其他应收款"科目的利息或现金股利时，借记"银行存款"等科目，贷记"其他应收款"科目。需要注意的是，持有股票期间所获得的股票股利，不做账务处理，但应在辅助账簿中登记所增加的股份。

（3）出售短期投资或到期收回债券本息，按照实际收到的金额，借记"银行存款"科目；按照已计提的减值准备，借记"短期投资跌价准备"科目；按照所出售或收回短期投资的账面余额，贷记"短期投资"科目；按照未领取的现金股利或利息，贷记"其他应收款"科目；按照其差额，借记或贷记"投资收益"科目。

（二）短期投资跌价准备

"短期投资跌价准备"科目是用于核算民间非营利组织提取的短期投资跌价准备，在资产负债表中科目编号为 1102，期末贷方余额反映民间非营利组织已计提的短期投资跌价准备。民间非营利组织应当定期或者至少于每年年度终了，对短期投资是否发生了减值进行检查。如果短期投资的市价低于其账面价值，即发生了减值，则应当按照市价低于账面价值的差额计提短期投资跌价准备。如果短期投资的市价高于其账面价值，应当在该短期投资期初已计提跌价准备的范围内转回市价高于账面价值的差额，冲减当期费用。其会计核算如下：

（1）如果短期投资的期末市价低于账面价值，按照市价低于账面价值的差额，借记"管理费用——短期投资跌价损失"科目，贷记"短期投资跌价准备"科目。

（2）如果以前期间已计提跌价准备的短期投资的价值在当期得以恢复，即短期投资的期末市价高于账面价值，按照市价高于账面价值的差额，在原已计提跌价准备的范围内，借记"短期投资跌价准备"科目，贷记"管理费用——短期投资跌价损失"科目。

（3）民间非营利组织出售或收回短期投资，或者以其他方式处置短期投资时，应当同时结转已计提的跌价准备。

【例 5-2】民间非营利组织 A 于 2019 年 1 月买入按年付息的 B 企业债券 50 000 元，拟作为短期投资持有，2 月收到 2018 年债券利息 3 000 元，3 月 A 将 B 企业债券以 55 000 元卖出。请根据以上信息，编制相关会计分录。

解：根据题中信息编制会计分录如下：

1. 2019 年 1 月购买短期债券时，

借：短期投资——B 债券　　　　　　　　　　　　　　　　47 000
　　其他应收款　　　　　　　　　　　　　　　　　　　　 3 000
　　贷：银行存款　　　　　　　　　　　　　　　　　　　　50 000

2. 收到 2018 年债券利息时，

借：银行存款　　　　　　　　　　　　　　　　　　　　　 3 000
　　贷：其他应收款　　　　　　　　　　　　　　　　　　　 3 000

3. 3 月将债券卖出时，

借：银行存款　　　　　　　　　　　　　　　　　　　　　55 000
　　贷：短期投资——B 债券　　　　　　　　　　　　　　　47 000
　　　　投资收益　　　　　　　　　　　　　　　　　　　　 8 000

（三）长期股权投资

"长期股权投资"科目应当按照被投资单位设置明细账，进行明细核算，其主要用于核算民间非营利组织持有时间准备超过 1 年的各种股权性质的投资，包括长期股票投资和其他长期股权投资，在资产负债表中的科目编号为 1401，其期末借方余额，反映民间非营利组织持有的长期股权投资的价值。

民间非营利组织如果有委托贷款或者委托投资（包括委托理财）且作为长期股权投资核算的，应当在长期股权投资科目下单设明细科目核算。同企业一样，民间非营利组织也应当对长期股权投资进行区别对待，分别采用成本法或者权益法核算。如果民间非营利组织对被投资单位没有控制、共同控制和重大影响，长期股权投资应当采用成本法进行核算；如果民间非营利组织对被投资单位具有控制、共同控制或重大影响，长期股权投资应当采用权益法进行核算。长期股权投资的会计核算如下：

（1）在取得长期股权投资时，应当以取得时的实际成本作为初始投资成本。以现金购入的长期股权投资，按照实际支付的全部价款，包括税金、手续费等相关费用作为其初始投资成本，借记"长期股权投资"科目，贷记"银行存款"等科目。如果实际支付的价款中包含已宣告但尚未领取的现金股利，则按照实际支付的全部价款减去其中已宣告但尚未领取的现金股利后的金额作为其初始投资成本，借记"长期股权投资"科目；按照应领取的现金股利，借记"其他应收款"科目；按照实际支付的全部价款，贷记"银行存款"等科目。接受捐赠的长期股权投资，按照所确定的初始投资成本，借记"长期股权投资"科目，贷记"捐赠收入"科目。

（2）采用成本法核算时，除非追加（或收回）投资或者发生减值，长期股权投资的账面价值一般保持不变。

①被投资单位宣告发放现金股利或利润时，按照宣告发放的现金股利或利润中属于民间非营利组织应享有的部分，确认当期投资收益，借记"其他应收款"科目，贷记"投资收益"科目。

②实际收到现金股利或利润时，按照实际收到的金额，借记"银行存款"等科目，贷记"其他应收款"科目。

（3）采用权益法核算时，长期股权投资的账面价值应当根据被投资单位当期净损益中民间非营利组织应享有或分担的份额，以及被投资单位宣告分派的现金股利或利润中属于民间非营利组织应享有的份额进行调整。

①期末按照应当享有或应当分担的被投资单位当年实现的净利润或发生的净亏损的份额，调整长期股权投资账面价值。如被投资单位实现净利润，借记"长期股权投资"科目，贷记"投资收益"科目；如被投资单位发生净亏损，借记"投资收益"科目，贷记"长期股权投资"科目，但以长期股权投资账面价值减记至 0 为限。

②被投资单位宣告分派利润或现金股利时，按照宣告分派的现金股利或利润中属于民间非营利组织应享有的份额，调整长期股权投资账面价值，借记"其他应收款"科目，贷记"长期股权投资"科目。在实际收到现金股利或利润时，借记"银行存款"等科目，贷记"其他应收款"科目。

（4）被投资单位宣告分派的股票股利，不做账务处理，但应当设置辅助账簿，进行数量登记。

（5）处置长期股权投资时，按照实际取得的价款，借记"银行存款"等科目；按照已计提的减值准备，借记"长期投资减值准备"科目；按照所处置长期股权投资的账面余额，贷记"长期股权投资"科目；按照尚未领取的已宣告发放的现金股利或利润，贷记"其他应收款"科目；按照其差额，借记或贷记"投资收益"科目。

（6）如果改变投资目的，将短期股权投资划转为长期股权投资，应当按短期股权投资的成本与市价孰低结转，并以此确定的价值作为长期股权投资的成本，借记"长期股权投资"科目；按照已计提的相关短期投资跌价准备，借记"短期投资跌价准备"科目；按照原短期股权投资的账面余额，贷记"短期投资"科目；按照其差额，借记或贷记"管理费用"科目。

（四）长期债权投资

"长期债权投资"科目用于核算民间非营利组织购入的在1年内（含1年）不能变现或不准备随时变现的债券和其他债权投资，在资产负债表中的科目编号为1402，期末借方余额反映民间非营利组织持有的长期债权投资价值。民间非营利组织可以根据具体情况设置明细科目，进行明细核算，如果有委托贷款或者委托投资（包括委托理财）且作为长期债权投资核算的，应当在本科目下单设明细科目核算。其会计核算如下：

（1）在取得长期债权投资时，应当以取得时的实际成本作为初始投资成本。以现金购入的长期债权投资，按照实际支付的全部价款，包括税金、手续费等相关费用作为其初始投资成本，借记"长期债权投资"科目，贷记"银行存款"等科目。

如果实际支付的价款中包含已到付息日但尚未领取的债券利息，则按照实际支付的全部价款减去其中已到付息日但尚未领取的债券利息后的金额作为其初始投资成本，借记"长期债权投资"科目；按照应领取的利息，借记"其他应收款"科目；按照实际支付的全部价款，贷记"银行存款"等科目。

接受捐赠的长期债权投资，按照所确定的初始投资成本，借记"长期债权投资"科目，贷记"捐赠收入"科目。

（2）长期债权投资持有期间，应当按照票面价值与票面利率按期计算确认利息收入。如为到期一次还本付息的债券投资，借记"长期债权投资"科目"债券投资（应收利息）"明细科目，贷记"投资收益"科目；如为分期付息、到期还本的债权投资，借记"其他应收款"科目，贷记"投资收益"科目。

长期债券投资的初始投资成本与债券面值之间的差额，应当在债券存续期间，按照直线法于确认相关债券利息收入时摊销。如初始投资成本高于债券面值，按照应当分摊的金额，借记"投资收益"科目，贷记"长期债权投资"科目。如初始投资成本低于债券面值，按照应当分摊的金额，借记"长期债权投资"科目，贷记"投资收益"科目。

（3）购入的可转换公司债券在转换为股份之前，应当按一般债券投资进行处理。可转换公司债券转换为股份时，按照所转换债券投资的账面价值减去收到的现金后的余额，借记"长期股权投资"科目；按照收到的现金等，借记"现金""银行存款"科目；按照所转换债券投资的账面价值，贷记"长期债权投资"科目。

（4）处置长期债权投资时，按照实际取得的价款，借记"银行存款"等科目；按照已计提的减值准备，借记"长期投资减值准备"科目；按照所处置长期债权投资的账面余额，贷记"长期债权投资"科目；按照未领取的债券利息，贷记"长期债权投资"科目"债券投资（应收利息）"明细科目或"其他应收款"科目；按照其差额，借记或贷记"投资收益"科目。

（5）如果改变投资目的，将短期债权投资划转为长期债权投资，应当按短期债权投资的成本与市价孰低结转，并以此确定的价值作为长期债权投资的成本，借记"长期债权投资"科目；按照已计提的相关短期投资跌价准备，借记"短期投资跌价准备"科目；按照原短期债权投资的账面余额，贷记"短期投资"科目；按照其差额，借记或贷记"管理费用"科目。

（五）长期投资减值准备

"长期投资减值准备"科目用于核算民间非营利组织提取的长期投资减值准备，在资产负债表中的科目编号为1421，期末贷方余额反映民间非营利组织已计提的长期投资减值准备。民间非营利组织应当定期或者至少于每年年度终了，对长期投资（包括长期股权投资和长期债权投资）是否发生了减值进行检查。如果长期投资的市价低于其账面价值，即发生了减值，则应当按照市价低于账面价值的差额计提长期投资跌价准备。如果长期投资的市价高于其账面价值，应当在该长期投资期初已计提跌价准备的范围内转回市价高于账面价值的差额，冲减当期费用。其会计核算如下：

（1）如果长期投资的期末可收回金额低于账面价值，按照可收回金额低于账面价值的差额，借记"管理费用——长期投资减值损失"科目，贷记"长期投资减值准备"科目。

（2）如果以前期间已计提减值准备的长期投资价值在当期得以恢复，即长期投资的期末可收回金额高于账面价值，按照可收回金额高于账面价值的差额，在原计提减值准备的范围内，借记"长期投资减值准备"科目，贷记"管理费用——长期投资减值损失"科目。

（3）民间非营利组织出售或收回长期投资，或者以其他方式处置长期投资时，应当同时结转已计提的减值准备。

【例5-3】A为某民间非营利组织，2019年3月接受捐赠的长期债权投资，捐赠方提供的有关凭证表明该长期债权投资金额为5 000元，但该长期债权投资公允价值为10 000元，二者相差较大。4月购入3年期票面利率为6%的B企业长期债权100 000元，该债权每年年末付息，到期还本。6月以货币资金200 000元购入C企业5%的股权，采用成本法进行计量，9月C企业宣告发放现金股利100 000元，10月A收到该现金股利。年末在对长期投资是否发生减值进行检查时，发现长期投资可回收金额为300 000元，账面价值290 000元，已计提长期投资减值准备7 000元。请根据以上信息，编制A在2019年的相关会计分录。

解：根据题中信息编制会计分录如下：

1. 收到捐赠的长期债权投资时，

借：长期债权投资　　　　　　　　　　　　　　　　　　　　10 000

　　贷：捐赠收入　　　　　　　　　　　　　　　　　　　　　　　10 000

2. 购入B企业长期债权时，

借：长期债券投资——B　　　　　　　　　　　　　　　　　100 000

　　贷：银行存款　　　　　　　　　　　　　　　　　　　　　　　100 000

3. 购入 C 企业股权时，

借：长期股权投资——C　　　　　　　　　　　　　　200 000

　　贷：银行存款　　　　　　　　　　　　　　　　　　　　200 000

4. C 企业宣告发放股利时，

借：其他应收款——C 股利　　　　　　　　　　　　　5 000

　　贷：投资收益　　　　　　　　　　　　　　　　　　　　5 000

5. A 收到现金股利时，

借：银行存款　　　　　　　　　　　　　　　　　　　5 000

　　贷：其他应收款——C 股利　　　　　　　　　　　　　　5 000

6. 年末对长期投资是否减值进行检查时，

借：长期投资减值准备　　　　　　　　　　　　　　　7 000

　　贷：管理费用——长期投资减值损失　　　　　　　　　　7 000

7. 年末应收 B 企业长期债权利息时，

借：其他应收款——B 长期债权　　　　　　　　　　　6 000

　　贷：投资收益　　　　　　　　　　　　　　　　　　　　6 000

（六）投资收益

"投资收益"科目核算民间非营利组织对外投资取得的投资净损益，其在业务活动表中的科目编号为 4601。一般情况下，民间非营利组织的投资收益为非限定性收入，除非相关资产提供者对资产的使用设置了限制。对于短期投资、长期股权投资和长期债权投资涉及的投资收益科目的结转，前面会计核算中已经有详细描述，这里不再赘述。除此之外，关于投资收益的会计核算如下：

期末，将本科目的余额转入非限定性净资产，借记"投资收益"科目，贷记"非限定性净资产"科目。如果存在限定性投资收益，则将其金额转入限定性净资产，借记"投资收益"科目，贷记"限定性净资产"科目。期末结转后，本科目应无余额。

【例 5-4】民间非营利组织 A 在 2019 年年末的投资收益贷方余额为 80 000 元，其中有限定性投资收益 10 000 元。请据此编制相关会计分录。

解：根据题中信息编制会计分录如下：

1. 结转限定性投资收益时，

借：投资收益　　　　　　　　　　　　　　　　　　　10 000

　　贷：限定性净资产　　　　　　　　　　　　　　　　　　10 000

2. 结转非限定性投资收益时，

借：投资收益　　　　　　　　　　　　　　　　　　　70 000

　　贷：非限定性净资产　　　　　　　　　　　　　　　　　70 000

本章复习思考题

1. 民间非营利组织进行筹资管理的目的是什么？

2. 民间非营利组织筹资渠道主要有哪些？

3. 民间非营利组织筹资管理的原则有哪些?

4. 如何对筹资费用管理进行评价?

5. 为何民间非营利组织多选择进行债权性投资?

6. 民间非营利组织进行投资时应遵循哪些原则?

7. 民间非营利组织投资管理的人员岗位设置与分工是怎样的?

8. A 为某民间非营利组织,2019 年 9 月发生如下业务:

(1) 收到应冲减前期长期借款筹资费用的利息收入 2 000 元。

(2) 发生汇兑损失 1 800 元。

(3) 对短期投资是否发生了减值进行检查时,发现短期投资的市价低于账面价值 1 000 元。

(4) 购入 5 年期票面年利率为 8% 的 B 企业长期债权 100 000 元,该债权每年年末付息,到期还本。

(5) 以银行存款 300 000 元购买 H 公司 2% 的股权,采用成本法计量。

(6) 收到 G 公司宣告并于当期发放的现金股利 8 000 元。

(7) F 公司宣告发放现金股利 500 000 元,其中属于 A 的为 3%。

请根据以上信息,编制相关的会计分录。

第六章
民间非营利组织财务报告与分析

学习目标

- 了解民间非营利组织财务报告的概念和目的
- 理解民间非营利组织财务报告编制的原则
- 掌握民间非营利组织财务报告的分析方法

第一节　民间非营利组织财务报告的目标

一、财务报告的概念

财务报告也称财务报表，是民间非营利组织提供的反映某一特定日期财务状况和某一会计期间业务活动和现金流量等情况的书面报告。财务报告是民间非营利组织会计核算的最终成果，是民间非营利组织对外提供会计信息的主要形式和信息载体。

二、财务报告的目的

由于民间非营利组织的特殊性，其财务报告的目的和企业财务报告的目的有一定的差别。根据《民间非营利组织会计制度》的规定，民间非营利组织财务报告的目标是如实反映民间非营利组织的财务状况、业务活动情况和现金流量等信息，并且所提供的信息应当能够满足会计信息使用者（如捐赠人、会员、监管者等）的需要。

第二节　民间非营利组织财务报告的编制

一、财务报告的分类

（一）按报告的服务对象分类

民间非营利组织的财务报告按所服务对象的不同，可以分为内部报告和外部报告。内部报告是指为适应民间非营利组织内部管理经营需要而编制的不对外公开的会计报告，不要求统一格式，也没有统一的标准。外部报告是指民间非营利组织向外公开报送的，主要供政府部门、其他组织、捐赠者等利益相关者使用的会计报告，通常有统一的编制格式、规定的指标体系和编制时间等要求。

（二）按报告编制的时间分类

民间非营利组织的财务报告按编报时间的不同，可分为年度财务报告和中期财务报告。以短于一个完整的会计年度的期间（如半年度、季度和月度）编制的财务报告称为中期财务报告，一般包括资产负债表和业务活动表，半年财务报告还应包括简略的报表附注。年度财务报告则是以整个会计年度为基础编制的财务报告，包括资产负债表、业务活动表、现金流量表和报表附注等。

（三）按报告编制的主体分类

民间非营利组织的财务报告按编制主体的不同，可分为个别财务报表和合并财务报表。个别财务报表是以民间非营利组织本身为会计主体而编制的单独反映民间非营利组织本身的财务状况和经营成果的会计报告，包括对外的和对内的会计报表。合并财务报表是指民间非营利组织对外投资，而且占被投资单位资本总额50%以上（不含50%），或者虽然占该单位资本总额不足50%但具有实质上的控制权的，或者对被投资单位具有控制权的，应当将被投资单位与本民间非营利组织视为一个会计主体，编制能够反映其整体财务状况和经营成果的会计报表。

（四）按报告所提供信息的重要程度分类

民间非营利组织的财务报告按所提供信息重要程度的不同，可分为主要会计报表和附属会计报表。主要会计报表又称主表，是指所提供的会计信息比较具体、完整，能基本满足各种信息需要者的不同需求的财务报告，主要用于全面反映民间非营利组织现金流量、业务成果和财务状况信息，主要有资产负债表、业务活动表和现金流量表。附属会计报表又称附表，是进一步补充说明主表不能或难以具体反映的一些重要信息的会计报表。

二、财务报告的编制原则

（一）以持续经营为基础

持续经营是会计确认、计量和编制财务报表的基础。如果民间非营利组织不能够持续经营，那么其所依据的持续经营基础就不存在，以持续经营为前提编制财务报表也就不再合理。

（二）会计政策前后期保持一致

民间非营利组织采用的会计政策前后各期应当保持一致，不得随意变更，除非符合下列条件之一：法律或会计制度等行政法规、规章的要求；这种变更能够提供有关民间非营利组织财务状况、业务活动情况和现金流量等更可靠、更相关的会计信息。并且如有必要变更，应当在会计报表附注中披露变更的内容和理由、变更的累积影响数，以及累积影响数不能合理确定的理由等。

（三）区别资产负债表日后事项

资产负债表日至财务会计报告批准报出日之间发生的需要调整或说明的有利或不利事项，属于资产负债表日后事项。对于资产负债表日后事项，应当区分调整事项和非调整事项进行处理。

调整事项，是指资产负债表日至财务会计报告批准报出日之间发生的，为资产负债表日已经存在的情况提供了新的或进一步证据，有助于对资产负债表日存在情况有关的金额做出重新估计的事项。民间非营利组织应当就调整事项，对资产负债表日所确认的相关资产、负债和净资产以及资产负债表日所属期间的相关收入、费用等进行调整。

非调整事项，是指资产负债表日至财务会计报告批准报出日之间才发生的，不影响资产负债表日的存在情况，但不加以说明将会影响财务会计报告使用者做出正确估计和决策的事项。民间非营利组织应当在会计报表附注中披露非调整事项的性质、内容，以及对财务状况和业务活动情况的影响。如无法估计其影响，应当说明理由。

（四）报表披露时间与计量货币要求

民间非营利组织的年度财务会计报告至少应当于年度终了后 4 个月内对外提供。如果民间非营利组织被要求对外提供中期财务会计报告，应当在规定的时间内对外提供。会计报表的填列，以人民币"元"为金额单位，"元"以下填至"分"。

（五）报表格式的规范化

民间非营利组织对外提供的财务会计报告应当依次编定页数，加具封面，装订成册，加盖公章。封面上应当注明：组织名称、组织登记证号、组织形式、地址、报表所属年度或者中期、报出日期，并由单位负责人和主管会计工作的负责人、会计机构负责人（会计主管人员）签名并盖章；设置总会计师的单位，还应当由总会计师签名并盖章。

（六）需要编制合并会计报表的要求

民间非营利组织对外投资，而且占被投资单位资本总额 50% 以上（不含 50%），或者虽然占该单位资本总额不足 50% 但具有实质上的控制权时，或者对被投资单位具有控制权时，应当编制合并会计报表。

（七）资产负债表和业务活动表应列报所有科目的前期比较数据

民间非营利组织当期财务报表中的资产负债表和业务活动表的列报，至少应提供所有列报项目上一会计期间的比较数据，目的是向报表使用者提供对比数据，提高信息在会计期间的可比性，以反映民间非营利组织的财务状况、业务活动和现金流量的发展趋势，以满足使用者的信息需求。

（八）保证财务报告数据的真实可比性

对于交易或者事项应按照规定的会计处理方法进行，会计信息应当口径一致，相互可比。同一会计期间内的各项收入和与其相关的费用，应当在该会计期间内确认，并使得所发生的费用与其相关的收入相配比，同时应当合理划分应当计入当期费用的支出和应当予以资本化的支出。另外，财务报表各个项目的列报和分类应在各期间保持一致，不得随意变更。

三、财务报告编制的具体要求

（一）会计报表

会计报表是指根据日常会计核算资料定期编制的，综合反映民间非营利组织某一特定日期财务状况和某一会计期间业务情况、现金流量的总结性书面报告。它包括三张报表：资产负债表、业务活动表、现金流量表。

1. 资产负债表

（1）资产负债表反映民间非营利组织某一会计期末全部资产、负债和净资产的情况。

（2）资产负债表"年初数"栏内各项数字，应当根据上年年末资产负债表"期末数"栏内数字填列。如果本年度资产负债表规定的各个项目的名称和内容同上年度不相一致，应按照本年度的规定对上年年末资产负债表各项目的名称和数字进行调整，填入资产负债表"年初数"栏内。

（3）资产负债表包括资产类科目、负债类科目以及净资产类科目，并且资产总计＝负债合计+净资产合计。与企业的资产负债表相比，资产类科目增加了文物文化资产和受托代理资产科目；负债类科目，除与受托代理资产相对应的受托代理负债科目外，其他科目与一般小企业财务会计制度科目设置基本一致。净资产类科目是民间非营利组织资产负债表中的特殊项目，其将全部净资产划分为限定性净资产和非限定性净资产。

2. 业务活动表

（1）业务活动表反映民间非营利组织在某一会计期间内开展业务活动的实际情况。

（2）业务活动表"本月数"栏反映各项目的本月实际发生数。在编制季度、半年度等中期财务会计报告时，应当将本栏改为"本季度数""本半年度数"等本中期数栏目，反映各项目本中期的实际发生数。在提供上年度比较报表时，应当增设可比期间栏目，反映可比期间各项目的实际发生数。如果本年度业务活动表规定的各个项目的名称和内容同上年度不相一致，应对上年度业务活动表各项目的名称和数字按照本年度的规定进行调整，填入业务活动表上年度可比期间栏目内。

业务活动表"本年累计数"栏反映各项目自年初起至报告期末止的累计实际发生数。

业务活动表"非限定性"栏反映本期非限定性收入的实际发生数、本期费用的实际发生数和本期由限定性净资产转为非限定性净资产的金额；业务活动表"限定性"栏反映本期限定性收入的实际发生数和本期由限定性净资产转为非限定性净资产的金额

（以"－"号填列）。在提供上年度比较报表项目金额时，限定性和非限定性栏目的金额可以合并填列。

（3）业务活动表主要包括四个一级科目，即"收入""费用""限定性净资产转为非限定性净资产"和"净资产变动额"（若为净资产减少额，以"－"号填列）。收入类科目包括"捐赠收入""会费收入""提供服务收入""商品销售收入""政府补助收入""投资收益""其他收入"几类，与其他会计制度相比，比较特殊的是"捐赠收入""会费收入"和"提供服务收入"；费用类科目设置构成比较简单，仅设"业务活动成本""管理费用""筹资费用""其他费用"几类科目，其中"业务活动成本"和"筹资费用"科目比较特殊。

3. 现金流量表

（1）现金流量表反映民间非营利组织在某一会计期间内现金和现金等价物流入和流出的信息。

（2）现金流量表所指的现金，是指民间非营利组织的库存现金以及可以随时用于支付的存款，包括现金、可以随时用于支付的银行存款和其他货币资金；现金等价物，是指民间非营利组织持有的期限短、流动性强、易于转换为已知金额现金、价值变动风险很小的投资（除特别指明外，以下所说的现金均包含现金等价物）。

民间非营利组织应当根据实际情况确定现金等价物的范围，并且一贯性地保持其划分标准。如果改变划分标准，应当视为会计政策变更。民间非营利组织确定现金等价物的原则及其变更，应当在会计报表附注中披露。

（3）现金流量表应当按照业务活动产生的现金流量、投资活动产生的现金流量和筹资活动产生的现金流量分别反映。现金流量表所指的现金流量，是指现金的流入和流出。

（4）民间非营利组织应当采用直接法编制业务活动产生的现金流量。采用直接法编制业务活动现金流量时，有关现金流量的信息可以从会计记录中直接获得，也可以在业务活动表收入和费用数据基础上，通过调整存货和与业务活动有关的应收应付款项的变动、投资以及固定资产折旧、无形资产摊销等项目后获得。

（二）会计报表附注

民间非营利组织的会计报表附注至少应当包括下列内容：

（1）重要会计政策及其变更情况的说明。

（2）董事会（或者理事会或者类似权力机构）成员和员工的数量、变动情况以及获得的薪金等报酬情况的说明。

（3）会计报表重要项目及其增减变动情况的说明。

（4）资产提供者设置了时间或用途限制的相关资产情况的说明。

（5）受托代理交易情况的说明，包括受托代理资产的构成、计价基础和依据、用途等。

（6）重大资产减值情况的说明。

（7）公允价值无法可靠取得的受赠资产和其他资产的名称、数量、来源和用途等情况的说明。

（8）对外承诺和或有事项情况的说明。

（9）接受劳务捐赠情况的说明。

（10）资产负债表日后非调整事项的说明。

（11）为有助于理解和分析会计报表，需要说明的其他事项。

（三）财务情况说明书

民间非营利组织的财务情况说明书至少应当对下列情况做出说明：

（1）民间非营利组织的宗旨、组织结构以及人员配备等情况。

（2）民间非营利组织业务活动基本情况，年度计划和预算完成情况，产生差异的原因分析，下一会计期间业务活动计划和预算等。

（3）对民间非营利组织运作有重大影响的其他事项。

第三节　民间非营利组织财务报告分析

一、财务报告分析的意义

民间非营利组织财务报告分析是指财务报告的使用者通过财务报表提供的基础数据资料，结合其他有关的信息，运用专门的分析方法，对民间非营利组织的财务状况、业务活动情况和现金流量等情况进行综合比较和评价，以获得相关决策信息的一项工作。

（1）对捐赠者的意义。通过对民间非营利组织的财务报告进行分析，捐赠者可以取得自己所关心的民间非营利组织资金的使用及其业务开展情况的信息，进而合理地进行捐赠，使得捐赠的效用最大化。

（2）对内部管理者的意义。对民间非营利组织本身的内部管理者而言，通过对民间非营利组织的财务报告进行分析，能够充分了解组织财务状况和报告期内的业务成果，剖析民间非营利组织经济情况，进一步找出组织运营过程中的薄弱环节，总结报告期内的经验与教训，从而优化与改进管理方式，确定发展方向和做出正确决策。

（3）对国家有关部门和社会监督部门的意义。对国家有关部门和社会监督部门而言，通过对民间非营利组织的财务报告进行分析，能够更好地掌握民间非营利组织业务活动和财务收支状况，检查民间非营利组织资金运用情况，考查民间非营利组织对财经纪律、法规、制度的遵守情况，分析不同类型、不同地区、不同规模民间非营利组织经济运营中存在的问题，并以此作为促进民间非营利组织发展的依据，便于进行宏观调控。

（4）对债权人的意义。通过对民间非营利组织的财务报告进行分析，债权人可以从财务报告中取得他们关心的民间非营利组织的偿债能力信息，为债权人的借贷决策提供依据。

二、财务报告的分析方法

（一）比较分析法

比较分析法是将同一项数据或指标在不同的时间和空间进行对比，揭示客观存在的差异，并进一步分析产生差异的原因的一种方法。具体包括：

1. 绝对差异分析

绝对差异分析主要用来观察差异的规模，其计算公式为：

$$绝对差异 = 实际值 - 标准值$$

2. 相对差异分析

相对差异分析主要用于观察差异的水准，其计算公式为：

$$相对差异 = （实际值 - 标准值）/ 标准值 × 100\%$$

3. 差异百分点分析

差异百分点分析主要用于观察差异的程度，其计算公式为：

$$差异百分点 = 实际百分点 - 标准百分点$$

模型中的标准值通常有历史标准、预期标准和同类非营利组织标准等。对于标准的选择不同，分析揭示的意义也会有差异。历史标准主要指以前各期实现的数据或历史最好水平。将其实际值与历史标准对比，可以揭示该指标的变化方向与变化程度，进而分析其影响因素，把握变动规律，最终预测出未来的发展趋势。预期标准主要指民间非营利组织制定的关于工作的预算、计划等指标，将其实际值与历史标准对比可明确预期指标的完成情况。同类非营利组织标准是指规模、类别等与自己类似的民间非营利组织的平均水平，将其实际值与同类民间非营利组织标准进行对比，可以了解该非营利组织与同类民间非营利组织的差距，明确该民间非营利组织在同类型组织中的地位。

（二）比率分析法

比率分析法是比较分析法的发展，是指将影响某个指标的两个相关因素联系起来，通过计算比率来分析它们之间的关系，进而分析和评价民间非营利组织财务状况和业务绩效的一种方法。具体包括：

1. 相关比率

相关比率，是根据经济指标之间存在相互依存、相互联系的关系，将两个性质不同但又相互联系的指标加以对比而计算出的具有另一个经济含义的比率。如流动资产和流动负债是两个性质不同的财务指标，但二者之间又存在着密切的内在联系，通过将收入和资产进行对比，可以计算出流动比率指标。

2. 构成比率

构成比率，是指将某项经济指标的组成部分与该经济指标的总体进行对比，计算出组成部分占总体的比重而形成的比率。如将民间非营利组织各项收入与收入总额相比较，可计算出各项收入占总收入的比重，能够反映出组织的收入结构，有利于进一步分析组织收入结构的科学性和合理性，以改善组织的收入结构。

3. 动态比率

动态比率是指将不同时期具有同一性质和类别的财务变量或指标进行对比，从而计算得出的比率。动态比率可以反映某项经济活动的变动方向、变动程度以及发展趋势。运用动态比率进行分析的方法也称趋势分析法，根据比较标准的时期不同，具体可分为定基比率法和环比比率法。定基比率法是指将分析期的财务变量与固定基期的财务变量进行对比，计算出比率，以反映当前财务变量与基期财务变量的变动及趋势。环比比率法是将不同分析期的财务变量分别与前一分析期的财务变量相对比，计算出比率，以反映每相邻时期的财务指标变动情况。

（三）因素分析法

因素分析法是当某项综合指标可表示为若干项相互联系的因素的乘积时，按照一定的程序和方法，计算确定各因素的变动对综合指标的影响程度的分析方法。综合指标往往是由多个相互依存的因素构成的，由于每个因素的变化不同，所产生的影响也不同，因此通过因素分析法可以找出主要的影响因素，为进一步分析和评价非营利组织的财务状况和业务绩效提供依据。一般而言，因素分析法可分为比率因素分解法、连环替代法和差额分析法。

1. 比率因素分解法

比率因素分解法，是指把一个财务比率分解为若干个影响因素的方法。在实际的分析中，通常比率因素分解法和比较分析法是结合使用的。比较之后需要分解，以便深入了解差异的原因；分解之后还需要比较，以便进一步认识其特征。

2. 连环替代法

连环替代法是指根据因素之间的内在依存关系，依次测定各因素变动对经济指标的影响的一种分析方法。其计算程序一般分为以下五个步骤：

（1）确定分析对象。运用比较法计算出分析指标的实际值和标准值的总差异。

（2）找出影响指标的各种因素，建立指标和因素之间的关系式。

（3）按照关系式的排列顺序，依次用各种因素的实际值替代标准值，计算出替代结果。

（4）比较相邻两次的替代结果，得到各因素变动对分析指标的影响方向和程度。

（5）检验分析结果。将各因素变动对分析指标的影响值相加，其代数和应等于分析对象，即总差异。

用代数形式来表达上面的步骤可列示如下：

设某一分析指标 M 是由相互联系的 A、B、C 三个因素相乘得到的，下标"0"为计划值，下标"1"为实际值。

第一步，确定分析对象：

$$M_1 - M_0 = 总差异$$

第二步，建立关系式：

$$计划指标\ M_0 = A_0 \times B_0 \times C_0$$
$$实际指标\ M_1 = A_1 \times B_1 \times C_1$$

第三步，进行连环替代：

$$计划指标：A_0 \times B_0 \times C_0 = M_0$$
$$第一次替代：A_1 \times B_0 \times C_0 = M_2$$
$$第二次替代：A_1 \times B_1 \times C_0 = M_3$$
$$第三次替代：A_1 \times B_1 \times C_1 = M_1$$

第四步，计算影响方向和程度：

$$A \text{ 因素变动对 } M \text{ 的影响 } \Delta A = M_2 - M_0$$
$$B \text{ 因素变动对 } M \text{ 的影响 } \Delta B = M_3 - M_2$$
$$C \text{ 因素变动对 } M \text{ 的影响 } \Delta C = M_1 - M_3$$

第五步，检验分析结果：

$$M_1 - M_0 = \Delta A + \Delta B + \Delta C$$

3. 差额分析法

差额分析法是连环替代法的简化计算方法，计算原理与连环替代法完全一致，唯一的不同之处在于差额法是直接用各因素的实际值与标准值的差额来计算其影响数额，亦即将连环替代法中的第三步与第四步两步合为一步进行。

（四）综合分析与评价法

综合分析与评价法主要是在对民间非营利组织已经做了一系列的分析后，对组织财务状况和业务绩效做出综合分析和评价时所采用的方法。常见的主要有综合指数法和综合评分法。

1. 综合指数法

综合指数法，是指将综合分析与评价的结果用综合指数表示。首先确定影响综合指数的各项指标，然后将反映综合指数的指标数通过统计学处理，使不同计量单位、性质的指标值标准化，得到各项指标的个体指数，最后考虑各项指标在评价综合结果时具有不同的重要性，给各项指标指数以不同的权重，加权汇总各项指标指数得到综合指数，以这个综合指数的高低反映评价结果的好坏。该方法的基本思路是利用层次分析法计算的权重和模糊评判法取得的数值进行累积，然后相加，最后计算出综合评价指数。

2. 综合评分法

综合评分法是在确定影响综合评价的各项指标后，分别按不同指标的评价标准对各评价指标进行评分，然后汇总得出综合评价分数，以这个综合评价分数的高低反映评价结果的好坏。其适用于评价指标无法用统一的量纲进行定量分析的场合。

本章复习思考题

1. 民间非营利组织财务报告的目的是什么？
2. 民间非营利组织财务报告可以按哪些标准进行分类？
3. 民间非营利组织财务报告的编制应遵循哪些原则？
4. 对民间非营利组织财务报告进行分析有何意义？
5. 民间非营利组织财务报告的分析方法有哪些？

第七章
民间非营利组织财务绩效评估

学习目标

- 了解民间非营利组织财务绩效评估的相关概念
- 理解民间非营利组织财务绩效评估的方法
- 掌握民间非营利组织财务绩效的评价指标

第一节　民间非营利组织财务绩效评估概述

一、绩效与财务绩效评估的内涵

（一）绩效的内涵

对于民间非营利组织而言，绩效是指民间非营利组织作为一个整体，在管理和服务等行为中所取得的业绩、成就和影响等。运用"绩效"概念衡量民间非营利组织活动的效果，其外延不仅涉及组织的运营效率层面，还应该包括运营成本、社会影响力、发展预期等多元目标的实现。

（二）财务绩效评估的内涵

评估，是指对管理的对象采用相应的科学方法，以确认的某些标准为尺度进行衡量，将所得到的结果与原预定的目标相比较，从而获得最佳结果的过程。民间非营利组织绩效评估是指运用科学的标准、方法和程序，通过对组织的管理效率、服务质量、公共责任、公众满意度等方面进行评价和判断，对民间非营利组织在运作管理过程中投入、产出、最终结果所体现出来的绩效进行评定和认可的过程。

第二节　民间非营利组织财务绩效评估体系

一、民间非营利组织财务绩效评估的目标

（一）满足内部需求

（1）提高组织的管理效率。正确评估民间非营利组织的财务状况，不仅可以帮助组织管理者及时发现当前管理模式的不足，而且有利于及时纠正管理效率低下的问题。

（2）实现项目的高效运转。财务绩效评估可以从财务的视角反映出当前正在运行项目的可行性和有效性，为及时调整项目的运行模式提供依据。

（3）更好地履行受托责任。通过将财务绩效评估的相关结果向外公布，有利于管理者更好地履行受托责任，促使组织更好地完成其社会使命。

（二）满足外部需求

（1）满足社会公众对组织了解和认同的需要。通过对财务绩效的评估和对评估结果的充分披露，可以增加组织的透明度，提高其公信力，与组织外部建立一种良好的互动机制，增进社会公众对组织的认同感。

（2）满足相关部门的监管要求。监管部门的主要责任是对民间非营利组织在开展业务过程中的合规性、合法性实施监督。而民间非营利组织开展各项活动是否符合相关法律、法规的要求，往往可以通过财务绩效评估的结果进行一定程度的反映。因此，开展民间非营利组织财务绩效评估有利于实现相关部门对其的监管。

二、民间非营利组织财务绩效评估的主体

民间非营利组织财务绩效评估的主体包括政府、专业评估机构、民间非营利组织自身等。

（一）政府

政府作为民间非营利组织的监管方和资源提供方，需要通过对民间非营利组织的财务绩效评估来评价和判断其资源的配置效率。一方面，政府作为资金的提供方，需要通过对民间非营利组织的财务绩效评估，进行资源配置效率的评价，以确定持续性给予哪些民间非营利组织以资金支持；另一方面，政府作为民间非营利组织的监督者，需要通过对民间非营利组织财务绩效的评估，判断其资源使用效率，以及资源的使用是否符合社会价值最大化的需求，以确定资源的配置对象。

（二）专业评估机构

专业化的评估机构是民间非营利组织财务绩效评估的又一主体。专业评估，通常指聘请专家组成绩效考评小组，依据特定的评估标准，对评估对象进行评估。它作为独立

第三方的评估代表，在评价过程中发挥着重要作用。专业评估机构通常包括两类：一类是民间非营利组织聘请的外部专家；另一类是始终处于独立第三方的专业性评估机构。例如 1996 年中国青少年发展基金会委托中国科技促进发展会对"希望工程"的绩效进行了评估。

（三）民间非营利组织

民间非营利组织的财务绩效评估，即自我评估，是指民间非营利组织自身充当评估主体，对自己的财务工作绩效进行评估。通过组织内部进行财务绩效评估，有利于提高资源的使用效率，获取更多的资源支持。

三、民间非营利组织财务绩效评估的客体

（一）非营利性

民间非营利组织"不以营利为目的"的含义是指该组织以服务于社会、团体的公益事业为目的，以社会使命作为组织的宗旨，同时从分配上来看，非营利活动过程中所得到的收入，不能作为利润分配给资金提供者。进行民间非营利组织财务绩效评估时，首先需要对组织的"非营利性"进行评价。

（二）筹资能力

民间非营利组织的筹资能力是指通过自身的努力，从政府及其他渠道获得资金的能力。筹资能力直接决定民间非营利组织是否能够可持续发展。筹资能力是民间非营利组织绩效评估的重要内容之一，它能够反映民间非营利组织在一定的规模基础上，通过提高服务质量和水平，扩大社会影响力来努力争取更多资源的能力。

（三）运营能力

运营能力是指投入与产出的比率。运营能力既体现在组织的事业活动中，也体现在日常管理活动中。民间非营利组织在运营过程中，主要通过提高运营能力，树立良好的社会形象，努力争取各种形式的资助，进行自我宣传和项目申请来获得经费支持。在开展公益性活动的同时，开展与自身业务相符并且不以营利为目的的合法经营活动，努力做到自食其力。运营能力的强弱，充分体现了民间非营利组织的竞争能力，是财务绩效评估的核心内容之一。

（四）发展能力

发展能力反映了民间非营利组织的发展潜力。通过对一系列相关指标的分析，可以评价和判断民间非营利组织的发展动力是否充足。随着市场经济体制的逐步完善，民间非营利组织的发展与壮大已成为必然趋势，组织之间的竞争越来越激烈。要想在激烈的社会组织的竞争中取胜，组织必须要有长远的发展眼光，并且不断增强自身的竞争力。因此，全面考核和评价民间非营利组织的发展能力，成为民间非营利组织财务绩效评估的重要内容之一。

四、民间非营利组织财务绩效评估的依据

民间非营利组织财务绩效评估通常依据财务报告进行。财务报告是反映民间非营利组织财务状况、收支运营情况、现金流量等信息的书面报告。其基本功能在于：①提供

本期如何获得和使用资金的信息；②提供期末可供未来使用的资金信息；③报告组织在将来持续提供服务的能力。经过审计后合法公允的财务报告是民间非营利组织进行财务绩效评估的依据。

五、民间非营利组织财务绩效评估的标准

（一）内部评估标准

1. 预算标准

预算标准是使用较为广泛的评估标准。它具有良好的可比性，可以量化，易于操作。预算指标，在制定过程中应遵循严密性和制定标准成员的独立性。预算标准是比较理想的评价标准，对于民间非营利组织而言，具有较强的适用性。

2. 组织的历史平均水平

以组织的历史平均水平为参照，可以进行组织内部的纵向比较。由于民间非营利组织之间业务活动的差异性，使得组织之间难以恰当地按照某一特定标准进行比较，从而组织自身的历史数据对于评价民间非营利组织的财务绩效更具有说服力。历史数据标准按照基期的不同可分为同比和环比两种，其优点是数据容易获得，获取数据的成本较小。

（二）外部评估标准

1. 行业主管部门或政府颁布的数据标准

由行业主管部门或政府颁布的数据标准，多是针对民间非营利组织的非营利性要求提出来的。这种标准一般具有强制力，是民间非营利组织必须共同遵守的强制性规定。例如，我国国务院令第400号公布的《基金会管理条例》第29条明确规定："公募基金会每年用于从事章程规定的公益事业支出，不得低于上期总收入的70%；非公募基金会每年用于从事章程规定的公益事业支出，不得低于上一年基金余额的8%。基金会工作人员工资福利和行政办公支出不得超过当年总支出的10%。"这些强制性的规定，为民间非营利组织进行财务绩效评估提供了一定的标准。

2. 同类型组织的平均水平

按照不同的标准对民间非营利组织进行分类，再按照不同类型的民间非营利组织设置不同类型组织的平均水平，作为财务绩效评估的标准，能够对民间非营利组织进行很好的定位，以评估组织的财务绩效，确定其发展水平和方向。

八、民间非营利组织财务绩效评估报告

评估报告是评估人员在完成评估工作后，向进行评估工作的委托方提交的说明评估目的、程序、标准、依据、结果以及基本结构分析等情况的文件。它是财务绩效评估系统的成果体现。民间非营利组织的财务绩效评估是一个综合系统（见表6-1），系统内各因素之间相互影响、相互联系。不同的财务绩效评估目标决定了不同的评估对象、评估指标和评估标准，其评估报告的形式也不同。

表 6-1　民间非营利组织财务绩效评估框架图

民间非营利组织财务绩效评估框架	评估目标	内部需要
		外部需要
	评估主体	政府
		专业评估机构
		民间非营利组织本身
	评估客体	非营利性
		筹资能力
		运营能力
		发展能力
	评估依据	财务报告
	评估指标	组织层级
		项目层级
	评估方法	单指标分析法
		财务绩效综合评估法
	评估报告	财务绩效评估报告

九、民间非营利组织与营利性组织财务绩效评估框架的比较

（一）评估主体不同

营利性组织的绩效评估主要来源于组织内部。民间非营利组织的评估主体较为复杂，包括政府、组织外部专业性评估机构等。评估主体的不同，表明了民间非营利组织对外部环境的广泛影响力，同时也说明了构建民间非营利组织财务绩效评估体系的复杂性。

（二）评估客体不同

营利性组织的财务绩效评估以提高组织的营利能力为根本目的。民间非营利组织在进行财务绩效评估的过程中，重点关注组织的财务运营状况，是否在完成组织使命的同时，保证了资金的合理有效使用。

（三）评估过程不同

营利性组织的经营活动在一定的时期内具有相对稳定性和重复性，这就使得对营利性组织的评估可以实现相对的模式化和固定化。而民间非营利组织主要通过项目开展活动，而且项目的重复度较低，使得组织在进行财务绩效评估过程中的标准化程度较低，所建立的各项财务指标针对不同的项目不具有广泛的适用性，不同的财务指标在不同的组织之间甚至在同一组织的不同时期的可比性均较低。

（四）评估指标不同

相对于营利性组织，民间非营利组织不以营利为目的，它所提供的货物或服务通常只是象征性地收取部分费用甚至全部免费，对其业绩的评价不像营利组织那样以"利润

最大"为绩效指标，也没有投资获益率、总资产收益率、市场占有率等可明确量化的指标。对民间非营利组织的财务绩效评估应从社会价值、社会投资效益、公益绩效等方面进行。

第三节　民间非营利组织财务绩效评估方法

一、财务绩效评估指标的设计原则

（一）重要性原则

重要性原则有两层含义：第一，全面性与重要性相结合原则。在民间非营利组织财务绩效评估指标体系的建立过程中充分考虑全面性，有助于从影响绩效的各个财务方面综合评估组织的绩效；第二，遵循成本效益原则。如果为获取该项指标所需成本大于其带来的价值，一般应放弃该项指标，转而采用其他替代指标。

（二）系统性原则

系统分析的基本思想是整体最优化，必须考虑局部评价与整体评价的结合。因此在财务绩效评估指标体系的设置上，应以构建科学、完整的评估体系为出发点，既考虑各指标对实现评估目标的重要程度，又考虑各类指标在评估指标体系中的合理构成，以及指标间的钩稽关系和逻辑关联，通过对指标的合理取舍和指标约束的设置，做到评估指标既能突出重点，又能保持相对的均衡统一，实现评估系统的最优化。

（三）相关性原则

相关性原则是指财务绩效评估指标要能满足民间非营利组织利益相关者的要求。无关的指标不仅不能够反映民间非营利组织的绩效状况，而且会造成资源的浪费。

（四）可操作性原则

为了满足评估的需要，从民间非营利组织实际情况出发，财务绩效评估指标应该概念清晰，表达简单易懂，数据易于采集，具体可操作。

二、财务绩效评估指标的设计思路

设计民间非营利组织的财务绩效评估体系时，应充分考虑组织的业务活动特点。

根据不同类型的民间非营利组织的活动领域和运作方式的不同，可以将民间非营利组织分为以"项目"为主要运作模式和以"流水作业"为主要运作模式两种基本类型。在两种基本类型的基础上，分别建立不同的财务绩效评估系统，满足不同类型民间非营利组织的评估需要。

三、财务绩效评估指标的设计步骤

（一）了解组织特点和外部环境

组织使命决定组织绩效的范畴，以组织使命为出发点，在一定程度上保障了组织在社会效益和经济效益之间做出正确的权衡和取舍。同时，由于民间非营利组织类型的多样性，造成了民间非营利组织的财务在具有共性的基础上也具有其自身的特点。了解组织的特点、资金来源渠道、社会使命等，有利于更好地设计财务绩效评估指标。

（二）确定影响组织财务绩效的关键因素

对民间非营利组织的财务绩效进行评估，应分析影响绩效的关键因素。通常影响民间非营利组织财务绩效的关键因素包括：资产结构、资产使用效果、资产使用效率、财务风险、收入结构、支出结构、收入完成情况、支出控制情况、收入弥补支出的能力等。不同类型的民间非营利组织应该根据自身的特点，分析影响其财务绩效的关键因素。

（三）收集相关信息以设计、补充和修正指标

民间非营利组织应根据自身特点设计指标，并对某些不适用的指标进行补充和修正。民间非营利组织的财务绩效评估系统是一个开放的体系，应该在充分收集信息的基础上，不断更新或者修正、补充评估指标，保证其符合组织发展的需要。

四、民间非营利组织财务绩效评估指标体系的建立

（一）民间非营利组织财务绩效评估指标

1. 非营利性指标

（1）公益事业支出占总支出的比率

这一比率高，说明民间非营利组织的支出中用于公益事业的支出多。这个指标是民间非营利组织非营利性的主要反映，也是民间非营利组织绩效水平的综合反映。该指标数值越高，说明非营利组织的绩效越高。其计算公式为：

公益事业支出占总支出的比率＝年度公益事业支出额/年度支出总额

（2）公益事业支出占上年收入的比率

这一指标说明民间非营利组织上年度的收入总额中用于本年度的公益事业的比例。该指标数值越高，说明民间非营利组织的非营利性越强，绩效越高。其计算公式为：

公益事业支出占上年收入的比率＝本年度公益事业支出额/上一年度收入总额

2. 筹资能力指标

（1）总收入

这一指标反映民间非营利组织年度内通过各种途径筹集到的无须偿还的资金额度。这是民间非营利组织开展非营利活动的财力保障。年度内获得的总收入越多，说明民间非营利组织的筹资能力越强。

（2）总收入增长率

这一指标说明民间非营利组织总收入较上一年增减变化的程度。该指标数值越高，说明民间非营利组织的筹资能力越强，绩效越高。其计算公式为：

总收入增长率＝（本年度收入总额－上一年度收入总额）/上一年度收入总额

（3）年度非财政补助收入额占年度收入总额的比率

民间非营利组织的收入分为财政补助收入与非财政补助收入。随着财政体制的改革，财政对民间非营利组织的补助越来越理性，民间非营利组织应当积极自创收入并争取社会捐赠与企业资助，从而增加非财政补助收入，扩大筹资渠道。年度非财政收入在

总收入中所占比率越高，说明民间非营利组织的筹资能力越强，绩效越高。

（4）非财政补助收入增长率

这一指标说明非财政补助收入较上一年增减变化的程度。该指标数值越高，说明非营利组织的筹资能力越强，绩效越高。其计算公式为：

$$非财政补助收入增长率=（本年度非财政补助收入额-上一年度非财政补助收入额）/上一年度非财政补助收入额$$

（5）筹资费用率

年度筹资总额包括民间非营利组织的全部收入，也包括通过负债筹集到的资金。该指标数值越低，则说明民间非营利组织能够以较低的筹资费用筹集到较多的资金。该指标越低，表明其筹资能力越强，绩效越高。其计算公式为：

$$筹资费用率=筹资费用额/年度筹资总额$$

3．运营能力指标

（1）收入支出比率

这一指标说明年度收入对支出的保证程度。该指标数值越接近"1"，说明民间非营利组织的运营能力越强，绩效越高。其计算公式为：

$$收入支出比率=年度收入总额/年度支出总额$$

（2）公益事业支出增长率

这一指标说明公益事业支出规模的增减变化程度。该指标数值越高，说明民间非营利组织的运营能力越强，绩效越高。其计算公式为：

$$公益事业支出增长率=（本年度公益事业支出额-上一年度公益事业支出额）/上一年度公益事业支出额$$

（3）单位准公共产品成本

准公共产品是指民间非营利组织为社会公益提供的各种服务，是民间非营利组织生产的产品。准公共产品成本是生产并提供一定种类和数量的准公共产品所消耗的以货币表现的全部实有资源的总和。单位准公共产品成本越低，则一定资源所能生产和提供的准公共产品越多，说明民间非营利组织的运营能力越强，绩效越高。其计算公式为：

$$单位准公共产品成本=提供一定数量的公共产品所耗费的成本/所提供的准公共产品数目$$

（4）单位准公共产品成本降低率

这一指标说明单位准公共产品成本的降低程度。该指标数值越高，说明民间非营利组织的运营能力越强，绩效越高。其计算公式为：

$$单位准公共产品成本降低率=（上年单位准公共产品成本-本年单位准公共产品成本）/上年单位准公共产品成本$$

（5）经营收入增长率

经营收入是指民间非营利组织在其实现社会使命的业务活动之外开展经营活动取得的收入，经营收入的增加能补充资金以支持公益事业的发展。因此，经营收入增长率越高，说明民间非营利组织的运营能力越强，绩效越高。其计算公式为：

$$经营收入增长率=（年度经营收入额-上一年度经营收入额）/上一年度经营收入额$$

（6）经营收入成本费用率

经营收入成本费用率较低，说明民间非营利组织经营能力越强，也一定程度上反映出民间非营利组织的绩效越高。其计算公式为：

经营收入成本费用率=年度内为获取经营收入而发生的成本费用/年度经营收入额

（7）人均创收额

人均创收额越高，说明民间非营利组织的运营能力越强，绩效越高。其计算公式为：

人均创收额=年度收入总额/年度内员工平均人数

（8）管理费用占总支出的比率

这一比率低，说明民间非营利组织运营能力强，绩效高。但这一比率也并非越低越好，因为任何一个组织开展活动都会有一定的行政开支，民间非营利组织也应当注重自身的管理能力建设，包括对管理人员的培训。只有民间非营利组织的管理能力得到提高，资金才能被更为有效地使用。其计算公式为：

管理费用占总支出的比率=年度管理费用总额/年度支出总额

4. 发展能力指标

（1）资产负债率

这一指标反映民间非营利组织的资产负债情况。资产负债率低，说明民间非营利组织发展能力强，绩效高。但这个比率也并非越低越好，因为适度负债，可以较好地解决资金瓶颈问题，获取更多的发展资源。其计算公式为：

资产负债率=年末负债总额/年末资产总额

（2）总资产增长率

资产增加意味着提供服务的能力增强。该指标越高，说明民间非营利组织的发展能力越强，绩效越高。其计算公式为：

总资产增长率=（年末资产总额-年初资产总额）/年初资产总额

（3）人均培训费用增长率

加强培训，提高员工的素质，有利于提高组织的发展能力。该指标越高，说明民间非营利组织发展能力越强，有利于其绩效的提高。其计算公式为：

人均培训费用增长率=（本年度人均培训费用-上一年度人均培训费用）/上一年度人均培训费用

（4）净资产增长率

净资产是衡量民间非营利组织是否具有可持续发展能力的重要指标之一。可以通过对净资产的期末余额与初始注册资金进行比较，来判断民间非营利性组织的发展情况。净资产增长率充分反映民间非营利组织的净资产的增减变化情况，有利于分析其发展能力。其计算公式为：

净资产增长率=（期末净资产总额-期初净资产总额）/期初净资产总额

具体的财务绩效评估指标如表6-2所示。

表 6-2　民间非营利组织财务绩效评估指标

目标层	准则层	指标层
民间非营利组织财务绩效评估指标	非营利性	公益事业支出占总支出的比率
		公益事业支出占上年收入的比率
	筹资能力	总收入增长率
		非财政补助收入占总收入的比率增长率
		非财政补助收入增长率
		筹资费用率
	运营能力	收入支出比率
		公益事业支出增长率
		单位准公共产品成本
		单位准公共产品成本降低率
		经营收入增长率
		经营收入成本费用率
		人均创收额
		行政支出占总支出的比率
	发展能力	资产负债率
		总资产增长率
		人均培训费用增长率
		净资产增长率

（二）民间非营利组织财务绩效的综合评估方法

民间非营利组织可以借鉴营利性组织的一些财务绩效评估方法，比如雷达图法、沃尔比重评分法等方法，进行综合评估。

1. 雷达图法

雷达图亦称综合财务比率分析图法，又称蜘蛛网图。雷达图分析法是将主要财务分析指标进行汇总，绘制成一张直观的财务分析雷达图，从而达到综合反映企业总体财务状况目的的一种方法，有时又称"判断企业财务状况图"。为了充分发挥雷达图的分析功能和作用，通常将被分析的各项财务比率指标与行业平均水平或企业自身希望达到的水平或历史最好水平进行比较，以便进一步反映企业的财务状况优劣，找出原因，有针对性地提出改进措施。

雷达图法通过图表能够清晰地反映出数据的各种特征，能够比较全面、直观、准确地反映组织的现实运行轨迹与预定发展方向的差距。但它也存在一定的不足之处，具体而言：第一，对各个指标的重要性没有加以区分；第二，没有对财务状况给出一个综合性的评价结论，无法发挥综合评价对财务状况总体趋势予以反映的作用。

2. 沃尔比重评分法

沃尔比重评分法是财务综合评价的创始人亚历山大·沃尔提出的。当时在进行财务分析时，人们常遇到的一个主要困难是在计算出各项财务比率后，无法判定其是偏高还是偏低，将所测算比率与本企业的历史水平或计划、定额标准相比，也只能看出本企业自身的变化，很难评价其在市场竞争中的优劣地位。为了弥补这些缺点，沃尔在《信用预测研究》和《财务报表比率分析》等论文中提出了"信用能力指数"的概念。他把选定的流动比率、产权比率、固定资产比率、存货周转率、应收账款周转率、主权资本（即所有者权益）周转率等七项财务比率用线性关系结合起来，并分别给定各自在总评价中所占的比重，总和为100分。然后确定标准比率，并与实际比率相比较，得出各项指标的得分。最后求出总评分，并根据总评分对企业的财务状况做出综合评价。

沃尔比重评分法最先提出了财务综合评估的模型，该模型的思路一直影响着以后综合评估的研究。但是沃尔比重评分法存在两个缺陷：一是所选定的七项指标缺乏证明力。在理论上讲，并没有什么方法可以说明为什么要选择这七个指标以及每个指标所占比重的合理性。二是从技术上分析，沃尔比重评分法存在一个问题，即当某项指标严重异常时，会对总评分产生不合逻辑的重大影响。这是由于相对比率是比重相乘引起的。例如财务比率如提高1倍，评分将增加100%；而财务比率缩小1倍，评分只减少50%。所以，在应用沃尔比重评分法评价民间非营利组织的综合财务状况时，必须注意由于技术性问题导致的总评分结果的异常问题。否则，可能会得出不正确的结论。

3. 综合评分法

由于原始意义上的沃尔比重评分法存在一定的缺陷，人们对该方法进行了相应的改进，提出了综合评分法，或称为改进的沃尔比重评分法。

综合评分法认为现代企业财务综合评价的主要内容应该是企业的盈利能力、偿债能力和成长能力，它们三者之间大致按5:3:2来分配比重。反映盈利能力的主要指标是总资产利润率、销售利润率和资本利润率，三个指标可按2:2:1来分配比重。反映偿债能力的四个指标包括自由资本比率、流动比率、应收账款周转率和存货周转率，这四个指标各占18%的权重；反映成长能力的三个指标包括销售增长率、利润增长率和人均利润增长率，这三个指标各占6%的权重；测量企业财务综合评分的总评分仍以100分为准。

综合评分法在技术上对沃尔评分法进行了改进，通过对最高分、最低分的设定避免了某项指标异常对总评分不合逻辑的影响，使得评分趋于合理。但综合评分法亦有它不可摆脱的缺陷，即不具有智能调节功能。综合评分法的评价结论是，评分越高企业的财务状况越好。而这里就隐含了一个假设，即认定综合评分法中所有指标都是越大越优的，而这种假定是与一些指标的特性相违背的，从而这一假设影响了该指标的综合评估结果的可信度。

4. 多元统计评价法

作为数理统计重要分支的多元统计是采用多个变量进行统计分析的一种定量分析方法。综合绩效评估属于一种多变量（多指标）的定量分析问题，因此各种多元统计分析方法自然而然地被引入财务综合评估实践中来。特别是随着电子计算机技术的发展，SAS、SPSS 等商品化统计分析软件得到推广应用，使得多元统计分析方法在绩效评估实践中得到了广泛的应用。

从目前我国综合评估实践来看，多元统计中的主成分法、因子分析法、聚类分析法、判别分析法等都先后被人们应用于各类综合评价活动中。它们的主要作用是对所反映事物不同侧面的许多指标进行综合，将其合成为少数几个因子，进而计算出综合得分，便于我们对被研究事物进行全面认识，并找出影响事物发展现状及趋势的决定性因素，进而对事物有更深层次的认识。但是多元统计评估法忽视了各指标自身价值的重要性，解释性较差。

5. 模糊综合评价法

（1）模糊综合评价法的基本原理

模糊综合评价法是一种应用非常广泛和有效的模糊数学方法。所谓模糊综合评价法，就是运用模糊数学和模糊统计方法，通过对影响某事物的各个因素的综合考虑，对该事物的优劣做出科学的评价。模糊数学是由美国控制论专家查德在 1965 年提出的。它是根据现实中大量的经济现象具有模糊性而设计的一种评判模型和方法，在综合评价中得到了广泛应用。客观事物的不确定性有两大类：一类事物对象是明确的，但出现的规律有不确定性，如晴天、下雨，这是明确的，但出现规律是不确定的；另一类事物对象本身不明确，如年轻、年老、严重、不严重等这些程度上的差别没有截然的分界线。后一类对象的不确定性与分类的不确定性有关，即一个对象是否属于某一类不能确定，可以是也可以不是。所以首先要对集合的概念予以拓展，引入模糊集合的概念，一个元素 X 可以属于 A 集合，也可以不属于 A 集合；再引入隶属度，运用隶属函数这一概念，进行模糊评价。

（2）模糊综合评价法的基本步骤

第一，建立因素集 U（U1，U2，U3，…，Un），因素是对象的一种属性或性能，人们通过这些因素来评价对象，也就是说建立指标体系。

第二，建立权系数矩阵 W =（W1，W2，…，Wn），对每个因素赋予不同的权数。权重的大小受评价目的、评价主体的偏好、价值观等因素的影响。

第三，建立评价集 V =（V1，V2，V3，…，Vn），它由事物不同等级的评语组成。

第四，通过对单因素进行评价，建立起 U 与 V 之间的模糊关系矩阵 R。

$$R = \begin{bmatrix} R_1 \\ R_2 \\ \cdots \\ R_n \end{bmatrix} = \begin{bmatrix} r_{11} & r_{12} & \cdots & r_{1m} \\ r_{21} & r_{22} & \cdots & r_{2m} \\ \cdots & \cdots & \cdots & \cdots \\ r_{n1} & r_{n2} & \cdots & r_{nm} \end{bmatrix}$$

其中，r_{ij} 表示从第 i 个因素开始，被评价对象获得第 j 种评语的可能性（$0 < r_{ij} < 1$，i = 1，2，…，n；j = 1，2，…，m）。

第五，进行模糊综合评价，B = Wr。综合考虑所有因素，对事物做出最后评价，其中的数字是这样确定的：将 W 中从左到右的每个数字与 r 中第 j 列从上到下相对应位置的数字相比，取较小者，再从这 n 个较小者中取最大者。在模糊综合评价中，评价过程是可以循环的。这一过程的综合评价结果，可以作为后一过程中综合评价的投入数据。

本章复习思考题

1. 民间非营利组织财务绩效评估的目的是什么？
2. 民间非营利组织财务绩效评估的方法有哪些？
3. 民间非营利组织财务绩效评估的基本指标有哪些？

第八章
民间非营利组织财务监督

学习目标

- 了解民间非营利组织财务监督的相关概念
- 理解民间非营利组织的政府财务监督机制
- 理解民间非营利组织的社会财务监督机制
- 理解民间非营利组织的内部财务监督机制

第一节　民间非营利组织财务监督概述

一、民间非营利组织财务监督的内涵

民间非营利组织财务监督是指特定的监督主体对民间非营利组织财务活动和经济关系的合法性、合理性及其资源利用效率的监察和督促。民间非营利组织财务监督的重点是社会公益资财的合理利用。

民间非营利组织财务监督的具体内涵包括：①监督主体。监督主体即监督行为的实施者，可以是组织的利益相关者，包括政府、社会资财提供者、中介组织、内部经营管理者和员工等。②监督客体。监督客体即被监督对象，通常指民间非营利组织资金运动过程中涉及的各项经济活动。③监督内容。财务监督是对民间非营利组织财务活动、财务关系、资源利用进行的监督。

二、民间非营利组织财务监督机制的构建

（一）构建目标

构建民间非营利组织财务监督机制的总目标是建立健全民间非营利组织有效的财务监督机制，确保民间非营利组织履行社会使命，最大化保障组织的利益相关者的权益。具体目标如下：

（1）建立符合社会发展特性的民间非营利组织财务监督机制。我国社会正处于快速发展时期，社会公共事务层出不穷，社会矛盾复杂交错。建立良好的财务监督机制，有利于民间非营利组织的健康发展。

（2）财务监督机制的建立，必须以促进组织的社会使命的实现为核心。民间非营利组织关注社会使命和社会责任的实现，以社会价值最大化为追求的目标，财务监督机制的建立是为了更好地帮助组织实现其社会使命。财务监督机制的建立必须兼顾全部利益相关者的利益，保障其监督权利的行使。

（二）构建原则

1. 系统性原则

财务监督机制是一个大的系统，由许多小系统构成，这些小系统之间互相联系又互相制约，为实现一个共同的目标而存在。民间非营利组织的财务监督机制应该是有众多特定目标，各要素之间相互联系又相互区别，并且能够与外部环境进行信息交换的开放性的系统。

2. 成本效益原则

在构建民间非营利组织财务监督机制时，必须考虑成本效益原则。对民间非营利组织财务活动的监督需要在政府主体和非政府主体监督之间找到一个合适的平衡点，以实现监督的成本效益原则。

3. 动态性原则

从系统角度来看，事物随时间的推移而发生变化。任何事物都是静态和动态的统一，对系统的把握就在于对动态和静态的认识。民间非营利组织财务监督是一个动态发展的系统。

（三）构建思路

特定的监督主体与监督客体之间形成基于特定内容的监督与被监督关系。从范围上看，通常存在两种类型的监督关系：一种是存在于组织外部的监督关系；另一种是存在于组织内部的监督关系。由此也形成两种监督机制，即构成了民间非营利组织的外部监督机制和内部监督机制，外部监督机制又可以进一步细分为政府监督机制和社会监督机制。

1. 民间非营利组织的外部财务监督机制

外部财务监督机制包括政府财务监督机制和社会财务监督机制。

政府财务监督机制包括政府监督的组织机制、政府监督的运行机制、政府监督的信息反馈机制。政府作为社会组织的管理者和民间非营利组织资金来源的提供者，有必要对组织的财务活动及财务关系的合法、合理、有效性进行监督。与其他监督主体相比，

政府拥有公共权力，对民间非营利组织财务进行监督的效力高，能够对民间非营利组织的发展起到关键性的引导作用。

社会财务监督机制包括社会财务监督保障机制、社会财务监督实施机制、社会财务监督信息反馈机制。社会财务监督主体与政府财务监督主体同属于外部监督主体，但是社会财务监督的权威性与后者相比较弱。社会财务监督保障机制是提高社会财务监督动力和效力的有效途径。社会财务监督实施机制主要是解决各外部利益相关者在保障权利的情况下如何开展对民间非营利组织财务的监督工作。社会财务监督信息反馈机制是强化社会财务监督效果的有效方式。

2. 民间非营利组织内部财务监督机制

民间非营利组织的内部财务监督机制与外部财务监督机制是相辅相成的关系。规范民间非营利组织的财务行为，必须将外部约束性监督与内部规律性监督结合起来。民间非营利组织内部监督包括理事会、监事会、组织各职能部门和员工等按照权责和层次划分的监督。内部财务监督机制主要包括：完善非营利组织治理结构；建立内部职能部门对组织财务进行日常监督制度；通过内部财务监督激励机制提高内部监督的动力。

第二节　民间非营利组织外部财务监督机制

一、民间非营利组织的政府财务监督机制

（一）建立政府财务监督机制的必要性

1. 有利于实现资源的优化配置，维护国家和人民的利益，统筹外部各种监督关系

譬如政府审计部门对 2008 年"5·12"汶川特大地震的救灾物资的筹集、分配、拨付、使用情况进行了跟踪审计，并发布了审计情况公告以接受社会各方面的监督，充分体现了政府财务监督机制在资源的优化配置、维护国家和人民的利益，以及统筹内外部各种监督机制之间关系中的作用。

2. 政府审计的权威性有利于实施对民间非营利组织的财务监督，并对注册会计师的审计进行适当的再监督起到积极作用

国家审计部门可以对某些规模较大的民间非营利组织进行审计，必要时对组织进行经济责任审计，以督促民间非营利组织高层管理人员履行职责。政府有关部门对被审计对象所在部门、单位的财政收支、财务收支真实性、合法性和效益性等情况进行检查，进而评价被审计对象对本单位、本部门存在的各种经济问题所应承担的责任，对降低组织代理成本，规范组织财务运作都有较大的作用。

3. 有利于对民间非营利组织的免税资格、拨款规模等持续评估，为相关部门的决策起到一定的积极作用

在完成政府部门的审计工作后，政府相关审计部门会将结果告知财政、税务等其他部门，政府各部门根据审计结果，可以对以后是否应该对该民间非营利组织进行拨款捐

助、该组织是否继续享受免税优惠进行更加合理的评价。

（二）政府财务监督机制的职责分工

1. 财政监督

财政部门作为政府的理财部门，应当对享受财政资金补助的民间非营利组织进行财务监督，确保财政资金被有效地运用于社会公益事业。为了加强财政部门对民间非营利组织的监督，各级财政部门应该明确规划，根据各地区民间非营利组织的规模和发展状况，考虑是否在当地财政部门内设立专门机构以加大对民间非营利组织的管理和监督力度，关注民间非营利组织运行中的财务问题，制定针对民间非营利组织的具体财务管理制度，充分发挥财政监督的作用。

2. 税务监督

民间非营利组织由于其公益特征而可以享受多种减免税等优惠措施。税务部门应当加强对民间非营利组织的财务监督，适当提高非营利组织免税资格的认定标准，每年不定期地进行税务抽查，利用公众资源对民间非营利组织财务状况进行核查，建立健全赏罚机制，对执行较好的组织适当进行税收补贴，对违反税收征管规定的民间非营利组织进行相应的处罚，充分发挥税务的监督作用。

3. 政府审计监督

2006 年修订的《中华人民共和国审计法》，已经将"国家的事业组织和使用财政资金的其他事业组织的财务收支"以及"其他单位受政府委托管理的社会保障基金、社会捐赠资金以及其他有关基金、资金的财务收支"纳入政府审计监督的范围。这使得一部分民间非营利组织已经被纳入政府审计监督的范围。政府审计监督有利于促使民间非营利组织更好地利用资源，实现其社会价值。

二、民间非营利组织的社会财务监督机制

（一）民间非营利组织社会财务监督保障机制

1. 社会财务监督的制度保障

为了增强社会财务监督的权威性，首先应该通过正式制度来维护社会财务监督主体的权利。社会财务监督的正式制度主要包括国家按照一定的目的和程序制定的一系列法律法规，它们共同构成对行为主体的激励和约束。

2. 社会财务监督的信息保障

社会财务监督的信息保障包括信息渠道的多样性和信息来源的可靠性。监督主体对民间非营利组织财务活动和财务行为进行监督，可以通过以下途径获取相应的材料信息：

（1）通过民间非营利组织登记管理机构或者业务主管部门取得相关的资料。这种方式能够了解组织的申报情况、免税资格、财务运行情况等，但是程序比较繁琐。

（2）翻阅民间非营利组织印发的书面报告。民间非营利组织的书面报告通常具有清晰、准确的特点，符合人们通过阅读报告获取信息的习惯。

（3）信息化网络渠道。通过网络化财务信息的披露，可以发挥电子媒体时效性强、容量大的特点，使信息使用者及时查阅民间非营利组织的财务信息。

3. 社会财务监督的组织保障

民间非营利组织社会财务监督主体广泛，仅靠单个组织对民间非营利组织进行监督，不但会加大监督成本，影响监督效率，而且监督效果也难以保证。通常可以通过强化第三方审计的审计监督作用，来进行民间非营利组织的社会财务监督。譬如可以由国家授权会计师事务所代表分散的社会监督主体对民间非营利组织财务进行监督，并且通过成立专项基金用于支付审计费用，充分发挥社会审计对民间非营利组织的财务监督作用。

（二）民间非营利组织社会财务监督实施机制

1. 以注册会计师审计为主的社会监督

国家可以完善对民间非营利组织的相关审计制度，强制要求民间非营利组织每年至少接受一次以注册会计师审计为主的外部审计。同时，民间非营利组织自身也应强化聘请外部审计机构对组织进行财务审计的意识。

2. 其他外部利益相关者的监督

应发挥其他外部利益相关者对民间非营利组织的监督作用。金融机构作为民间非营利组织的债权人，可以通过了解民间非营利组织的内部财务状况，监督其资金运营情况。捐赠人作为民间非营利组织的重要资金提供方，可以通过了解组织资金的运作，查阅组织财务资料，对有疑问的地方提出质疑，对组织进行监督，以提高资源的使用效率。社会公众作为资源的享有者，可以通过监督其资源的利用情况，对民间非营利组织进行财务监督。新闻媒体可以加强宣传民间非营利组织存在的重要性，增强公众对非营利组织的了解，为后续的监督打好基础。还有其他一些外部利益相关者，比如研究人员可以通过对民间非营利组织的研究，间接地发挥对组织财务的监督作用。

（三）民间非营利组织社会财务监督的信息反馈机制

民间非营利组织社会财务监督的信息反馈机制是保证监督效果的重要举措。在我国，注册会计师审计监督发现的民间非营利组织财务问题都会通过审计报告的形式反映出来，有关管理部门会据此采取相应的措施。民间非营利组织的资金提供者发现组织问题后能够通过停止资助等方式加强对组织的约束。作为社会监督的各个群体，尤其是社会公众，可以依靠网络手段，建立统一的信息反馈网络，让大众对民间非营利组织有更多了解，提高对民间非营利组织的关注，一旦发现可疑的问题或者有好的建议，便可以通过信息反馈网络与政府等主管部门进行沟通，促进民间非营利组织更好地发展。

第三节　民间非营利组织内部财务监督机制

一、组织的内部治理结构是内部财务监督的基础

（一）组织治理结构中多层次的财务监督主体

民间非营利组织的内部治理结构通常涉及发起人、理事会、秘书长及其他管理人员、一般员工等，设计一套制度机制来处理以上这些不同利益主体之间的关系，是民间

民间非营利组织财务管理

非营利组织内部财务监督机制的基础，即组织的治理结构是内部财务监督机制的基础。运用不同的内部治理模式，决定着不同类型的内部财务监督机制的建立。民间非营利组织与企业等营利性组织的内部治理结构的对比见表8-1。

表8-1 民间非营利组织与营利性组织内部治理结构对比

机构	组织类型	名称	主要职能
最高法定权力机构	营利性组织	股东大会	决定经营方针与投资计划
			选举董事
			批准公司财务决策
			决议公司清算、分立、合并
			审核董事会报告、审查监事会报告
	民间非营利组织（社会团体）	会员大会或会员代表大会	行使制定、修改章程和会费标准，制定、修改负责人、理事和监事选举办法，审议批准理事会的工作报告和财务报告，决定社会团体的终止事宜，以及章程规定的其他职权
决策机构	营利性组织	董事会	具体财务战略
			预算决算
			设置内部管理机构和具体管理制度
	民间非营利组织（基金会）	理事会	具体财务战略
			预算决算
			设置内部管理机构和具体管理制度
			听取秘书长报告，检查其工作
执行机构	营利性组织	经理人员	拟订各项计划
			具体日常财务管理
			财务分析与报告
			实施财务预算
	民间非营利组织	秘书处或秘书长或其他高管	拟订各项计划
			具体日常财务管理
			协调各分支机构开展工作
监管机构	营利性组织	监事会	检查公司财务
			监督董事、高管行为
			对异常活动进行调查或请会计师事务所协助调查
	民间非营利组织	监事会	检查财务和会计资料
			监督理事会遵守法律和章程情况
			提出质询和建议并向登记机关、业务主管单位以及税务、会计主管部门反映

民间非营利组织的治理与财务监督有着密切的关系，二者相辅相成。有效的治理机制，能够为财务监督营造良好的运行环境，为财务监督提供制度保证与实施基础。严格履行财务监督职能，也有利于民间非营利组织治理机制的完善。

（二）完善组织内部治理结构，发挥内部财务监督职能

进一步规范民间非营利组织治理结构中不同权利主体的职责和行为，充分发挥内部财务监督职能。具体而言：

（1）建立理事会财务监督框架。民间非营利组织应该建立以理事会为核心的财务监督框架。在以理事会为核心的治理模式下，制定明确的财务监督制度性框架，进行有效的财务监督。

（2）引入利益相关者财务监督主体，建立独立理事制度。独立理事的职责包括：审查理事会提交的财务会计报告以及查核监事会报告，对重要决策享有决议权，评价理事会、监事会及其他高管的业绩。

（3）强化监事会的财务监督职能。民间非营利组织应该强化监事会的财务监督作用，充分保证其独立性。首先，保证监事会在民间非营利组织中的地位是独立的，监事会成员的任免由业务主管部门、捐赠人等分别选定，人员构成主要以外部监事为主。其次，加强监事会成员的素质，尤其是道德品质和财务会计专业知识。监事会的职能主要是检查组织的财务会计资料和监督其他高管的行为，这就要求监事会成员必须对民间非营利组织的财务会计制度以及相关的国家法律、法规非常熟悉，才能充分发挥其监督作用。最后，为了保障利益相关者的利益，无论组织是否存在问题，监事会都应该将监督的具体信息进行披露，包括组织机构、工作开展情况、财产的管理和使用情况。

二、民间非营利组织的日常财务监督部门

（一）财务监督委员会

在民间非营利组织内部建立财务监督委员会，有利于实施有效的财务监督。根据民间非营利组织的内部治理结构特征，可以在理事会下设立财务监督委员会。它的主要职能包括：建立监督制度、分析和判断组织目前的财务情况、对新的财务决策提出建议、审查组织内部不合理的违规违法行为、对可能发生的财务风险进行预警并提出解决措施等。对于财务监督委员会成员的选聘，应该遵从公开、公正的原则，其成员的组成包括财务专家、熟悉非营利组织所在行业特征的专家、少数非营利组织的工作人员等。

财务监督委员会通过建立相应的监督制度来保障监督执行效果的实现。监督制度的内容包括：事前监督，主要包括预算管理制度的建立；事中监督，主要包括财务分析决策和预警制度的建立；事后监督，主要包括执行效果奖惩制度的建立。各种制度的设计需要充分考虑组织内外部环境，强化信息沟通，既保障自主性的发挥又保护利益相关者的权益。在这个过程中，财务监督委员会的工作包括：

（1）制定财务控制的标准。这主要通过制定合理的财务预算，细化和规范财务预算的执行来实施。

（2）分析实际运行偏差。对偏差大小、产生原因进行分析，及时反馈和纠正。

（3）建立财务预警系统。通过财务预警系统进行非营利组织存在的各项财务风险

的防范，即通过预警系统防范财务管理目标风险、筹资领域的风险、资金支出方面的风险、投资方面的风险。

（4）衡量财务执行效果。民间非营利组织根据自身特点，可利用平衡计分卡等综合绩效评估方法来建立适合自身发展的评价体系。

（二）内部审计

民间非营利组织内部审计由组织内部审计人员承担，直接服务于部门和单位最高管理部门。内部审计的职能包括：独立监督和评价本单位及所属单位财务收支、经济活动行为的真实、合法和效益，包括工作质量和效率，提出改进建议，以促进组织管理和组织目标的实现。内部审计立足于提高效益，侧重于专业化、系统化、程序化的分析、跟踪、审计，在增强工作质量的前提下，力求决策的科学性，寻求解决弊端的有效性，评判绩效的客观性，树立追究责任的权威性。它的特点包括：

（1）人员构成的专业性。内部审计的人员在内部人员中挑选产生，一般应具有审计、会计等基础知识。

（2）工作内容的综合性。内部审计的主要工作内容是采用系统化、规范化的方法对风险管理控制及治理程序进行评价，提高它们的效率从而帮助实现组织目标。内部审计将组织的财务制度制定及执行情况、财务收支合理性、是否存在财务违规现象等信息，及时地与国家审计、社会审计进行信息沟通，有利于更好地保障民间非营利组织财务信息透明度的提高，提升财务监督的可靠性。

本章复习思考题

1. 民间非营利组织的财务监督如何分类？
2. 民间非营利组织的外部财务监督机制包含哪些内容？
3. 民间非营利组织的政府财务监督机制与社会财务监督机制有何差异？
4. 民间非营利组织的内部财务监督机制的主要内容有哪些？

下篇
民间非营利组织
财务管理案例与实务

第九章
民间非营利组织筹资管理案例与实务

案例一 "爱心衣橱"
——从网上竞拍到认购等多种筹资方式的创新

学习目标

- 理解"爱心衣橱"的运作模式以及其优缺点
- 理解"爱心衣橱"项目为何能得到公众的信任
- 掌握不同筹资方式在不同项目中的适用性

一、案例概述

2011年5月9日,中央电视台财经频道著名主持人王凯发表了一条微博:"每个主持人都有一大堆淘汰下来的出镜装,也有很多朋友问过我能不能买到一模一样的。我突然有个想法:开个网店,把每件衣服配上原主持人的出镜照片在网上卖掉,然后把钱捐给民间慈善团体。"为何王凯会发这样一条微博呢?原来,在王凯眼里,衣橱里"拥挤"的出镜服装成了"鸡肋",因为它们"很可能再也没有其他合适的机会被穿上了",可"丢了它们又非常可惜",毕竟,这些专为主持人定做的服装从款式到搭配都是由中央电视台专业造型师倾力打造的。能不能一起在网上开个网店,把每件衣服配上原主持人的出镜照片在网上卖掉,然后把钱捐给像"天使妈妈"这样的民间公益机构呢?于是,王凯将自己的这一想法发表在了微博上。而令他没想到的是,这条微博在短短几小时内就被转发了上千次，博友中更多的是那些对慈善抱有最朴素想法的普通老百姓，当然也不乏演艺界、主持界等圈内"名人"。与此同时，他的好友马洪涛也表示非常愿意"出手相助"。微博上洋溢着的善良热情和好友的加盟让王凯内心"沸腾"不已，他决定立即把这个想法付诸实践。于是，2011 年 6 月 9 日，一个名为"爱心衣橱"的慈善项目宣布成立；7 月，爱心衣橱新浪微博公益版上线试运行，网友可以在这一平台上了解到"爱心衣橱"的各类信息。7 月 22 日 14 时，挂靠在中国青少年发展基金会下的"爱心衣橱"公益基金也宣布正式启动。启动仪式上，中国青少年发展基金会和德勤会计师事务所联合宣布，对"爱心衣橱"进行全程审计，并对校服的采购及资助进行延伸审计。同时，"爱心衣橱"的财务账目和"爱心衣橱"捐款对应发放新衣学校也会在官网和微博公示，所有爱心人士都可以直接查询、核对。"爱心衣橱"管委会成员如表 9-1 所示。

表 9-1　"爱心衣橱"管委会成员

姓名	职位
王凯	中央电视台财经频道主持人
马洪涛	中央电视台财经频道主持人
文晋	中央电视台财经频道"大集大利"制片人、总导演
葛亚	中央电视台财经频道"对手"栏目总导演
余武	西典集团董事长
王旭东	中国青少年发展基金会人力资源部部长
乔颖	"爱心衣橱"执行总监

2011 年 8 月初，微博拍卖平台正式上线，每一件拍品都有单独的拍卖页面。微博拍卖平台是王凯最初想法的实现，其拍卖规则主要为：拍品上线后，由各位爱心网友自由竞拍，出价最高者挂"领先"标志。此后开始倒计时，如 24 小时内无人加价，则此拍品被"领先人"拍得；如 24 小时内有其他用户响应，出更高价钱，则从新"领先人"出价时间开始，重新倒计时 24 小时，直至无人加价，拍卖结束。出价前请先看清竞拍须知！"爱心衣橱"拍卖参与人，需要是达人和 V 用户，如果您不是达人或者 V 用户，但是想参与拍卖，则可以给"爱心衣橱"发私信，留下地址和电话联系方式，"爱心衣橱"工作人员会协助大家参与竞拍。

不得不说，这种微拍规则是很巧妙的。首先，如果有人一直在加价的话，这个衣服就会一直地往更高的价格上拍。虽然现实情况下任何物品都不可能被拍到无穷高价，但是这种竞拍模式却能最大限度地提高被拍物品的价格，实现物品本身价值的最大化。其次，这个规则让好多人担心 24 小时之内会不会有其他人出了更高的价格，把今天属于"我"的东西"抢走"，这样就制造了一种"竞争"的氛围，所以有的人干脆在最短的时间内出一个挺高的价格，让其他人"望价生畏"，于是被拍物品在 24 小时之内就可尘埃落定，"花落"出价最高的人的手中，同时还不会妨碍下一件物品的拍卖进度。

"爱心衣橱"新浪官方微博显示：除了微拍之外，所有人还可以通过两种方法参与"爱心衣橱"的慈善活动：第一种是通过"爱心衣橱"在新浪的官方微博，认购为孩子们特别设计的防寒保暖冲锋衣，一共有四个款式，钱汇总后用于为孩子们购买衣服，每套 140 元；第二种是通过官方微博发布的"爱心衣橱"账号进行捐款。另外，在之后，"爱心衣橱"还和"支付宝"公益合作建立了快捷捐赠平台，使用"支付宝"的网友们可以非常方便地在"支付宝"公益页面上选择"爱心衣橱"进行捐赠；凡客诚品也在其网站制作了专门的"爱心衣橱"活动页面，凡客诚品会员们可以参与到"5 元团爱心认购新衣服"的爱心活动中来；优酷网为"爱心衣橱"开设了专题页面，展示"爱心衣橱"去各地送新衣的实时视频资料。

在 2011 年 11 月 20 日 17 点 30 分，"爱心衣橱"在凯宾斯基饭店宴会厅举行"2011远东慈善晚宴"，为甘肃会宁、四川凉山、贵州黔西南等地区的贫困小学生募集善款，以资助孩子们的保暖冬衣。此次晚宴现场共筹集善款 570.983 万元，为 4 万余名贫困学生解决了冬装的问题。鉴于这次慈善晚宴的成功，"爱心衣橱"在 2012 年 11 月 24 日举行了第二届慈善晚会，此次慈善晚会以"37℃温暖"为主题，在寒冬降临之时汇聚社会各界爱心，以捐赠物品义拍的形式为贫困地区的孩子添置防风防雨保暖透气的新衣。

经过对质量、性价比等各方面的考量，"爱心衣橱"选定凡客诚品为项目的战略合作伙伴和唯一指定的服装供应商，凡客诚品将义务承担服装的设计及物流配送，同时承担一部分生产成本。

凡客诚品将邀请第三方检品中心在交货前对所有衣物进行全面检查，并对外发布质检报告，以保证衣服的质量。同时，每一个环节都公开透明。世界四大会计师事务所之一的德勤会计师事务所对整个生产成本进行独立审计，并发布报告。至 2012 年"六一"儿童节，新衣服项目的进展情况如表 9-2 所示。

表 9-2　"爱心衣橱"新衣服项目进展情况

时间	衣服数量	资助的具体对象
2011 年 10 月 16—18 日	2 086 套新衣服	甘肃省会宁县新添乡、土高乡、草滩乡、翟所乡
2011 年 11 月 23—27 日	2 329 套新衣服	贵州省威宁县下属 6 所小学
2011 年 12 月 24—30 日	1 950 套新衣服	云南文山的 2 所小学、贵州兴仁的 1 所学校、四川攀枝花的 1 所学校、四川凉山彝族自治州越西的 23 所小学
2012 年 3 月	1 551 套新衣服	青海省囊谦县吉曲乡的 7 所学校
2012 年 4 月 16 日—5 月 15 日	1 079 套新衣服	西藏自治区阿里地区的改则县察布乡小学和改则县先遣乡小学、河北省保定市望都县中韩庄乡中韩庄小学
2012 年"六一"期间	4 376 套新衣服	新疆维吾尔自治区喀什地区学校

截至 2012 年 5 月 31 日，已经通过微博线上拍卖了 72 件各界爱心人士、爱心企业捐赠的拍品，筹款 814 921 元。其中，欧阳奋强在 1987 年版电视剧《红楼梦》中饰演宝玉时所穿的戏服最终以 109 001 元成交，创下当年"爱心衣橱"网上拍卖服装最高价。"支付宝"公益"爱心衣橱"页面筹款 113 428.46 元；凡客诚品团购爱心筹款 25 900元；微公益捐款 209 280 元；青基金账户筹款 7 421 904.32 元；筹款合计 8 585 433.78

元。"爱心衣橱"团队还获得了多项公益慈善奖项，包括《京华时报·公益周刊》颁发的"2011京华公益奖年度创新公益项目奖"（2011年12月16日）；中国慈善年会组委会颁发的"2011年度中国慈善推动者"（2012年1月8日）；王凯获得"2011中国杯帆船赛蓝色盛典暨时代骑士勋章授勋仪式"的"中国爱骑士"勋章（2011年11月5日）；马洪涛获得新浪微博"2011年度微博创新微公益人物"荣誉（2012年1月4日）。

截至2018年7月，"爱心衣橱"已将防风防雨保暖透气的新衣服送到全国28个省（市、区）的371个区县的1 901所学校，共计200 916个孩子穿上了温暖新衣。

2018年3月16日，"爱心衣橱"团队与中华社会救助基金会合作设立中华社会救助基金会"爱心衣橱公益基金"。2018年3月17日，"爱心衣橱"团队结束与中国青少年发展基金会合作设立的"爱心衣橱基金"。

财务部、国家税务局〔2004〕39号文件规定：纳税人通过中国境内非营利的社会团体、国家机关向教育事业的捐赠，准许在企业所得税和个人所得税前全额扣除。因此"爱心衣橱"项目的参与人，也享受税收优惠政策：捐赠人可以凭捐款收据申请免税。

二、案例思考

1. "爱心衣橱"的资金筹集方式有哪些？各种资金筹集方式的优缺点是什么？
2. "爱心衣橱"闲置衣物的特色是什么？为何"爱心衣橱"可以获得公众的信任？
3. 该项目的运行效果如何？对你有什么启示？

三、案例分析

（一）微博助力

"爱心衣橱"起源于2011年5月9日中央电视台财经频道著名主持人王凯发表的一条微博。在"爱心衣橱"成立之初，就推出了"爱心衣橱"新浪微博公益版上线试运行，网友可以在这一平台上了解到"爱心衣橱"的各类信息，之后，微博拍卖平台正式上线，每一件拍品都有单独的拍卖页面。同时，"爱心衣橱"从启动到之后的每一步的账目都放在微博上公示，每周二是财务公开日。谁捐的，何时到账，都是公开的，所有人都可以看到。等这些捐款变成孩子们身上的衣服的时候，每个拿到衣服的孩子都要签字或按手印，还要摄像存档，然后公布到网上。这些信息披露措施，让公众看到了"爱心衣橱"项目的公开与透明。

微博在中国已经成了互联网世界最具人气的话语表达平台之一，具有传播快、时效性强、见效快的特点。通过这个平台，"爱心衣橱"很容易聚集海量的资源，让更多人释放善意。王凯在2011年5月9日发布这条微博后，立刻产生了"蝴蝶效应"，微博发出后仅仅几个小时，就被转发了几千次，在王凯身边形成了一场"爱心龙卷风"。参与"爱心衣橱"的，除了主持人、演员、歌手、运动员、模特之外，更多的是那些对慈善抱有最朴素想法的普通老百姓。有的网友直接在微博上@他，并且点名说想要谁的衣服不惜抛出重金，更有很多朋友表示愿意成为他的义工。之后"爱心衣橱"微博拍卖平台的成功也证明了这一点。而且在微博这个平台上，大家都是平等的，尽管互相不认识，但是所有参与"爱心衣橱"的人们，都具有对公益事业的利他主义精神。在"爱心衣橱"的运转过程中,任何人一旦发现问题,都可以随时在网上进行披露,这让每一个参与人都充当着监督者的角色。这种充分利用网络信息公开的方式,进行公益事业募款的监督,非常有利于公益项目的顺利开展。"爱心衣橱"也正是通过微博这种网络披露信息方式,实现了对公益活动公开透明的披露目标。而且"爱心衣橱"项目的这种信息披露,是实时动态的,有效地预防了公益项目的寻租与腐败。可以说在"爱心衣橱"项目实施的整个过程中,利用微博的信息披露方式,始终贯穿其中,为该项目的成功提供了保障。

(二)不"纯粹"的公益

在很多人看来,做公益就应该是"纯粹"的,不应该掺杂任何商业元素。但事实上,一旦真正做了公益,就会发现如果只做纯公益,不借助商业模式,不注入商业元素,公益事业很难做大做强。当然,如果"爱心衣橱"实力足够庞大,可以自己解决全部问题的话,也可以开一家服装公司,成立一个慈善品牌。但是,就目前中国的公益慈善制度和环境,在现有的公益慈善模式下,很难在短时期内,创立既能立刻满足社会需求,又能自我良性运转的公益组织。因此"爱心衣橱"选择了与商业"合作"的发展道路。

"爱心衣橱"通过与新浪、凡客诚品、远东集团、江苏中大、TCL 等企业合作,搭建募款、捐助平台,让资源在这个平台上实现合理化"对接",把公益的"义"和商业的"利"有机地结合起来。在"爱心衣橱"这个项目上,利是义的基础,义是利的升华。如果做"纯粹"的公益,会把参与其中的个人与企业考虑合理化利益的行为置于不道德的境地。长此以往,会导致做公益的人越来越少,违背了"公益"就是"公利"的公益本质。"爱心衣橱"这个公益项目,证实了商业和公益是可以协同共生的,只要找到合适的方法,就可以实现互惠双赢。正如汤敏博士所说:"商业的目的在于追求利润最大化,而慈善则是要最大限度地履行社会责任。二者本质不同,就要求必须界定好二者之间的关系,否则就会产生很多负面影响。二者关系应该是保持安全距离的'可亲密',简单来说就是:需界定,可共生。"只要全程透明、全民监督、违法必究、协议为先,商业机制将会成为公益最有力的杠杆。

四、专家点评

以前的慈善方式叫做"宣传动员",现在的话我更愿意选择与公众沟通的方式。单向的、政治化的募集善款方式已经不适应这个时代,微博时代提供了相互性、平等化的慈善模式。

　　　　　　——时任中国青基会人力资源部部长、"爱心衣橱"策划人之一　王旭东

对于慈善领域的营销,"攻心"才是重中之重。很显然,"爱心衣橱"就是这样一个具备公益营销概念的基金,也许这归功于王凯的好人缘和影响力,更归功于微博慈善这个崭新又亲民的慈善模式。

　　　　　　　　　　——时任中国传媒大学电视与新闻学院教授　李磊

五、推荐阅读文献

1. 艾已晴.“爱心衣橱”开启中国慈善“微时代”[N].华夏时报，2011-09-19.

2. 2012“爱心衣橱”慈善拍卖晚会. finance.sina.com.cn/focus/2012aixinpaimai/.

3.“爱心衣橱”公益基金官网：www.aixinyichu.org.

4. 王堃.“爱心衣橱”[J].社会与公益，2012（9）.

5.“爱心衣橱”新浪博客：blog.sina.com.cn/aixinyichu2011.

六、案例资料来源

1.“爱心衣橱”公益基金官网：www.aixinyichu.org.

2. 中华社会救助基金会官网：www.csaf.org.cn.

3.“爱心衣橱”新浪博客：blog.sina.com.cn/aixinyichu2011.

案例二　河仁慈善基金会
——开启股票捐赠形式设立基金会的先河

学习目标

- 了解河仁慈善基金会的成立过程
- 了解河仁慈善基金会的资金运作模式和管理方式
- 理解股票捐赠相对于现金捐赠的优劣势
- 理解我国现行慈善基金会管理制度的现状

一、案例概述

河仁慈善基金会，是由中国第一、世界第二大汽车玻璃制造商福耀玻璃集团创始人、董事长曹德旺发起，历时近3年后，于2011年5月5日在北京成立的，是中国第一家以捐赠股票形式支持社会公益慈善事业的基金会。"河仁"二字取自曹德旺父亲的名字"曹河仁"，寓意"上善若水、厚德载物"。该基金会的成立，为探索企业家慈善之路创造了一个良好的开端。

福耀集团董事局主席曹德旺一直致力于我国慈善事业，多次获得中国"首善"的称号。后来他认识到，自己以往所做的公益慈善事情，一直采用的是"哪里有灾难往哪里捐"的简单慈善模式，很难保证自己捐出去的每一分钱都发到应该收到钱的人手中。于是，他萌生了自己筹建慈善基金会的想法。考虑到既不能拿出大量现金影响自己公司的正常经营发展，又要保证基金会资金实现高效的保值增值，他决定采用以捐赠股票形式筹建慈善基金会。

2007年，曹德旺向北京颐和律师事务所律师翟慧征询过捐股做慈善的建议，且组建了筹备小组，认真咨询了民政部，但后来由于金融危机爆发，此事被搁置。

2009年2月，在福建省证监局举行的福建辖区证券期货监管工作会议上，曹德旺表示，他计划捐出家族持有的福耀玻璃集团股份中的60%来成立基金会。当时，曹德旺家族通过3家壳公司（在香港注册的三益公司和鸿侨公司以及在内地注册的耀华公司）持有福耀玻璃集团10.8亿股股份，占公司总股本的53.93%。

2009年3月，曹德旺把申请书放到了国务院侨务办公室（以下简称国务院侨办）的桌子上，希望以捐股形式设立河仁慈善基金会，挂靠在国务院侨办之下。之所以选择国务院侨办，原因主要有以下两点：一是曹德旺已取得香港永久居民身份，并在国务院侨办主管的中国侨商投资企业协会担任副会长，平时工作时与该机构有诸多往来；二是曹德旺看中了国务院侨办在中央部委之间的协调能力。

2009年3月起，国务院侨办作为河仁慈善基金会主管单位，民政部作为登记机关，邀请财政部、国家税务总局、中国证监会、法制办等部委相关负责人召开了两次协调会，并将河仁慈善基金会的构想上报国务院。

2009年4月，曹德旺正式向民政部递交申请书。然而，由于以个人捐赠股票形式成立慈善基金会在中国境内是史无前例的，河仁慈善基金会面临注册、纳税和上市公司控股股东等诸多体制障碍，最主要的问题有以下四个方面：

（1）财政部方面。2003年出台的《财政部关于加强企业对外捐赠财务管理的通知》，曾明文规定，企业持有的股权和债权不得用于对外捐赠。而曹德旺计划捐出的家族股份，正是通过3个壳公司持有的。

（2）民政部方面。按当时执行的《基金会管理条例》的规定，全国性公募基金会的原始基金不低于800万元人民币，地方性公募基金会的原始基金不低于400万元人民币，非公募基金会的原始基金不低于200万元人民币；原始基金必须为到账货币资金。而曹德旺想捐赠股票来设立慈善基金会中的股票，本身是没有价值的，只有在股权交易中才能形成市场价格。

（3）证监会方面。曹德旺一开始要捐出家族持有的福耀玻璃集团股份中的60%来成立基金会，而当时曹德旺家族通过3家壳公司持有福耀玻璃10.8亿股股份，占公司总股本的53.93%，即曹德旺想要捐赠的股份为总股本的32.358%，这笔受让超过了总股本的30%。《中华人民共和国证券法》规定："通过证券交易所的证券交易，投资者持有或者通过协议，其他安排与他人共同持有一个上市公司已发行的股份达到30%时，继续进行收购的，应当依法向该上市公司所有股东发出收购上市公司全部或者部分股份的邀约。"同时，福耀玻璃集团的大股东也变为了河仁慈善基金会，这就会导致上市公司实际控制人的变更，很可能影响上市公司的正常经营。由于曹德旺捐赠的是股票，价值取决于福耀玻璃集团的经营状况，相应地就会影响基金会能够投入慈善事业里的资金情况。

（4）国家税务总局方面。虽然曹德旺捐股是非营利行为，但按照现行法律，即使在计算了各种免税折扣后，这笔股权的受让仍然会产生约5亿元的企业所得税。

2009年6月，民政部副部长姜力率国务院法制办、国务院侨办、财政部、国家税务总局、证监会等单位组成联合调研组，专程前往福耀玻璃集团总部所在地——福清市，开展基金会专项调研，并考察相关基金会的运作情况。此次考察中，调研组向曹德旺提出了河仁慈善基金会注册所面临的问题。经考虑，曹德旺表示，把捐股数额减到4.5亿股，以确保福耀玻璃集团的大股东不会变成河仁慈善基金会，这样就解决了证监会方面的问题。在两天的考察结束后，调研小组返京撰写评估报告，再次递交国务院。

2009年10月，财政部发出了《关于企业公益性捐赠股权有关财务问题的通知》，允许企业用股权做公益捐赠，但同时要求捐赠者要办理股权变更手续，不得再行使股东权利，即不得要求受赠单位给予经济回报。该通知的出台，显然为国内股权捐赠打开了大门。然而事实并非如此，在该通知出台之后，河仁慈善基金会的注册依然进展极其缓慢。

原来，曹德旺想要成立的河仁慈善基金会是中国国内第一家以捐赠股票形式支持社会公益慈善事业的基金会，属于一个全新的公益慈善基金会模式。与之配套需要进行的政策调整，难度大、周期长，各方面也不是特别成熟。如果给河仁慈善基金会特批，又会有损现行法规的严肃性。因此，在河仁慈善基金会注册如何走程序这个问题上，各部门产生了分歧。

为了早日将基金会注册成功，也为了证实自己真的是想把更多的资源用到公益慈善事业上，而不是诈捐，曹德旺通过自己控股的鸿侨海外有限公司减持了 1 亿股福耀玻璃集团的股票，套现 10 亿元人民币，用于进行公益项目的捐助。2010 年 4 月 20 日，在中央电视台的玉树赈灾晚会上，出现了"曹德旺、曹晖捐款 1 亿元"的告示牌。2010 年 5 月，曹德旺父子通过中国扶贫基金会，向云南、贵州、广西、四川、重庆五省区旱灾地区的灾民捐赠 2 亿元。此次捐赠不仅创下了国内一次性个人捐赠的最高纪录，而且是中国首例签订协议的慈善捐赠。协议要求：要在 6 个月之内，让西南五省区 9 万多户农民都拿到曹德旺父子的 2 亿元捐款，差错率低于 1%，管理费用不超过善款总额的 3%，否则，曹氏父子将收回这笔捐助。最终这次企业家挑战行政主导的公益行动的实验以捐助达到预期要求结束。不久之后，曹德旺又向福州市捐赠 4 亿元修建图书馆，向福清市捐赠 3 亿元修建中学和寺庙。

这一系列的行为，最终产生了积极作用。民政部表示：虽然我们也承认有价证券的价值，但在法律未做修改的前提下，还是必须用原始货币作为注册资金。2010 年 6 月，曹德旺出资 2 000 万元，在国家民政部登记注册成立了河仁慈善基金会，按照章程，这个基金会将在中国的教育、医疗、环保、紧急灾害和灾后重建等领域发挥作用。同时，国务院侨办帮曹德旺把捐赠过程的税务问题再次上交国务院。

2010 年 10 月，财政部和国家税务总局根据国务院的批示，对曹德旺捐股成立慈善基金会的事项专门下了一个通知：允许曹德旺不必立即缴纳税款，而是在基金会成立的 5 年内缴齐。

2010 年 12 月 9 日，河仁慈善基金会在京召开首次准理事、监事会议，通过了基金会章程、组织结构、议事规则、工作规程、理事、监事、执行管理团队资格认定办法等内容，并诞生了首届理事会、监事会名单。会议宣布，河仁慈善基金会法定注册地为中国北京，法定代表人为基金会理事长，业务主管单位为国务院侨务办公室。管理模式为理事会领导下的秘书长负责制。曹德旺特别强调，本基金会的财产及其他收入属于"中国全民财产"，任何单位、个人不得侵占、私分、挪用。对于所谓"中国全民财产"之说，与会专家表述为"社会公共财产"，此为该基金会的最大特色。

2011 年 4 月 11 日，福耀玻璃集团接到第一大股东三益发展有限公司、第二大股东福建省耀华工业村开发有限公司通知，两大股东与河仁慈善基金会签署了捐赠协议书，将合计持有的福耀玻璃 3 亿股捐赠给河仁慈善基金会，占福耀玻璃总股本的 14.98%。2011 年 4 月 14 日，河仁慈善基金会在中国证券登记结算有限公司上海分公司完成了上述股票的过户手续，以当日收盘价计算，该捐赠股票总价值人民币 35.49 亿元。

2011 年 5 月 5 日，河仁慈善基金会在北京举行成立仪式，开辟了中国慈善基金会用股权代替现金的注资新模式。

"之所以成立中国河仁慈善基金会，就是主张用管理企业的方式来管理慈善机构。"

曹德旺表示,"因为国际上的慈善基金,大多数都是用章程来约束管理的。"因此,河仁慈善基金会在管理模式上也将不同于以往慈善基金会的管理模式,基金会采取理事会领导下的秘书长负责制,理事会闭幕期间秘书长主持日常工作。基金会还邀请13名知名人士担任理事,基金会的重大事项均由理事会决策,理事会接受监事会的监督。基金会聘请国际知名会计师事务所参与审计,每年定期公开审计报告及慈善项目名单。同时,河仁慈善基金会的章程显示,基金会成立后不直接面向贫困人群,而是委托慈善机构进行救助,符合条件的机构都可以向基金会申请款项,但要无条件接受河仁慈善基金会的监督。

基金会下设四个管理机构,分别负责预算和财务管理、慈善项目管理、资产直接项目投资和间接项目投资。在今后基金会的运作上,曹德旺表示,基金会将秉承"公开、公正、公平"的原则运作,为保证"每一分钱的去向都让社会知道",基金会将像国际上市公司一样规范管理,定期公开审计报告和慈善项目名单,基金会的每一件事都会向社会公告。

按曹德旺的设想,捐赠股权后,将彻底与曹家剥离,基金会拥有完整股权。曹德旺表示:"这样做,首先,国家和民众的感情都得到了最充分尊重;其次,可保证基金会的利益以后不受到侵害;最后,可保证我的孩子今后不会跟社会大众发生纠纷。"

来自中国基金会中心网的数据统计显示,截至2011年10月31日,非公募基金会已有1 279家,首次超过有1 179家的公募基金会。而身处这上千家非公募基金会中,出生不到半年的河仁慈善基金会显得如此与众不同。作为中国第一家以捐赠股票形式支持社会公益慈善事业的基金会,其不仅在资金注入方式、运作模式和管理规则等方面开创了中国基金会的先河,更是用行动推动了中国慈善事业向着更加健康、合理的方向发展。

二、案例思考

1. 河仁慈善基金会的管理方式与运作模式是怎样的?有何优势?

2. 分析股权捐赠相对于传统捐赠的优劣势。

3. 从河仁慈善基金会的案例中,反映出了我国在慈善制度方面的哪些问题?有什么建议?

4. 河仁慈善基金会的成立对我国慈善事业的发展有何具体意义和影响?

5. 河仁慈善基金会的股权捐赠涉及的"应交税金"是多少?最后怎么处理的?有什么启示?

三、案例分析

(一) 制度破冰

河仁慈善基金会是中国第一家以捐赠股票形式支持社会公益慈善事业的基金会,也是中国目前资产规模非常大的公益慈善基金会。曹德旺创建河仁慈善基金会的申请始于2007年,但由于史无前例且存在很大的法律障碍,加上涉及民政部、财政部、国家税务总局、证监会等多个部门的有关程序,耗时3年多,才得以成立。

在河仁慈善基金会成立之前，很多企业家采用简单的捐赠"真金白银"的方式来做慈善，这个做法有很大的局限性。首先，如果出资太多，将会影响企业的发展；其次，很难确认捐赠款项的"落地"和使用效果。而河仁慈善基金会采用股权捐赠模式，既可以保障基金会的资本保值增值，又可以将捐赠对利益相关者的伤害降到最低程度，也就是说，既支持了慈善事业的发展，又不影响企业的正常运营。这为我国企业家探索公益慈善之路，提供了一个良好的开端，是我国慈善领域的一次重大变革，有可能成为今后我国慈善事业发展的一大趋势。正如曹德旺先生所说："我想用这个方式来影响、修改这个相关规定，因为我预测，后面会有很多企业家捐款。国家应该创造各种条件来接受这类捐款，让富豪把口袋里的钱捐出来。"

河仁慈善基金会从申请到成立，虽然花了3年多的时间，但是不得不说中国政府部门的效率还是很高的。因为我国原本对股权捐赠没有法律上的规定，而要把这样一件崭新的事物，在不改变国家现有法律体系的情况下进行解决和处理，需要非常多的国家相关部委的参与、组织和协调，这些都需要不断讨论、论证、修改和完善，才能真正提出解决问题的方案和措施，而这往往需要花费大量的时间。因此，我国各个相关部委，能够在这么短的时间内，解决河仁慈善基金会捐赠股权的问题，无疑表明中国政府对这种新的股权捐赠模式的认可和信任，也意味着我们国家公益慈善事业的快速进步。

（二）靠制度来运作

河仁慈善基金会不仅开创了以捐赠股票形式支持社会公益慈善事业的先河，还在运作模式和管理规则上进行了变革。比如：基金会采取理事会领导下的秘书长负责制，理事会闭幕期间秘书长主持日常工作。邀请13名知名人士任理事，基金会的重大事项均由理事会决策，理事会接受监事会的监督。基金会还将聘请国际知名会计师事务所参与审计，每年定期公开审计报告及慈善项目名单。同时河仁慈善基金会章程显示，基金会成立后不直接面向贫困人群，而是委托慈善机构进行救助，符合条件的机构都可以向基金会申请款项，但要无条件接受河仁慈善基金会的监督。

以上这些章程规定，充分体现了河仁慈善基金会制度导向的运作模式。河仁慈善基金会将在日常管理中引入市场机制，在向其他基金会进行资助时签订诸如协议之类的契约，尽量保证所资助的每一分钱都发到应该收到钱的人手中，以达到对资金投入效能的最大化利用目的。在管理上，河仁慈善基金会引入管理企业的思想来管理慈善机构，就像国际上市公司一样，规范而高效，靠制度来进行管理，保证了基金会的财务状况的透明度，杜绝了一些人通过基金会牟取个人利益的行为。在国际上的慈善基金，大多数都是用章程来约束基金会的内部管理，这使得河仁慈善基金正在与国际接轨，推动我国慈善事业向更健康、更合理的方向发展。

四、专家点评

在我国资本市场不断发展壮大的形势下，如何保护捐赠人的合法权益，确保捐赠资产的依法管理、持续增值和有效使用，将成为我国公益慈善立法领域的新课题。

——时任全国人大常委会副委员长　路甬祥

以股票形式捐助基金会从事慈善事业可以有效避免直接动用现金过多而给企业本身发展带来的负面影响。河仁慈善基金会的成立标志着中国慈善事业迈出了新的步伐。

——时任全国政协副主席、全国工商联主席　黄孟复

此基金会的成立，对于拓展慈善资金的来源渠道，增强公益基金会的工作活力和发展基础影响深远，也传递了政府对待慈善事业积极的政策信号——做慈善可突破法律、政策等方面的部分限制。

——时任北京师范大学公益研究院院长　王振耀

方案很漂亮，曹德旺帮中国企业打开这扇门之后，很多企业都会慢慢考虑往这个方向走。

——时任中欧国际工商学院管理学教授　肖知兴

五、推荐阅读文献

1. 刘运国，徐前. 上市公司股权捐赠财务与税务问题研究——基于福耀玻璃与哈撒韦公司的比较案例分析 [J]. 财会通讯，2012（22）.

2. 费国平. 股权捐赠操作指南——从法律角度解读股权捐赠路径与手段 [J]. 中国企业家，2009（22）.

3. 张银俊. 理念、现状与前瞻——关于慈善事业发展的几点体会 [J]. 社团管理研究，2012（9）.

4. 马广志. "吃螃蟹"的曹德旺 [N]. 华夏时报，2012-03-05.

六、案例资料来源

河仁慈善基金会官网：www.hcf.org.cn.

案例三　"免费午餐"

——从民间到政府的多种筹资方式选择

学习目标

- 了解"免费午餐"的资金运作模式和监督方法
- 理解"免费午餐"成功的原因
- 理解"免费午餐"从民间到政府的意义

一、案例概述

2011年2月，国务院发展研究中心中国发展研究基金会的一项关于中国贫困地区学生营养状况的调查报告揭示，中西部贫困地区儿童营养摄入严重不足，受调查的学生中12%发育迟缓，72%上课期间有饥饿感。学校男、女寄宿生体重分别比全国农村学生平均水平低10千克和7千克，身高低11厘米和9厘米。该报告指出，中国儿童贫困将导致其未来人力资本巨大损失，形成贫困代际传递，政府应把儿童营养干预作为基本职责之一。

2011年2月，在天涯论坛组织的一场活动中，调查记者邓飞遇到了来自贵州毕节黔西县素朴小学的支教老师蔡加芹，从蔡老师那里得知在一些贫困地区，绝大多数小朋友吃不上午饭，只有下午4点半放学回家后才能吃上饭，但很多小孩回去的山路超过5千米。得知这些后，邓飞心里很不是滋味，他想亲自去看一下小朋友们的情况。恰在这时，《新世纪周刊》和中央电视台等媒体报道了贫困地区孩子营养不良的问题，让人心酸。邓飞还得知，印度政府为解决小学生吃饭问题，早在10年前就推出了免费校园午餐制度，已让1.2亿名小学生午餐吃饱，还提高了教育普及率，而中国目前还没有这样的计划。他意识到，应该汇聚力量，保障中国贫困地区孩子的福利，他们需要一顿"免费的午餐"。

2011年3月26日，邓飞到黔西县进行实地考察，不仅去了素朴镇，还去了更穷的太来乡，调研了那里的乌江小学。实地考察以后，邓飞觉得十分难过。乌江小学有149名学生和30名幼儿，都没有午饭吃，只能靠喝凉水充饥。老师说，因为饿，很多学生下午上课注意力不集中。邓飞当时一共考察了四五所学校，其中就有后来的第一所"免费午餐"全覆盖的沙坝小学。

那段时间，邓飞在微博上关注了很多不幸的孩子。他发现，每次一介绍他们，就有不少人给他发私信，表示愿意捐款或者收养，也有医院等机构跟他联系，愿意免费治疗这些孩子；还有很多机构来找他探讨病患儿童救助的制度化、常规化问题。后来邓飞在微博上发布乌江小学的情况后，很快就有人打来电话，说他已经说服一批企业家迅速筹集了一笔善款，以支持发起针对中国贫困山区学生的"免费午餐"计划。这让邓飞很感动，也让他看到了微博世界中所释放出来的巨大善意。如果好好地利用这些善意，可以做更多的事情去帮助那些需要帮助的孩子们。这将是一件非常有意义的事情。这也坚定了邓飞开展"免费午餐"计划的决心。

之后，邓飞等人结合考察的情况，决定将黔西县花溪乡沙坝小学作为"免费午餐"的第一个试点项目。2011年4月2日，在沙坝小学正式点火做饭，给169名孩子提供一碗米饭、一碗菜汤和一个鸡蛋。在沙坝小学，邓飞决定鸡蛋、大米和油盐由当地供货商供应，蔬菜就在学校周边地区采购，这些都一定要接受老师和家长的监督，确保食品安全。经过讨论，最终确定一个孩子一次午餐的花费为3元，由邓飞他们来负责募捐。也就是在这一天，邓飞宣布，联合全国500多名记者，正式发起"免费午餐"公益项目。当天晚上9点，邓飞在微博上号召对"免费午餐"项目捐款。但他从一开始就认识到：他们不能碰钱。因为个人公募有法律和道德风险，也无法为孩子们提供长期支持，所以他联系了中国社会福利教育基金会（2011年7月更名为"中国社会福利基金会"），由他们提供专门账户接受捐款，中国社会福利教育基金会收取5%的管理费——这已经是他能找到的性价比最高的平台了。在此次呼吁募捐时，邓飞强调，每一笔捐款和每一分钱的流向，都将全部详尽公开，并表示会随机选出50名捐款网友成立监事会，监督"免费午餐"的全过程。在邓飞发出捐赠呼吁的24小时内就募集了4.6万元。他们也设立了"免费午餐"官方微博，详细披露项目的每一步进展，力求公开、透明。

他们还采取了一些有创意的筹资方式，如：拍卖与某些明星共进午餐的机会；开淘宝商城公益店，把网友们捐赠的闲散器物集中对外标价销售或者竞拍销售，将所得收入捐赠出来；全国各地的网友可以在线拍下并支付一个标价为3元的虚拟产品，为孩子们提供一顿免费的午餐。同时，"免费午餐"也吸引了一些企业家的参与。例如，广州企业家刘嵘，一向热心公益，他为了支持"免费午餐"，发了一条微博，说该微博被转发一次，他就向"免费午餐"捐赠9元，结果一天之内该微博被转发了10万次，他也履行了承诺，向"免费午餐"捐款90万元。有一些药业公司也参与了"免费午餐"项目，它们给每个学校配一个药匣子，里面有感冒药、红花油、泻立停、创可贴等。还有一些小额贷款公司也要跟着"免费午餐"下乡，推出每个享受"免费午餐"的孩子的父母可以申请小额贷款项目。还有一些视频公司主动要求录制北京最好的老师讲课视频，希望把视频放给贫困地区的孩子们观看。

就在"免费午餐"项目如火如荼进行的时候，"郭美美事件"曝光所引起的对公共慈善组织的不信任情绪，也蔓延到了"免费午餐"。有人开始问邓飞：吃一碗面多少钱，鸡蛋在山里的价格是多少，活动组织者是打车还是坐公交车，等等。这些怀疑并非没有来由，志愿者在实地考察中也发现，个别学校的确出现了蹭饭情况，学生把家里年幼的弟弟、妹妹带来一起进餐，或者用饭盆带饭回家去给老人吃，甚至周边村民都去吃，把"免费午餐"变成了"大锅饭"。同时，对于一些当地政府而言，孩子从家带饭，或者干脆饿着肚子，都不会出大事，可一旦集体用餐出了食品安全问题，很可能会影响当地领导的仕途。而且"免费午餐"与学校之间的协议很明确，校长需要承担全部食品的安全责任。面对公众的种种质疑，邓飞要求每个被捐赠的学校必须开微博，校长要通过微博详细说明，而且微博不能由负责采购的人掌管。同时"免费午餐"开始在当地发展志愿者，一旦发现问题，志愿者第一时间赶到现场核实，每个项目组设置一名专职人员，随时准备出差核查。"免费午餐"还建立了老师、家长、学生一体的监督体系，让最关心孩子的家长进行监督。项目组还鼓励"无所不在的网友、神出鬼没的旅友"对受资助学校进行暗访，并且依靠当地媒体进行监督。这种严密的监督政策，让学校的校长意识到，有许多"眼睛"都在盯着他，这种监督模式有利于让校长们尽力做好"免费午餐"项目。

对于邓飞和他的团队来说，运作"免费午餐"的这几个月，他们把重点放在了保证公益慈善资金的透明度上面。邓飞希望能打造一个模式：通过微博实现资金公开、透明、实时公布，有效地预防和制止贪污挪用等行为。可这又引出了一些新的问题，比如调查者认为白云小学存在虚报就餐人数等问题，但是学校不承认，双方各持己见。调查可能属实，也可能不属实，谁来认定？为了解决这一问题，邓飞呼吁组建民间仲裁团，对"免费午餐"以及相关公益活动中可能产生的纠纷进行仲裁。结果法律界反应强烈，中国政法大学法学院副院长何兵表示愿意领衔此事，他正在组建仲裁团。同时，邓飞和他的团队为申请"免费午餐"项目的学校定下了三条标准：第一，确为贫困学校——没有食堂、大部分儿童中午是饥饿的；第二，学校的所在地具备基本的道路条件——方便食品运输；第三，要有基本的信息发布渠道——方便管理和监督。如果一个学校不具备上网或其他可以接受监督的条件，宁可先放弃。

尽管在邓飞等人的努力下，"免费午餐"项目发展得越来越好，但是邓飞认为更理想的做法是由政府出钱，而由民间组织执行。他认为这应该是现代公益的趋势。为此，邓飞积极和政府部门进行协商，讨论如何使当地政府和民间公益组织都能找准自己的位置，在"免费午餐"项目中各自履行自己的职责。

湖北鹤峰、湖南新晃两县有89所学校、近6 000名学生，成为"免费午餐"基金开餐人数最多、一次性覆盖学校最多的两个县。这两个县的"免费午餐"都实行"1+2"模式，政府出1元，"免费午餐"项目出2元。同时，当地政府投资建设厨房，进行水、电改造，配备相应采购、炊事人员等。该模式的显著特点是："一把手"统筹协调，上下拧成一股绳，最终形成县委书记、县长、各职能部门、学校之间的工作链条与责任链条。在这一基础上，这两个县又推行了一套细化措施，建立了"免费午餐"专账制度、公示制度、责任追究制度。在"免费午餐"的实践过程中还形成了"湖南新晃模式"，就是由新晃县教育局成立监督委员会，各学校选举一名教师代表、一名村委会成员、4名家长代表共同监管"免费午餐"的经费执行。学生每天中午吃什么、花了多少钱，全部在网络上公布。同时，设立专用账户，让管账的和用钱的分离，从制度上防止漏洞。

2011年10月26日，国务院决定启动实施农村义务教育学生营养改善计划，中央每年拨款160多亿元，按照每个学生每天3元的标准为农村义务教育阶段的学生提供营养膳食补助，政策惠及680个县（市）的2 600万名在校学生。国务院的这项决定立即引起了社会的广泛关注，被人们称为中央政府送给贫困孩子的"免费午餐"，是广大贫困地区农村儿童的福音，也表明"免费午餐"项目引起了政府的重视。为了避免这笔钱被挪用或克扣，国务院还强调，要加强学生食堂管理，严格食品供应准入，明确数量、质量和操作标准，补助资金严格用于为学生提供食品，严禁直接发放给学生和家长，严防虚报冒领。并且要全面公开学校食堂账务，接受学生、家长和社会监督。

对于这 160 亿元的具体执行方案，很多专家提出了不同的意见和建议。有的建议采取地方政府和学校自己承担的办法；有的建议采取借鉴印度的做法，由中央政府招标采购，交给包括"免费午餐"团队的非政府组织来做；还有的建议政府和非政府组织共同运作。尽管运作的方式方法上不拘一格，但是在如何确保资金专款专用，落实到位方面，专家们的观点却十分一致："目前这种专项拨款补贴，遇到的最大问题是专用资金中途被截留，不能完全到位。一定要切实加强管理，严管中央专款补贴，杜绝私自占用专项拨款以用于其他用途或者牟取私利，从而导致贫困学生少获得甚至不能获得应得的补助。"邓飞也曾坦言："不管最后采取哪一种模式，我们都会成为监督者，竭力看紧、保护好这个项目，不让好事变成坏事。"

在"郭美美事件"导致传统公益模式备受质疑、引爆慈善信任危机的当口，一个媒体人，一群知识精英，一个新媒体工具，无数名捐赠者，共同筑起的民间公益项目——"免费午餐"，在短短的 5 个多月里，他们用陆续募集到的 1 690 余万元善款，为 77 所学校的 1 万多个孩子烹制了免费的午餐，并最终为政府所接力，这无疑是一个奇迹，更是中国慈善史上的一件大事。"免费午餐"让公众看到了参与公共政策以及政府以民为本的希望，也迎来了一个重新审视中国式慈善的时刻。我们的文化里不缺慈善传统，我们这个民族也不缺少爱心，但我们现在缺少合理的慈善制度。

"免费午餐"项目拨付捐赠支出的具体流程如下：

第一步，由两位以上志愿者根据得到的信息，对学校进行探访，对符合条件的学校，辅导其填报相关资料。

第二步，在志愿者探访后半年内，学校按《免费午餐工作指导手册》填写完整申请信息，发至 mfwucan@ mianfeiwucan. org 邮箱。

第三步，免费午餐专项基金行政专员审核申请表填写是否合规，预算是否超标。如不合格，退回学校重新申请；如合格，转下一步。

第四步，学校开通微博：

（1）校方微博公示，内容包括除学生名单外的所有申请资料。

（2）校方需在微博中回复所有质疑。

（3）校方需连续 10 天更新微博内容，以测试其信息公开能力是否达到要求。

（4）探访志愿者也可以在微博中说明探访情况，答复质疑。

第五步，校方给"@免费午餐"微博发私信，申请"免费午餐"专项基金管委会审核。

第六步，管委会成员在微博中表决，若半数以上同意则通过其申请。

第七步，按基金会审批流程拨款："免费午餐"专项基金出纳人员编制申请拨款预算表→"免费午餐"专项基金会计人员审核→"免费午餐"专项基金管委会主任审批→中国社会福利基金会分管副秘书长审批→财务部审核→秘书长审批→财务部拨款。

截至 2019 年 6 月底，"免费午餐"项目累计开餐学校 1 223 所，累计受惠 316 243 人。现有开餐学校 946 所，遍布全国 26 个省、直辖市、自治区，供应 207 730 人用餐。

二、案例思考

1. "免费午餐"取得成功的原因是什么？
2. 结合案例，分析民间慈善组织的优势和劣势。
3. 简要分析案例中提到的三种对于 160 亿元的具体执行方案的优缺点。
4. "免费午餐"成功以及最终被政府接力的意义何在？有什么启示？

三、案例分析

1. 平民慈善

在传统公益模式备受质疑、引爆慈善信任危机的当口，"免费午餐"在短短的 5 个多月里，他们用陆续募集到的 1 690 余万元善款，为 77 所学校的 1 万多个孩子烹制了免费的午餐。其汇聚了千万普通网友的捐款和巨大的民意，让我们看到每个公民都是公共事务的参与者，都是社会改变的有生力量。王振耀认为："每个公民都是公共事务的参与者并成为社会改变的有生力量已经成为普遍认同的社会治理模式。一个由公众推动的慈善才是真正的慈善，一个由公民共同建造的社会才是公平公正的社会。"

"免费午餐"关注的是贫困儿童的温饱问题，很容易就触碰到了公民内心最柔软的部分。同时，倡议每天捐赠 3 元为贫困地区学童提供免费午餐，捐助金额的门槛低，容易点燃公民内心的慈善热情。并以此为标准，采用微博之类的网络传播平台，进行广泛的社会动员，并及时在网络上展示项目效果，让公众感受到项目的可行性和透明度，进一步获得公众的认可和信任。这一系列的措施，使得"免费午餐"从创立起就开始不断汇集社会各个方面的力量，就如同滚雪球一样，越滚越大。随着"免费午餐"项目的推进，知晓、参与"免费午餐"项目的公众越来越多，而每一次社会力量的加入，又使得"免费午餐"的影响力进一步扩大，形成公益项目自身的良性循环。这也使得"免费午餐"在 2011 年中国慈善界公信力出现极大危机的时刻，依然获得了极大的成功。可以说"免费午餐"的成功其实是"平民慈善"的成功。这种公益模式，使千万大众细小的参与汇聚而成巨大的公益慈善力量，这是任何富豪慈善都不能比拟的，也是我国慈善事业的又一大进步的充分体现。

2. 官民接力

2011 年 10 月 26 日，在"免费午餐"项目发起 5 个月后，国务院决定启动实施农村义务教育学生营养改善计划，中央每年拨款 160 多亿元，按照每个学生每天 3 元的标准为农村义务教育阶段学生提供营养膳食补助，政策惠及 680 个县（市）的 2 600 万名在校学生。这项计划，被人们称为中央政府送给贫困孩子的"免费午餐"，是广大贫困地区农村儿童的福音，也表明"免费午餐"项目引起了政府的重视，成功地被"国家队"正式接力。王振耀评价这次的官民接力是"中国慈善史上的一件大事，就是欧美一些国家也没有"。

"免费午餐"作为一个由民间发起的慈善行动，影响和改变了国家政策的走向，在中国是史无前例的，这对于我国慈善事业有着十分重要的意义。"免费午餐"让公众看到了政府以民为本的希望，也让我们看到，公共政策的制定与执行，不仅仅是官员的事，更是多方利益的互动与博弈过程，一个普通公民完全可以成为政策制定的有力推动者。"免费午餐"行动探索出了一种新的运作模式，也展示了公众爱心力量的强大。然而，我们也需要看到，大规模的社会进步，单靠民间捐款是不可能完成的，只能通过财政资金，只有依靠政府和国家的力量，才能真正实现社会的公平发展。在政府接手之前，"免费午餐"一直努力做一个创新模式，比如，如何通过微博实现资金公开、透明、实时公布，把他们的经验做成新型模式。而当政府接手的时候，"免费午餐"实际上是希望政府可以把他们所创新的提高资金透明度的模式全盘吸收，使得政府能够更加完美地介入。在政府介入后，"免费慈善"的原有项目运作团队，可以在项目进行过程中，充当社会监督的角色，这也实现了政府与民间的良性互动，同样也给那些不成功的民间公益行动提供了对照反思的范例。我们期待政府与民间的这种默契可以更多一些，可以在更为广泛的社会领域得到实践，使我国的慈善事业更快更好地发展。

四、专家点评

在如此短的时间内，得到了如此大规模的政府回应，这不仅是中国慈善史上绝无仅有的，就是欧美一些国家也没有，起码我没有看到过。

——时任北京师范大学公益研究院院长　王振耀

源自草根，蓬勃而起，最终影响国家决策的公益行动，在中国的公益史上尚属首次。无论其成长的速度、规模还是路径，都足以载入中国公益史册。"免费午餐"成功撬动了政府行为，也为中国民间公益慈善的发展提供了一个方向和一个改革样板。

——2011年中国慈善年会对"免费午餐"公益项目的评价

五、推荐阅读文献

1. 薛荣泰."免费午餐"可以走得更远［J］. 福建质量管理，2012（3）.
2. "免费午餐"官网：www.mianfeiwucan.org.
3. 张默宇."免费午餐"：撬动官民合作的慈善奇迹［J］. 南风窗，2011（26）.
4. 王振耀."免费午餐"模式可以复制［N］. 华夏时报，2011-11-12.

六、案例资料来源

"免费午餐"官网：www.mianfeiwucan.org.

案例四 "春雨行动"

——法人机构捐赠的典范

学习目标

- 理解法人机构捐赠的运作模式及其优点和缺点
- 理解通过机构筹资的方式募集资金的适用性
- 结合案例分析非营利组织筹资及使用情况

一、案例概述

2010 年年初，本是春回大地、万物复苏的美好时节，我国西南五省却遭遇严重旱情。河水断流、水井干涸、农田龟裂，群众生活陷入危机，特别是云南、贵州、广西部分地区的旱情已达到特大干旱等级。

2010 年 3 月 23 日，为了帮助特大旱灾地区受灾农户渡过用水等生活难关，中国红十字基金会（以下简称中国红基会）发起"春雨行动"，倡议社会各界爱心人士伸出援助之手，帮助灾区打井送水，为灾区民众捐赠急需的水、粮食等生活物资及善款，得到了爱心人士及企业的积极响应。截至 2010 年 3 月 30 日下午 4 时，"春雨行动"已到账善款 170 万元，并分 3 批向西南重旱灾区下拨资金 150 万元，用于打井及配赠"春雨礼包"（含矿泉水 3 箱、大米 50 千克，价值 300 元人民币）等。

为支持西南地区开展抗旱救灾工作，国务院国资委号召中央直属企业（简称"央企"）支持中国红基会发起的抗旱救灾"春雨行动"。2010 年 3 月 31 日，国资委下发了《关于央企进一步做好抗旱救灾工作的紧急通知》，号召中央直属企业积极履行社会责任，通过国资委在中国红基会设立的"央企援助基金"向西南重旱灾区捐款，积极参与支持中国红基会发起的"春雨行动"。中国海洋石油总公司是响应国资委号召的第一家向中国红基会"春雨行动"捐款的中央直属企业，向中国红基会"春雨行动"捐款 1 000 万元，这是支援西南旱灾的"春雨行动"自 23 日发起以来收到的最大一笔善款。

"春雨行动"捐款标准的设定如下：捐款 300 元，给灾区一户家庭送一个"春雨礼包"，包含 50 千克大米、3 箱矿泉水等物资。捐款 10 万元，给一个村约 300 户家庭每户送一个"春雨礼包"；捐款 20 万元，帮助一个村打一口水井；小额捐款及大宗物资不限。

捐赠款物由中国红基会统一调度配送至灾区市、县红十字会，直接发放给灾区受困家庭，水井项目由中国红基会联合基层红十字会实行招标，委托专业工程队打井。捐款总额的 10% 将作为项目执行、管理费用。

经国资委同意，中国红基会决定将央企设立在中国红基会的"央企援助基金"的首批捐款1 950万元，分别拨付给云南、贵州、广西、重庆、四川红十字会，其中援助云南1 000万元，援助贵州350万元，援助广西400万元，援助四川和重庆各100万元。

红基会要求，央企首批捐款的70%用于采购"春雨行动"礼包，发放给严重缺水缺粮地区的农户。也可根据当地实际需求，发放给农村敬老院、孤儿院等福利机构和一些农村中小学；央企首批捐款的30%用于援建中小型人畜饮水项目，包括资助打井、建设蓄水池、水窖、抽水饮水设施及相关设备的购置等。人畜饮水项目按照每村不超过15万元的标准予以资助，具体资助数额可根据当地实际情况由市、县红十字会考察确定。

乡村中小型人畜饮水项目要纳入当地政府统一规划，由市、县红十字会考察申报，经省级红十字会审核确认后再拨付资助资金，省、市、县三级红十字会应与受援乡镇政府签署四方援建协议，明确资助额度、援助内容、完成时间、资金拨付等基本要素，以确保援建项目规范快速实施（协议范本由中国红基会提供）。协议签署后，先期拨付资助额的70%，其余30%在项目完成验收后拨付。"春雨行动"礼包的发放要严格履行签领手续，填写登记表，留县红十字会存档备查。"春雨行动"礼包的发放范围、对象及数量等情况，于项目执行完成后10日内，由省级红十字会以书面形式报告中国红基会，以便向捐赠方反馈和公示，接受社会监督（见表9-3）。

表9-3 "央企援助基金"抗旱救灾首批资金分配方案

序号	省（市、自治区）	援助金额（万元）	企业捐赠金额	
			捐赠企业	捐赠金额（万元）
1	云南	1 000	中国海洋石油总公司	1 000
2	贵州	350	中国核工业集团公司	300
			中国铁路通信信号集团公司	50
3	广西	400	中国铝业公司	400
4	重庆	100	中国化工集团公司	100
5	四川	100	中国华能集团公司	100
合 计		1 950	合 计	1 950

继2010年4月9日首次向西南重旱灾区拨付1 950万元央企援助资金后，4月19日，再次从该基金中下拨4 350万元用于云南、贵州、广西抗旱救灾工作。其中，拨付云南2 100万元，贵州1 550万元，广西700万元。根据中国红基会的要求，本批拨付央企捐款的80%用于采购"春雨礼包"，发放给严重缺水缺粮地区的农户、农村敬老院、孤儿院等福利机构及农村中小学；20%用于援建中小型人畜饮水项目，包括资助打井、建设蓄水池、水窖、抽水饮水设施及相关设备的购置等。"春雨礼包"的采购事宜，将按照行政事业单位大宗物资招标采购的相关规定办理；礼包发放则严格履行签领手续，填写登记表并留县红十字会存档备查。乡村中小型人畜饮水项目纳入当地政府统一规划，由省、市、县三级红十字会与受援乡镇政府签署四方援建协议，明确资助额度、援

助项目、完成时间、资金拨付等基本要素，以确保援建项目规范、快速实施（见表9-4）。

表9-4 "央企援助基金"抗旱救灾第二批资金分配方案

序号	省（区）	援助金额（万元）	企业捐赠金额	
			捐赠企业	捐赠金额（万元）
1	云南	2 100	国家电网公司	1 000
			中国神华能源股份公司	1 000
			中国葛洲坝集团股份有限公司	100
2	贵州	1 550	中国航空工业集团公司	1 000
			中国中煤能源集团公司	500
			中国水利水电建设集团	50
3	广西	700	中国有色矿业集团公司	300
			中国兵器装备集团公司	350
			珠海振戎公司	30
			中国电子科技集团公司第32研究所	10
			中国储备棉管理总公司	10
合 计		4 350	合 计	4 350

跟随着前两批捐款，中国红基会决定按照同样的要求和模式将第三批央企捐款3 200万元和第四批央企捐款2 600万元拨至云南、贵州及广西红十字会（见表9-5和表9-6）。

表9-5 "央企援助基金"第三批抗旱救灾专项资金分配表

省份	援助金额（万元）	捐赠企业及捐赠金额（万元）			
		捐赠企业	捐赠金额	捐赠企业	捐赠金额
云南	1 600	中国航天科工集团公司	364	中国船舶重工集团公司总部员工	8
		中国铁路工程总公司	200	国营814厂	8
		中国铁建股份有限公司	300	大唐国际发电股份有限公司	7
		中国船舶重工集团公司	200	中国电子科技集团公司第34研究所	8
		中国化学工程集团公司	150	中国电子科技集团公司第51研究所	5
		中国第一重型机械股份公司	50	西安核设备有限公司	4
		中国华能集团公司	43	核工业理化工程研究院工会	4
		中国第一重型机械集团公司	41	中核抚州金安铀业有限公司工会	3
		中国西电集团公司工会委员会	32	国药集团药业股份公司	3
		中国建筑设计研究院	27	中材建设有限公司	2
		中国建筑科学研究院	22	中国兵器吉林524厂	2
		北京有色金属研究总院	20	核工业集团第203研究所	2
		西南应用磁学研究所	20	普天信息技术研究院有限公司	2

表9-5（续）

省份	援助金额（万元）	捐赠企业及捐赠金额（万元）			
		捐赠企业	捐赠金额	捐赠企业	捐赠金额
云南	1 600	中国铝业公司	17	中国电子科技集团公司第8研究所	1
		中国中纺集团公司	11	中国出国人员服务总公司	1
		中国兵器装备集团公司	11	中船重工财务有限责任公司职工	1
		上海中核浦原总公司	10	中国华亭水力发电有限责任公司	1
		中国铝业公司山东华宇公司	10	核工业集团大连应用技术研究所	1
		西南兵器工业公司	8	北京天同信合产权经纪咨询有限责任公司	1
贵州	960	中国海洋石油总公司	600	中国电子科技集团公司第20研究所	20
		中国电子信息产业集团有限公司	100	中国电子科技集团公司第55研究所	10
		中国西电集团公司	50	中国电子科技集团公司第27研究所	10
		中国商用飞机有限责任公司	39	中国电子科技集团公司第7研究所	5
		中国诚通控股集团有限公司	20	中国电子科技集团公司第22研究所	5
		秦山核电公司工会委员会	19	中国电子科技集团公司第12研究所	3
		中核北方核燃料元件有限公司	15	中国电子科技集团公司第45研究所	3
		中国中材集团有限公司	15	中国电子科技集团公司第3研究所	2
		核电秦山联营有限公司	11	中国电子科技集团公司第33研究所	2
		中核建中核燃料元件有限公司	10	中国电子科技集团公司第53研究所	2
		中国外运北京公司	4	中国电子科技集团公司第52研究所	2
		中国普天信息产业股份有限公司	3	中国兵器工业集团公司第205研究所	7
		中国水电建设集团夹江水工机械有限公司	2	中船重工财务有限责任公司职工	1
广西	640	中国节能投资公司	300	上海中核浦原总公司	3
		中国电子信息产业集团有限公司	100	海南核电有限公司	3
		中国通用技术（集团）控股有限责任公司	80	中国兵器工业集团公司第201研究所	15
		中国国际工程咨询公司	39	中核集团第404研究所	8
		中国国旅集团有限公司	11	三门峡核电有限公司	6
		彩虹集团公司	10	陕西铀浓缩有限公司	6
		中国建筑科学研究院	10	中核集团第5研究院	4
		中国建筑设计研究院	10	中核集团416医院	4
		中鸿信国际拍卖有限公司	8	中核集团208大队	3
		中国普天信息产业集团公司	5	北京亚特兰国际拍卖有限公司	5
		青海黄河水电再生铝业有限公司	3	北京产权交易所有限公司	4
				中国水电工程顾问集团公司	3
合计	3 200	合计		3 200	

表 9-6　"央企援助基金"第四批抗旱救灾专项资金分配表

省份	援助金额（万元）	捐赠企业及捐赠金额（万元）			
		捐赠企业	捐赠金额	捐赠企业	捐赠金额
广西	400	招商局慈善基金会	200	长城信息产业股份有限公司	10
		中国核工业集团公司	60	中国电子系统工程总公司	10
		中国电子科技集团公司第 10 研究所	30	中国长城计算机深圳股份有限公司	10
		中船重工第 716 研究所	20	长城科技股份有限公司	10
		中电广通股份有限公司	20	中船重工物资贸易集团有限公司	10
		中国软件与技术服务股份有限公司	20		
云南	1 000	中国交通建设集团有限公司	500	华北计算技术研究所	10
		中粮集团	80	中国电子科技集团公司第 50 研究所	10
		中广核工程有限公司	52	深圳市桑达实业股份有限公司	8
		中国煤炭科工集团有限公司	50	海南生态软件园投资发展有限公司	5
		中国中化集团公司	50	上海华虹集成电路有限责任公司	5
		武昌船舶重工有限责任公司	50	中国水利水电第七工程局有限公司	3
		中国电子科技集团公司第 29 研究所	50	大亚湾核电财务有限公司	2
		中核集团中国核电工程有限公司	25	华北计算机系统工程研究所	2
		深圳长城开发科技股份有限公司	20	中国长城开拓投资管理公司	1
		中国水电建设集团国际工程有限公司	20	中国建材集团进出口公司	7
		中国船舶重工集团公司第 705 研究所	15	信息产业电子第 11 设计研究院	15
		武汉中原电子集团有限公司	10	中核清原环境技术工程有限责任公司	10
贵州	1 200	中国交通建设集团有限公司	500	中国电子产业开发公司	12
		中国航天科技集团	300	中国电子科技集团公司第 39 研究所	8
		中国航天科工集团（各直属单位捐款合计）	272	深圳桑达电子集团有限公司	5
		南光集团	44	中国纺织科学研究院	4
		中国冶金地质总局	30	中核韶关锦原铀业有限公司	4
		大唐移动通信设备有限公司	13	中国电子北海产业园发展有限公司	3
		中国电子科技开发有限公司	2	深圳易拓科技有限公司	3
合计	2 600	合计		2 600	

在项目进行期间，共建设"春雨行动"中国红基会饮水工程 517 处，总计 6 371.496 7 万元，物资捐赠 5 992.086 3 万元。截至 2011 年 6 月 30 日，共筹得善款 13 867.525 696 万元。其中，中国红基会设立的"央企援助基金"四次拨款共计 12 100 万元，可见"春雨行动"的善款主要来源于"央企援助基金"，即各大央企如中海油、

国家电网、中国神华能源股份公司及中国航空工业集团公司等。通过捐赠矿泉水、大米或打井、建设饮水工程的方式，缓解当地生活用水困难的问题。从筹款到拨款到落实，全程由中国红基会监督与管理，各省级到县级的红十字会执行。"春雨礼包"的发放严格履行签领手续，填写登记表，留县级红十字会存档备查。"春雨行动"礼包的发放范围、对象及数量等情况，于项目执行完成后 10 日内，由省级红十字会以书面形式报告中国红基会，向捐赠方反馈和公示，并接受社会监督。中国红基会根据实际情况，会同国资委和捐资企业参加部分地区的物资发放和饮水工程的竣工仪式，检查捐款的使用和物资的发放情况。

"春雨行动"是中国红基会为缓解旱灾地区生活用水困难问题而发起的。善款主要用于购买矿泉水、大米或打井、建设饮水工程上，其中总款项的 10%用于项目执行、管理费用。"春雨行动"的捐助对象针对性强，善款利用的项目简单明了，资金来源及利用的明细均向捐赠方及时反馈且账目计算公示清楚，清晰完整。同时，在项目执行过程中，中国红基社会监督委员会派出了监督巡视员进行监督巡视，以确保抗旱救灾资金在使用过程中的管理规范、使用透明、执行高效（如表 9-7 所示）。

表 9-7 "春雨行动"捐款分配总明细表　　　　　单位：万元

拨款批次	云 南	贵 州	广 西	重 庆	四 川	合 计	文号
第一批	1 000	350	400	100	100	1 950	中红基〔2010〕25 号
第二批	2 100	1 550	700			4 350	中红基〔2010〕29 号
第三批	1 600	960	640			3 200	中红基〔2010〕36 号
第四批	1 000	1 200	400			2 600	中红基〔2010〕64 号
小额拨付	50(宣威)					50	中红基〔2010〕17 号
		20(晴隆)				20	中红基〔2010〕18 号
	30(雄州牟定县、昭通市镇雄县和玉溪市)	30(兴义市、独山县、织金县)	20(巴马县和凤山县)			80	中红基〔2010〕19 号
	30(红河)					30	中红基〔2010〕21 号
	50(丽江)					50	中红基〔2010〕26 号
其他拨付	200		100	100	100	500	中红基〔2010〕67 号
		200				200	中红基〔2010〕65 号
总计	6 060	4 110	2 460	200	200	13 030	

二、案例思考

1. "春雨行动"的筹资动机、筹资方式及资金运作模式分别是怎样的？

2. 央企捐赠作为"春雨行动"的主要筹资方式，其利弊如何？请对其进行评述。

3. 红基会在"春雨行动"中所起的作用如何？政府在此项目中扮演什么样的角色？

4. 对于"春雨行动"在资金运作过程中是否存在监督？若有，还有哪些不足？

5. "春雨行动"对你的启示是什么？

三、案例分析

1. 项目筹资模式的选择取决于项目的资金需求特征

2010 年 3 月，由中国红十字基金会（简称中国红基会）联合媒体共同发起的"春雨行动"，得到了爱心人士及企业的积极响应，犹如一场"及时春雨"，帮助我国西南地区遭受特大旱灾的农户渡过用水等生活难关。"春雨行动"实质属于由于自然灾害的发生而形成的应急救助项目，其特点是：突发性、时效性、短期资金需求量大、应急性和长期性兼具等特点。这类救灾应急项目的特点决定了该项目需要有能够快速筹集大量救灾资金的筹资渠道。

非营利组织的筹资方式主要有以下几类：一是向政府申请财政拨款和补贴，申请项目支持和政策支持。政府是非营利组织筹资的主要渠道之一，特别是由政府机构演变产生的组织或在社会上具有较大影响力的非营利组织，通常可以通过各种渠道从政府手中获得各种拨款、补贴、项目支持、特许权。非营利组织筹资依赖政府的原因是因为政府与非营利组织有着共同的使命，都是服务大众，为大众提供公共物品。二是向其他组织和个人收取会费，吸收捐赠，或个别进行负债筹资。三是挖掘自身潜力，利用组织资源进行合法运营，进行收益性筹资。非营利组织除了负债性筹资外，向政府、其他组织及个人进行的筹资都具有非偿还性的特点。本案例"春雨行动"的筹资，主要利用了向社会募捐的方式，其中主要的筹资方式是央企的捐赠，而政府的参与是调动央企捐赠的重要手段。在"春雨行动"的筹资过程中，国资委利用于 2008 年建立的"央企援助基金"平台，动员中央直属企业（简称"央企"）为受灾地区在短时间内筹集大量的救灾资金，至 2011 年 6 月，"春雨项目"共拨善款 13 030 万元，其中来自央企的善款约占总拨款数的 93%。通过对本案例的学习可以发现，这种主要由央企捐赠的筹资模式，通常出现在应急救灾的项目筹资过程中。而每个项目在确定其筹资模式时，必须充分考虑项目资金的需求特征。

2. 资金的使用目的决定了项目的用资模式

应急救灾项目的资金使用目的，是以最快的速度，缓解受灾群众的困难，帮助其渡过难关，强调的是一种高效快速的资金使用模式。直接拨款的用资模式能够充分满足应急救灾项目的资金使用目的。在这种资金运用模式下，见效快且操作简单，容易监控资金的运用，对资金运行的效果评价比较容易。

"春雨行动"的资金使用目的是帮助西南受旱地区的农户渡过用水等生活难关。因此红基会在"春雨行动"项目的资金运用中采用了直接用资模式，把款项直接分批次拨付给受灾地区，及时有效地帮助西南旱灾地区农户解决用水等生活难题。该项目的最后实施效果，证明了其采用这种直接拨款用资模式的优势。通过对该案例的分析可以发现，项目能否取得预期效果，其用资模式的选择具有决定性的作用，而采用何种用资模式，需要我们对项目资金的使用目的进行判别。

四、专家点评

"春雨行动"是中国红十字基金会联合国务院国资委及相关媒体发起，帮助西南地区遭遇百年不遇大旱天灾的农户渡过难关的大型爱心行动。截至 2010 年年底，"春雨行动"共募集捐款 1.38 亿元，为云南、贵州、广西、四川、重庆五省区受灾群众发放"春雨礼包"30 余万份，及时解决了 100 多万灾民的生活困难，先后立项援建中小型人畜饮水工程 492 个，长期受益人口超过 100 万。为确保资金使用严格高效、公开透明，2010 年 4 月至 2011 年 6 月，中国红基会还先后 11 次派出社会监督巡视小组对项目执行情况进行检查和验收，在捐赠信息、发放程序、物资（工程）质量等方面都进行了严格督导，并及时发布了相关的社会监督简报。经过组织和个人申报、评审办公室初评、公众投票、评委评议、社会公示、征求相关部门意见、民政部研究决定等环节，授予中国红基会"春雨行动"2010 年度"中华慈善奖最具影响力公益项目"。

——中国红基会"春雨行动"获得了 2010 年度"中华慈善奖"，以上为"中华慈善奖"颁奖点评

五、推荐阅读文献

1. 中国红十字基金会"春雨行动"官网：www.cyxd.crcf.org.cn.
2. 刘洋. "春雨行动"精神扶贫［EB/OL］. www.news.21cn.com.
3. 窦山平. 品牌创新："春雨行动"滋润了露露［J］. 现代经济信息，2008（3）.

六、案例资料来源

中国红十字基金会"春雨行动"官网：www.cyxd.crcf.org.cn.

案例五　上杭县高龄老人及孤儿救济项目
——中国首例由地方企业独立向地方公共财政支付的例证

学习目标

- 了解上杭县高龄老人及孤儿救济项目的背景
- 理解上杭县高龄老人及孤儿救济项目的运作模式及优缺点
- 理解由地方企业独立向地方公共财政支付的可操作性及其意义
- 从上杭县高龄老人及孤儿救济项目中得到的启示

一、案例概述

根据联合国教科文组织制定的标准，当一个国家 60 周岁及 60 周岁以上的老年人口超过该国家总人口的 10%，或者 65 周岁及 65 周岁以上的老年人口超过该国家总人口的 7%，那么该国家就进入了"老年型国家"的行列。2000 年，我国第五次人口普查结果显示，中国 60 周岁以上人群比例已达 11.21%；2001 年，65 周岁以上人群比例也已达到 7%。也就是说，在 21 世纪初我国就已进入老龄化社会，并在之后老龄人口以年均约增加 800 万人的速度激增。截至 2009 年 12 月底，全国老年人口有 1.62 亿，占总人口的 12.79%。从 2010 年开始，我国人口老龄化更是进入了快速发展阶段，老年人口年均增加 800 多万人。预计到 2020 年，我国老年人口将达到 2.48 亿，老龄化水平将达到 17%；到 2050 年进入重度老龄化阶段，届时我国老年人口将达到 4.37 亿，约占总人口的 30% 以上，也就是说，每三四个人中就有一位老人。可以说，目前的中国，虽然并非人口老龄化最严重的国家，却是人口老龄化速度最快的国家之一。由于中国人口老龄化速度之快前所未有且超乎想象，其对政治、经济、文化和社会等诸多层面带来了空前强烈的冲击，在养老保障、医疗保障、养老服务等方面也出现了前所未有的挑战。而与此同时，我国在应对人口老龄化问题上还存在着制度准备不足、老龄保障和老年服务发展滞后等薄弱环节。

人口老龄化是人类社会经济发展到一定阶段的必然产物，但是，人口老龄化过程中所形成的越来越高的老年人口比重及老年人口数量的增多，无疑会加重原有的老年人问题。中国人讲究颐养天年，大家都希望晚年能过上幸福安稳的生活。对于老年人的亲属来说，家里老人的生活问题是一件大事，老人生活得好，整个家庭都会和睦；老人问题没解决好，整个家庭都会因此而不和谐。放到整个社会层面来讲，任何人都会老，大家对于自己的老年生活有意无意地都会形成一个期望值。如果现在的人口老龄化问题没有解决好，影响的是整个社会的情绪。而如今中国社会主要的养老模式是家庭式养老，但随着第一代独生子女的父母进入老年，两个年轻人负担四个老人的养老重任，无力、无暇应对的养老问题日益凸显。可以说，老龄问题是关系国计民生和国家长治久安的重大问题，而老年人口基数增大，高龄老人比例高，家庭养老功能弱化，是目前中国老龄工作面临的严峻现实问题。为此，国家民政部从 2009 年就开始着手建立普惠型的失能老人护理津贴制度以及高龄老人津贴制度。

党的十七大会议上，以胡锦涛为代表的国家领导人提出"人文关怀"。有专家解释说："所谓人文关怀，就是关注人的生存与发展，就是关心人、爱护人、尊重人。人文关怀，就是要让社会上的每一个人都劳有所得、病有所医、老有所养、住有所居。""老吾老以及人之老，幼吾幼以及人之幼"，这是一个理想社会的最有力证明。在 2010 年召开的"两会"上，养老问题成了一个热点话题，多名人大代表就养老问题提出建议。其中，全国人大代表李国玲认为，养老问题的关键是确立政府资金投入的主渠道作用，应建立养老服务补贴制度，鼓励有条件的地方建立困难老人、高龄老人津贴制度，推动老年福利由救助型向普惠型发展。2010 年 3 月，民政部社会福利和慈善事业促进司司长王振耀表示，民政部将统一高龄养老津贴制度，全国 80 周岁以上的老年人可享受津贴。同时，民政部还在进行相关规划，将在全国社区普及老年人日间照料中心，并开展专业护理员的培训工作。然而制度虽好，执行起来却有不小的问题，首先就是地方公共财政的能力问题。

地方公共财政作为财政体系中的基础环节，如果运转良好，不仅有助于地方经济社会发展，而且对国家财政经济的稳定和壮大也具有重要的支持作用。如图 9-1 所示，可以很明显地发现，近年来地方财政入不敷出的情况日益严重，很多地方财政尽管在观念上没有问题，但是在经济能力上却碰到了大难题。这就导致高龄津贴制度在实施过程中很不平衡，规定按月给 80 周岁以上老年人发放高龄津贴，但很多地方都是零敲碎打，例如，有的地方规定是给 90 周岁以上老人发高龄津贴，有的地方规定发放高龄津贴标准是 85 周岁。

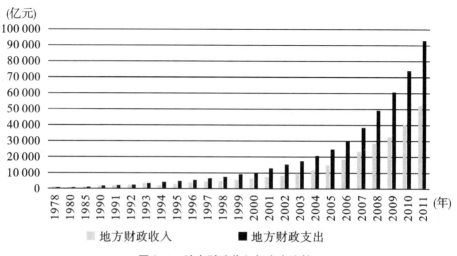

图 9-1　地方财政收入与支出比较

上杭县作为一个经济水平尚佳的地区，自 2009 年 12 月开始实施新型农村社会养老保险试点，60 周岁以上老人每人每月领取 55 元。55 元也许不算是很大的一笔钱，但是算上其全县 60 周岁以上老人 65 000 多人的基数，却是一笔不小的数字，这就使得上杭县的地方财政有了极大的负担，因而迟迟未能很好地实施民政部提出的高龄养老津贴制度。

企业的社会责任是企业软实力的重要组成部分，善尽社会责任是紫金矿业集团股份有限公司（以下简称紫金矿业）"和谐创造财富，企业、员工、社会协调发展"企业价值观的具体体现。紫金矿业高层认识到，要把环境保护、安全生产、相关者利益、社会进步和社区发展放在与产业发展和企业自身成长壮大同等重要的位置。若非如此，则前进的道路上将障碍重重、步履维艰，并最终损害公司经营目标的实现。上杭县作为紫金矿业集团股份有限公司的发源地，其面临的问题得到了公司高层的关注，本着回报社会、履行企业社会责任的原则，提出了由企业独立向地方公共财政（社会保障体系）进行长期转移支付，以便更好地执行高龄养老津贴制度的想法。该想法恰好解决了上杭县地方财政所面临的经济能力问题，得到了上杭县地方政府的充分认可与支持。

于是，2010 年 8 月"上杭县高龄老人及孤儿救济项目"设立，福建省上杭县紫金矿业集团通过民政、社保系统向上杭县户籍 80 周岁以上老年人发放高龄津贴每人每月100 元；向未满 18 周岁且失去双亲的在校孤儿每人每月发放 200 元的生活补助。管理工作由上杭县政府全力配合，县、乡、村三级劳动保障部门负责。县社保中心负责每月发放、建立高龄津贴信息管理系统、领取资格认证。上杭县劳动和社会保障局颁发的高龄老人证，分为两部分：左边包括姓名、性别、出生年月、家庭住址、身份证号码、家庭监护人等基本信息，以及编号、发证单位、发证时间和上杭县劳动和社会保障局的印章等法定信息。右边是说明，包括四点：一是老年人高龄津贴由紫金矿业捐赠，县劳动和社会保障局统一发放。二是凡户籍在上杭县境内、年满 80 周岁以上的老年人，从 2010 年 8 月起每月享受 100 元高龄津贴。三是凭证由县劳动和社会保障局负责管理和发放。四是对于津贴发放情况，可持本凭证到当地乡镇政府或县劳动和社会保障局查询。

据统计，当时上杭县 80 周岁以上老年人共 9 738 人，月发放额约 97.4 万元，年发放额约 1 168.8 万元。上杭县社保中心据此专门进行了基础数据的采集、录入、核对和软件开发工作。

"中华慈善奖"是中国公益慈善领域的最高奖项，属于中央级政府奖，旨在褒扬在公益慈善领域做出突出贡献的个人、机构及项目，在社会上具有极高的公信力和认可度。2011 年，紫金矿业向权威部门自荐申报了"上杭县高龄老人及孤儿救济项目"，并经由评选办公室审核，从 737 个有效推荐中脱颖而出，进入中国公益慈善领域最高政府奖的公众网络投票和专家评审阶段。之后经过评委会评议、社会公示、征求国务院相关部委意见和民政部部长办公会议审定等工作程序，入围 2010 年"中华慈善奖"最具影响力项目候选名单，同另外 44 家执行机构竞争 23 个最终获奖名额。最终在 2011 年7 月 17 日举行的第六届中华慈善奖表彰大会上，"上杭县高龄老人及孤儿救济项目"荣获第六届中华慈善奖"最具影响力的公益项目"荣誉称号，成为紫金矿业首次荣获的中华慈善奖，也成为福建省此次荣获的唯一中华慈善奖的慈善项目。这充分表明了社会公众及权威部门对该项目的认可与支持。

现阶段，构建和谐社会的一个重要任务是大力发展社会事业，教育、医疗、卫生、社会保障等事业的发展直接关系人民的最直接利益，也直接决定着社会安定与否、和谐与否，然而很多地方在发展社会事业上投资不足或无力投资。这就需要调动一切可以调动的资源，这就需要企业充分发挥资本优势，履行社会责任。"上杭县高龄老人及孤儿救济项目"是中国首例由地方企业独立向地方公共财政（社会保障体系）进行长期转移支付、完成一项整体性的社会民生工程的成功案例，受惠面广，时间长，见效快，让当地的老年人和孤儿共享经济社会发展的成果，感受社会大家庭的温暖。该项目也为地方企业如何更好地履行社会责任、地方公共财政如何在执行民生政策时摆脱经济困境提供了成功经验。

二、案例思考

1. 民政部为何要统一高龄养老津贴制度？
2. 上杭县在实行高龄养老津贴制度时遇到的主要问题是什么？
3. "上杭县高龄老人及孤儿救济项目"为何能荣获中华慈善奖？
4. 由地方企业独立向地方公共财政支付有何社会意义？

三、案例分析

（一）饮水思源，通过地方财政回报百姓

由于我国人口老龄化速度加快，我国在应对人口老龄化问题上存在着制度准备不足、老龄保障和老年服务发展滞后等情况。为了更好地解决高龄老人问题，为了社会的安定与和谐，民政部于 2009 年就开始着手建立普惠型的失能老人护理津贴制度以及高龄老人津贴制度，并于 2010 年统一实施高龄养老津贴制度，全国凡年满 80 周岁以上的老年人均可享受高龄津贴。这本是一个能够很好地解决高龄老人问题的一个普惠制度，然而在全国范围统一推行的时候，却在很多地方碰到了阻碍，主要原因就是很多地方财政捉襟见肘，缺乏充足的地方财政来源，无力执行民政部的高龄养老津贴制度。上杭县就是这样一个例子。上杭县地方政府的财政状况在当地经济社会发展过程中，已经出现了入不敷出的现象，很多时候都需要靠中央财政支持，才能维持正常的日常运作，当地政府财政捉襟见肘。而高龄养老津贴制度，通俗地讲，就是地方政府通过地方公共财政对达到年龄标准的老人每月发放津贴的制度。显然针对上杭县政府而言，搭建一个运作制度的体系不难，困难主要在于发放高龄养老津贴的钱从何来。"巧妇难为无米之炊"，上杭县政府就处于这样一个困境中。

紫金矿业发源于上杭县，拥有大量的资本，然而却一直不能很好地回报当地社会，当意识到上杭县政府的困境后，其认可了制度的可操作性，与地方政府合作，由企业独立向地方公共财政（社会保障体系）进行长期转移支付，让地方财政能够很好地执行高龄养老津贴制度，使得当地的高龄老人和孤儿能够共享经济社会发展的成果，感受社会大家庭的温暖。

（二）脱颖而出，荣获中华慈善奖

2011年，紫金矿业向权威部门自荐申报了"上杭县高龄老人及孤儿救济项目"，之后经过评选办公室审核、社会公众投票、评委会评议、社会公示、征求国务院相关部委意见和民政部部长办公会议审定等一系列严格的工作程序，项目从众多推荐和申报的项目中脱颖而出，在2011年7月17日举行的第六届中华慈善奖表彰大会上，荣获第六届中华慈善奖"最具影响力的公益项目"荣誉称号。"上杭县高龄老人及孤儿救济项目"获得该奖项并非偶然。首先，作为中国首例由地方企业独立向地方公共财政（社会保障体系）进行长期转移支付、完成一项整体性的社会民生工程的成功案例，其受惠面广，见效快，而且项目以50年计，紫金矿业集团股份有限公司未来需要通过公共财政的社保体系，向上杭县民众转移支付6亿元人民币，时间长，金额数量大。其次，这种由地方企业独立向地方公共财政支付的方法，类似于一个出钱、一个出力的模式，可以使得地方财政更好地运转。这不仅有助于地方经济社会的发展，而且对国家财政经济的稳定和壮大也具有重要的支持作用。最后，由地方企业独立向地方公共财政支付，可以使企业充分发挥资本优势，更好地履行企业社会责任。

四、专家点评

上杭县高龄老人及孤儿救济项目设立于2010年，福建省上杭县紫金矿业集团通过民政、社保系统，为该县户籍80周岁以上老年人每月发放高龄津贴100元，为未满18周岁孤儿每月发放生活补助200元，直接受益人群10 000人左右，年发放额约1 168.8万元。项目的持续发展，将促使上杭县家庭更加和睦，社会更加和谐。

——"上杭县高龄老人及孤儿救济项目"获第六届中华慈善奖"最具影响力公益项目"，以上为颁奖点评

五、推荐阅读文献

1. 上杭网：www. 364200.cn.
2. 全国老龄委办公室网站：www.cncaprc.gov.cn/jldx/c.
3. 中华人民共和国国家统计局. 中国统计年鉴（2012）［M］. 北京：中国统计出版社，2012.

六、案例资料来源

紫金矿业慈善基金会官网：www.csjjh.zjky.cn.

第十章
民间非营利组织资金运作管理案例与实务

案例六 "壹基金"
——资金运作中的困惑与转型

学习目标

- 理解"壹基金"资金运作中的困惑以及原因和解决方法
- 理解"壹基金"转型成功的原因和意义
- 从"壹基金"的案例中得到的启示

一、案例概述

经历过 2004 年东南亚海啸后，李连杰决定回国做慈善。李连杰准备成立一个公募基金会，倡导"壹基金 壹家人"的全球公益理念，提出"每 1 人+每 1 个月+每 1 元 = 1 个大家庭"的概念。然而，当时的政策虽然没有明文禁止民间组织成立公募基金会，但在实际操作中，民间组织成立公募基金会却是极其困难的事情。当时，成立民间公募基金会的流程如图 10-1 所示。

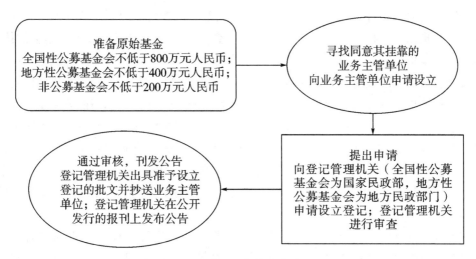

图 10-1　成立公募基金会的流程

从图 10-1 的流程可以看出，"壹基金"想要成为一个公募性质的基金会，需要解决的难题主要有两个：一是要求的启动资金数额很大；二是找不到业务主管单位。其中，找不到可以挂靠的业务主管单位是一个比较难以解决的问题。当时，在民政部从事基金会登记管理工作多年的王振耀先生认为，政府在管理登记基金会方面也有一定的难度。首先是建立信任的问题。民政部在同意成为一个民间机构的主管单位之前，必须进行大量的调查与核实工作，过程往往比较漫长。其次是明确责任的问题。由于目前尚无管理细则，双方的责任与义务无法明确。王振耀担任民政部司长期间，同时主管过 4 个民间非营利机构。他认为民政部对社会组织的管理中，到底管什么、怎么管，曾是最大的困扰，而一旦这种关系成为政府机构的负担，民间机构找主管单位的难度可想而知，尤其是对于具有向全国人民募捐资格的公募基金会而言。

因此，"壹基金"要么是做非公募基金会，要么是与具有公募资格的社团或基金会合作，成为其下属的专项基金计划。最终李连杰选择了与中国红十字会总会合作，成立"中国红十字会李连杰壹基金计划"（以下简称"壹基金计划"），将"壹基金"作为中国红十字会总会的一个专项计划来实施。该计划本身不具有独立法人资格，也没有独立的银行账户，只是在中国红十字会总会账户下单列了一个科目。这一安排意味着，"壹基金"从开始起，本身并没有独立的捐赠资金处置权，而必须与中国红十字会总会合作实施项目。在资金使用和项目操作上，经管委会同意，由红十字会系统负责统一实施，"壹基金"人员有权监督，同时邀请德勤华永会计师事务所对善款使用进行审计，定期通过季报、年报等方式向公众披露信息。"壹基金"本着"小善款，大善举"的原则，不仅向企业、机构直接筹款，还注重开发网络募款、信用卡捐赠等多种募款方式，在"壹基金"正式开展工作的 2008—2010 年三年中，其接受机构的捐赠和个人捐赠的数额，基本各占半壁江山。

2008 年汶川地震赈灾过程中，"壹基金"充分发挥了网络个人捐赠的募款渠道优势，截至 5 月 19 日中午 12 点，地震发生后的短短 7 天内，就筹到了善款 4 272.582 万元。然而，由于所有从公募渠道获得的捐款，即"壹基金计划"所筹的善款，必须通过红十字总会对专项计划的管理流程，才能进行资金的拨付和应用，即首先需要该计划的执行团队提出资金拨付申请，然后经过管委会讨论批复，再经过红十字总会的拨款，才能将所募集资金拨付到执行团队，进行具体的救灾计划。这个资金拨付流程，严重影响了救灾资金的及时拨付与使用进度。在"5·12"之后的3个月里，壹基金计划得到管委会批复的项目款项仅有400多万元，还有大量的"壹基金"执行团队希望启动的项目，由于超越了红十字会传统的工作领域，批复进度非常缓慢，加上中国红十字会总会的财务人员在地震灾害发生以后，处理资金拨付事项的工作非常繁忙，对"壹基金"的资金划拨进度无法跟上"壹基金"执行团队在地震灾区的救灾工作。对比公众对"壹基金"快速反应的高度期待，"壹基金"内部深感这种类似"借壳"运作模式的低效和拖沓。

由于没有独立的法人身份，"壹基金"工作团队在实际运作中一直面临着一些制约。很多企业想要和"壹基金"开展深层次的公益合作，但因为"壹基金"没有独立的法人资格、没有公章，最终无法实现。2008年10月，非公募性质的上海李连杰壹基金公益基金会正式通过注册，它同时作为中国红十字会李连杰"壹基金计划"的执行机构，"壹基金计划"和"上海壹基金"合并，在现有的基金会法律框架内，这算得上是一个创造性的做法，能够在法规允许的前提下向公众募款。"上海壹基金"募集来的资金拥有自主使用权，而"壹基金计划"在红十字会募集到的资金，由"上海壹基金"向管委会提交项目申请，经批复同意以后，由中国红十字会拨付"上海壹基金"，由"上海壹基金"的团队负责执行。"上海壹基金"除了继续邀请德勤华永会计师事务所担任审计外，还邀请毕马威华振会计师事务所上海分所下属机构进行记账，每个季度都会公开一份财务报告在自己的官网上，到了年底还会公布全年的财务报告，细化到每一个项目用了多少钱。由于身份独立，在记账、审计等多方面都更加容易界定，这使得"上海壹基金"的工作效率提高了很多。

但是，作为一家非公募基金会，"上海壹基金"使用"壹基金计划"公募而来的资金，始终需要与红十字会协调运作事宜，在财务透明化方面也遇到了不小困难。首先是资金转账问题。当捐赠人向"壹基金计划"捐款时，由于"壹基金计划"是红十字会的二级账户，汇款人必须在向红十字会账户汇款时，在备注栏填写"壹基金计划"字样，款项才能够归集到"壹基金计划"名下，邮局汇款也是一样。由于"壹基金"的团队和红十字会的财务信息并未时时动态更新，当捐赠人需要确认到账、查询信息，或办理开具捐赠收据等手续时，周期往往需要1~3个月。其实，"壹基金"最初设想通过手机平台让每人捐赠1块钱，但由于必须通过红十字会与电信运营商结转，资金周期更长，有的甚至超过半年。根据"壹基金"2010年上半年的半年度财务管理简报，银行转账汇款和邮局汇款仅达到捐赠总额的66%。"壹基金"的手机短信捐助平台以及银行卡、支付宝转账等高效募捐来源仅占总额的24%。公众渠道依赖红十字会财务系统带来的手续周折，是导致公众捐款热情不高的重要原因。其次是资金使用问题。尚无独立法人资格的"壹基金计划"在对外签署合作协议时，还必须经由中国红十字会签字批准且借盖中国红十字会的专用章方能生效，手续和流程十分繁琐。截至2009年6月30日，"壹基金"一共募集约1.7亿元人民币，其中个人捐赠约占40%，其余大多是企业捐赠。尽管有不少大企业的资助，但"壹基金"的募捐之路看起来也并不顺畅，两年时间，募到的 1.7 亿元中，因汶川地震而接受的专项捐赠超过 1.2 亿元，真正的日常公益募捐，事实上仍然不到 5 000 万元。截至 2010 年 8 月 31 日，"壹基金"已经募集超过 2.7 亿元资金，并成为中国最透明、最有影响力的非官方公益基金会。但是，"壹基金"依然没有获得公募基金会的身份。2010 年 9 月 12 日，李连杰首次透露"壹基金"有"中断可能"，之后在接受中央电视台采访时，他将"壹基金"比喻为一个没有身份证的孩子，他说："这三年来这孩子起码还健健康康的，没出什么事，但是他没身份证，已经越来越受到希望中国公益慈善事业更加专业透明化者的质疑。"9 天后，中国红十字会秘书长王汝鹏在其博客中说道，按照当初协议，与"壹基金"三年合作期在 2010 年 2 月 5 日届满，到时候合作会自动顺延。另外，"壹基金"虽然不具有法人地位，但作为单独财务科目进行账目管理，因此，只要其账上还有资金，就不存在关闭的可能。

尽管如此，"壹基金"仍然未能摆脱非官方公募基金的尴尬身份，依然是个随时可能被叫停的"黑户"。不过这次电视采访事件，引起了深圳市民政局局长刘润华的注意。就在李连杰面对媒体说出困境之后约 20 天，深圳市民政局主动对"壹基金"抛出橄榄枝，表示愿意邀请"壹基金"落户深圳，为其成立公募基金会提供方便。从 2010 年 11 月中旬开始洽谈，到 12 月 3 日深圳市民政局批准成立，前后只用了 20 多天。在这个过程中，国家民政部、深圳地方政府和相关人员，都显示了相当大的善意，表现出灵活性、变通性和敢于担当的姿态。2011 年 1 月 11 日，"深圳壹基金公益基金会"在深圳挂牌成立，正式成为了公募基金会，具备了独立法人资格，拥有了属于自己的公募权。王振耀表示，作为中国首家成功转型的民间公募基金，"壹基金"的公募化不但对于自身的发展意义重大，而且极大地改变了中国公益慈善的生态格局，有望开启一个富有活力的公益新纪元。深圳壹基金公益基金会注册原始基金为 5 000 万元，发起机构为上海基金会、老牛基金会、腾讯公益慈善基金会、万通公益基金会、万科公益基金会，每家发起机构出资 1 000 万元。中国红十字会李连杰"壹基金计划"及"上海李连杰壹基金公益基金会"将清算注销，其项目、资金及工作人员由深圳壹基金公益基金会承接（见表 10-1）。

表 10-1　"深圳壹基金公益基金会"理事会与监事会成员构成

理事会成员	冯仑、李连杰、柳传志、马化腾、马蔚华、马云、牛根生、王石、杨鹏、周其仁、周惟彦
监事	刘东华、马宏、宋立新、张敏
理事长和法定代表人	周其仁
执行理事长	王石
监事长	马宏
预算委员会主席	马蔚华
秘书长	杨鹏

从"壹基金"正式启动到成功转型为一个公募基金会，近4年的时间内，"壹基金"一路磕磕碰碰地走来，终于修成正果。"壹基金"获得"身份证"，一方面证明社会在进步，社会对慈善认识的步伐以一个具体的案例得到了彰显；另一方面，"壹基金"的成功，让很多类似的机构看到了希望，也为其他民间机构想要成立公募基金会提供了经验。尽管如今我国慈善事业中有官方背景的公募基金会登记注册环境依然未能完全改变，但是正如深圳市民政局局长刘润华所说，如果用水泥板来形容有官方背景的公募基金会环境，那"壹基金"的注册成功就是对这个水泥板的一次敲打，即使敲不碎也要让它抖一抖；如果把整个公募基金会看成是一群羊，软弱无力是共性，那么只有让大家意识到"狼"来了，才会激发羊们去改变自己的天性。

二、案例思考

1. 李连杰最初为何选择与中国红十字会合作？

2. "壹基金"在运作中的主要困惑是什么？为何会造成这种困惑？

3. 对于"壹基金"而言，转型后的改变和挑战来自哪些方面？

三、案例分析

（一）"黑户"为拿到身份证，各种尝试

李连杰本欲成立一个公募基金会，但后来发现在当时的政策下是基本不可行的，经过选择，"壹基金计划"作为在中国红十字会总会架构下独立运作的慈善项目而成立。但作为中国红十字会的一个专项计划，"壹基金"存在资金募集和使用上的效率低下问题。而且由于没有独立的法人资格，"壹基金"的发展受到了很大的限制。为了保证项目更好地发展，"壹基金计划"通过与"上海壹基金"合并，在上海市成立了真正的非公募基金会，在现有的基金会法律框架内，这算得上是一个创造性的做法。"壹基金"在尚未解决公募身份的一段时间内，采用了以非公募基金会之名行公募基金之实的做法，实际是在打擦边球，"壹基金"的法律主体依然是不明确的，"壹基金"实际上成了一个随时可以被叫停的"黑户"。为了摆脱"黑户"，它一直在为了一个公募基金会的身份而奔波，最终引起了深圳市民政局的注意，成功落户深圳，成了一个具有公募资质的公募慈善基金会，拿到了属于自己的身份证。可以看出，为了成立一个公募基金会，"壹基金"一直在尝试，当一条路不能走的时候，就想办法通过另一条路来实现目标，这无疑是"壹基金"能成功转型的原因之一，同时也是"壹基金"成功转型过程给众多民间慈善组织的重要启示。

（二）转型成功，意义重大

"壹基金"变为公募基金会以后，号召力得到了很大增强，企业家和平民之间通过"一个月，一块钱"紧密地联结了起来，汇合到一起，变成了"壹家人"，形成了善的力量的大规模组团，将对中国公益事业产生更大的冲击与引导作用。同时，"壹基金"的转型，让民众了解到一个原本带有政府色彩的慈善机构占主导地位的公募基金生态圈，终于开始在一个非省（直辖市、自治区）级的地方，向民间慈善机构敞开了大门，也让中国公募基金会的格局发生了变化。从此以后，我国的公益生态开始发生变化，既有官方背景的基金会，也有了纯民间投资建立的公募基金会，一场"竞赛"开始了，这将促进中国整体公益水平的提高。另外，"壹基金"的成功转型让公众看到了民间慈善的曙光，公益生态可持续发展环境逐步形成。

四、专家点评

首先，对各个地方政府具有启示意义。其他地方政府看到深圳的试水和良好效果，会思考本地的公益事业政策是不是需要调整。其次，对基金和非公募基金会来说，"壹基金"的转型带来了示范效应。最后，对中国欠缺活力的公募基金会来说，"壹基金"的加入，将有效地刺激这个行业里的竞争意识和发展思考。

——时任清华大学公共管理学院创新与社会资源研究中心主任　邓国胜

作为中国首家成功转型的民间公募基金，"壹基金"的公募化不但对于自身的发展意义重大，而且极大地改变了中国公益慈善的生态格局，有望开启一个富有活力的公益新纪元。

——时任北京师范大学公益研究院院长　王振耀

五、推荐阅读文献

1. 岳淼，王卜. 李连杰困境：民间公益基金尴尬生存公开秘密［J］. 环球企业家，2010（19）.

2. 王振耀. "壹基金"公募化意味着什么？［N］. 光明日报，2011-01-14.

3. 壹基金官网：www.onefoundation.cn.

4. 秦旭东，沈平. "壹基金"嫁接红十字会利弊［EB/OL］. 财经网，2008-06-17.

5. 小编. 李连杰"壹基金"的黑与白［EB/OL］. 2010-09-16.http://view.news.qq.com/zt2010/1foundation/index.htm.今日话题，第1387期.

六、案例资料来源

壹基金官网：www.onefoundation.cn.

案例七 "童缘"

——民间项目资助平台的实施与效果

学习目标

- 理解"童缘"项目的运作模式及其优缺点
- 理解"童缘"项目的评估方式及其适用性
- 理解中华少年儿童慈善救助基金会成为民间资助平台的途径

一、案例概述

若按 2011 年联合国每人每天 1.25 美元的生活标准，达不到标准的便是贫困人口，那么中国有 1.6 亿贫困人口，中国的贫困县多达 500 余个，那里的孩子生活、学习、健康、医疗等方面的状况需要社会各界爱心人士的关注。为了与广大公益慈善组织一起，共同开展救助贫困地区儿童的活动，促进民间公益组织的发展，推行公益理念，传播慈善文化，中华少年儿童慈善救助基金会（简称中华儿慈会）理事会决定自 2011 年开始实施"2011—2012 年度'童缘'——中华儿慈会少年儿童公益慈善资助项目"。以"童缘"命名资助项目，取"与童有缘、与善结缘、与众共缘"之意，就是要团结全社会的民间公益慈善组织、社会团体、爱心企业和爱心人士，大家一起做公益、一起做慈善，"以助童之心，聚公益之力，为儿童造福"。"童缘"资助项目，每期资金为 1 000 万元人民币，预计资助 50 个以上的社会公益组织的儿童救助项目，每个项目 20 万元左右。其中，西部老、少、边、穷地区的资助项目占总资助的 70%；接受资助的县以下社会公益组织的比率占总体资助机构的 70%；新资助的救助项目占总体资助项目的 70%。它主要面对社会上无人监管、抚养的孤儿、流浪儿童、辍学儿童、问题少年和其他有特殊困难的少年儿童进行生存救助、医疗救助、心理救助、技能救助和成长救助。

"童缘"资助项目申请单位包括：具有法人资格，在民政部门注册的民间非营利组织；在工商部门注册的以少年儿童教育为主体的公司；以少年儿童为服务对象的社会团体，校外教育机构和虽不具备法人资质但在社会上有较大影响的民间公益慈善团队以及为少年儿童服务的社会群众组织等。

资助的项目评审原则有以下几项：一是贫困地区少年儿童最需要的救助项目。二是可以引起政府部门和社会团体关注的，能够带来连带效应的项目。三是可持续发展的项目。四是体现社会救助和自身努力共同改善生存发展环境的项目。五是不搞"锦上添花"，提倡"雪中送炭"。六是项目实施要具有及时性、广泛性和实效性。

为了保证"童缘"资助项目在选择资质机构和执行项目过程中公开、公正、公平和透明的原则，针对中华儿慈会的"童缘"项目运作程序和接受资助执行机构的项目运作情况，进行全程监督和评估，同时也接受社会的检查和监督，确保"童缘"资助项目的真实性和有效性。为了促进"童缘"资助项目更有效率地开展，使工作流程更加完善和规范，确保项目所产生的社会效益达到预期效果、保证项目的透明度和公信力、避免项目开展过程中的风险，2011年9月，中华少年儿童慈善救助基金会正式委托瑞森德评估机构作为独立的第三方评估机构，对"童缘"资助项目的实施和项目成果进行评估。本次评估针对"童缘"资助项目本身的模式、实施和成效以及受助机构项目运作和成果、受助机构项目资金的使用情况进行评估。采用的项目评估框架主要如图10-2所示：

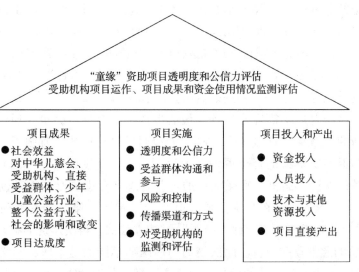

图10-2　"童缘"资助项目评估框架

其中，项目实施中对受助机构的监测和评估主要包括项目运作方式、项目成果、资金使用情况、项目未来发展、现存问题和需求。通过第三方独立评估，可以向内部和外部利益相关方传递独立的评估信息，提升项目的透明度和公信力，使执行方、参与方、社会公众和媒体等能够排除干扰因素，支持项目顺利开展，最终实现更好地传播公益理念、倡导慈善文化的目标。

"童缘"资助项目规定由项目单位自愿提出申请，填写资助项目申请表，提交项目申请单位资质证明，经审议资质合格后，上报资助项目申请报告书。在规定时间内，将报告书寄至中华儿慈会项目部。对于合格的项目申报材料，项目部将发给项目申报机构初步审核合格的确认书，进入项目申报、评审程序。资助项目自2011年7月15日公布后，截至8月30日，共接到来自全国30个省（直辖市、自治区）的229个机构的296个申报项目。经过资质审核、初评、复评和报送理事会审批等程序，最终有69个各地少年儿童公益慈善救助项目脱颖而出，其中西部地区占64.3%；县以下的公益组织占98.6%；新资助的民间公益组织占94.3%。

为进一步确保资助项目有效完成，"童缘"第二期资助项目的选拔增设了面试环节，中华儿慈会组织专家于2011年12月分别在桂林、西安和北京对第二期资助项目进行了面试。"童缘"第二期资助项目经过立项申报、初审、复审、面试、理事会审批等环节，并通过公示，最终在申报的 283 个项目中，选出了 72 个资助项目。2012 年 2 月 23 日，在"童缘"第二期资助项目签约大会召开的同时，中华儿慈会以"童缘"为主题举办了公益慈善论坛。通过论坛，20 多位来自政府部门的领导、国内外慈善基金会代表、学者、民间非营利组织机构代表围绕民间公益组织如何发挥更大作用、资助型公益机构资助项目的选择、民间非营利组织如何申报和做好公益项目等主题进行了主题演讲和专题讨论。此外，中华儿慈会还倡议建立"童盟"即"童缘"公益慈善联盟。

"童缘"资助项目第三期申报于 2012 年 3 月 1 日开始，至 2012 年 5 月 1 日结束。此期资助项目对于有申报资质的机构的要求有了一些变动，如具有申报资质的机构为：民政部门登记的非营利性组织（含非企业单位、基金会和社团）、经工商注册的非营利性组织（营利性组织不在资助范围之内）、未注册但在全国公益组织中具有较大影响的志愿者团队。为进一步促进项目管理和运作的公开透明，"童缘"资助项目采取网络报名的方式。全部申报项目在搜狐公益网上公示后，送交"童缘"资助项目评审委员会进行初评和资质认定，继而由专家按照评选原则依次为 242 个参评项目打分，同时加入面试环节。面试通过后仍需专家复评，最后报送基金会理事会审议通过。另外，2012年还推出了新的"童缘"管理办法，通过建立项目管理 QQ 群，加强了三期会员的网络工作管理。为促使所资助的资金得到有效运用，接受资助的公益项目还将与"童缘"项目办公室签订项目承诺书，确保项目的规范管理和资助资金的有效使用。2012 年 7月 31 日上午，中华儿慈会在北京搜狐大厦举行"童缘"第三期资助项目签约仪式和"童缘"公益慈善联盟（以下简称"童盟"）成立仪式，再次斥资上千万元，资助全国 65 个公益组织的慈善救助项目。此次签约与前两期不同的是采取了网络直播签约的方式，中华儿慈会在北京搜狐大厦演播厅设立主会场，各地童缘资助项目执行机构在当地设立分会场，观看北京签约仪式和"童盟"成立仪式。此次同期成立的"童盟"是由中华儿慈会创办的，以"童缘"资助项目为基础的民间公益慈善机构自治联谊组织，是中华儿慈会联系民间公益慈善组织，推广公益慈善理念，推动民间公益慈善组织开展救助活动、募集善款和交流救助经验的公益平台。

建立"童盟"的宗旨是合作、互助、务实、监督。"童盟"的理念是"以慈为怀，从善如流，呵护未来，促进和谐；与童有缘、与善结缘、与众共缘；以助童之心、聚公益之力、为儿童造福"。"童盟"第一届干事委员会由各地会员推荐出的 9 名代表组成，并召开了"童盟"第一届干事委员会第一次干事会议，选举出了总干事机构并进行了组织分工。

"童盟"以"童缘"项目为依托，将紧密配合中华儿慈会的慈善救助工作，为全国民间公益慈善组织搭建资质、募捐、救助和公益活动的互助合作平台，为需要支持的民间公益慈善组织提供援助和服务。通过有效、规范、系统的组织，民间慈善团体与中华儿慈会、民间慈善团体之间均可以实现更充分的信息交流共享，实现资源的互助互补。

"童缘"公益慈善联盟计划每年开展几次全国性的公益活动；交流募集善款、救助工作和自我建设方面的实践经验；分专业、分区域举办学习班、培训班，不断提高会员的思想觉悟和业务能力；发挥会员组织在推动、互助和监督等方面的作用。除被认定接受"童缘"项目资助的民间公益组织和社会团体为会员外，未获得"童缘"资助的儿童公益慈善民间组织和社会团体也可以申请加入"童盟"。

2012年，"童缘"资助项目进行了第四期申报。此次报名截止时间为2012年10月31日。第四期"童缘"资助项目除了对虽未注册但在全国公益组织中具有较大影响的志愿者团队，规定需要有第三方托管机构的限制外，其他的申报机构资质与第三期相同。此次资助项目还对评审原则进行了简化，去除了"不搞'锦上添花'，提倡'雪中送炭'"。申报组织对于申报项目运作费用需要填写资金预算，和第三期的要求一样，要求预算中直接应用于项目本身或直接救助受益群体的费用不得低于80%；用于项目的行政费用（含人员劳务补贴、场所租赁、行政、差旅、税费等）不得超过20%。但新增了一条，即资金下拨必须按照55%、40%、4%（1%作为"童缘"公益慈善联盟会费）三个阶段进行，项目机构需要按照前三批的拨款模式进行经费预算。

"童缘"资助项目自2011年7月15日发布以来，受到了社会的广泛关注和民间非营利组织的欢迎。在已经开展的前三期资助活动中，共收到来自全国30个省（直辖市、自治区）的480家公益慈善组织的821个申报项目。"童缘"在前三期资助中，每期投入1 000万元，经过对申报项目进行筛选，共资助了205个全国各地的公益组织。其中，我国西部及贫困地区占70%，县以下基层公益组织占70%，资助新的公益组织占70%。经历过多年的发展后，如今我国已经进入了公民彰显个人慈善的公益选择权、知情权、监督权、评议权的时代，进入了透明公益时代。"童缘"在资助项目的开展中，与时俱进，充分确保了项目的公开、透明，还选择了瑞森德评估机构作为独立的第三方评估机构，并且每一期都在总结上一期的经验，对项目进行改进。以"童缘"项目为依托而成立的"童盟"，为民间非营利组织的沟通和资源共享提供了广阔的平台。2011年，"童缘"成功地走出了"资助型"的第一步，为我国公募基金会的发展和转型提供了经验。我们也相信，它必将能够走得更好、更远。

二、案例思考

1. 中华儿慈会为什么不直接救助儿童，而是把资金投向各地的儿童慈善机构？
2. 中华儿慈会为何选择瑞森德评估机构作为第三方评估机构，有何意义？
3. 中华儿慈会是如何构建民间资助平台的？

三、案例分析

（一）取之于民，用之于民

中国基金会中心网的数据显示，截至2012年12月16日，基金会总数达2 911家，其中公募基金会1 301家、非公募基金会1 610家。众多基金会中，公募基金会一直掌控着较多的资源，但对于如何才能够合理地分配和利用这些资源，使投入的效用最大化，却始终没有一个合适的方案，而"童缘"项目的出现，迈出了"资助型"的第一步，为中国公募基金会未来的发展给出了一个可行的方案。一直以来，民间公益组织始终面临着资源匮乏的困境，很多机构由于缺少资源，陷入了停滞的状态，这无疑反映出了资源配置结构的失衡。民间公益组织作为民间公益事业发展的基石，有着广泛的群众基础，其发展影响着我国慈善事业的发展。慈善组织作为对资源和财富进行第三次分配的组织，如果连自己内部的资源分配问题都不能解决，又怎能很好地履行其社会职责呢？因此，解决民间公益组织资源匮乏的问题，是我国公募基金会发展的大方向。在解决这一问题上，"童缘"进行了一次成功的尝试。其不直接捐助儿童，而是把资金投向各地的儿童慈善机构，通过资助它们开展救助活动，能减少中间层次和工作程序，节约成本，提高效率，也能够使基金会的救助工作触及基层，从而更有针对性地对困难儿童群体实施救助。

（二）授人以渔

在"童缘"项目之前有一批公募基金会为民间公益组织设立了专项基金，像"瓷娃娃"等好多优秀机构都有专项基金。设立专项基金以后，就可以把自己当成一个公募基金会，已经拿到了公募权，合法性、公开募捐的权利已经比非公募基金会有了很大的优势，但是，其依然不能成功地募捐，资源依然匮乏。这无疑透露出民间公益组织的硬伤。民间公益组织往往不懂得怎样去动员资源，思想认识水平和资金的管理能力不够高，不善于利用自身的优势获取更多的资源。尽管很多民间慈善机构存在着资源匮乏以及这样那样的问题，但是各地慈善救助组织尤其是少年儿童公益慈善组织具有广泛的群众基础，通过资助它们开展救助活动，能够减少中间层次和工作程序，节约成本，提高效率。设立专项基金就犹如"授人以鱼"，无法解决根本问题，"童缘"项目认识到了这一点。中华少年儿童慈善救助基金会理事长魏久明强调，在资助的整个过程中，都要帮助、培养和锻炼被资助的公益组织，不断提高它们的思想认识水平和业务工作能力，使它们的工作更加规范、科学、严谨和扎实。之后更是创办了"童盟"，为需要支持的民间公益慈善组织提供援助和服务，使得民间公益慈善团体与中华儿慈会以及民间公益慈善团体相互之间均可以实现更充分的信息交流共享，实现资源的互助互补。并计划分专业、分区域举办学习班、培训班，不断提高民间公益组织的思想觉悟和业务能力，真正达到"授人以渔"的目的。

四、专家点评

"童缘"资助项目，使救助工作能面对面进行，保证各类困难儿童得到及时帮助，提高了工作效率，简化了基金会工作程序，使救助工作做到及时性、群众性、广泛性和实效性。"童缘"资助全国众多的生长在民间的公益组织，推动了民间公益慈善活动的广泛开展，有利于普及慈善文化，发展公益事业。"童缘"资助项目实行管理、运作和监督三结合模式，是执行公平、公正、公开原则，讲究公信力的一种模式创新。

"童缘"项目，将是中华儿慈会长期进行的"资助型"项目，也是中华儿慈会弘扬慈善文化，推进民间公益组织发展，倡导儿童公益活动的一个品牌项目。

——中华儿慈会获 2012 年"第七届中华慈善奖"，以上为颁奖点评

五、推荐阅读文献

1. "童缘"资助基金官方网站：www.ty.ccafc.org.cn.

2. 付春荣. 慈善联盟搭建民间 NGO 互助合作平台 [N]. 中华工商时报，2012-08-14.

3. 章爽. 童缘 [J]. 社会与公益，2012（9）.

4. 陈雪娇. NGO 草根组织如何与公募基金会合作——来自中华儿慈会"童缘"项目的启示 [J]. 社会与公益，2012（4）.

5. 郝卫江. 起步于公开透明的"童缘" [N]. 中国妇女报，2011-11-03.

六、案例资料来源

中华少年儿童慈善救助基金会官网：www.ccafc.org.cn.

案例八 "爱心包裹"

—— "一对一"捐助的资金运作模式选择

学习目标

- 了解非营利组织资金运作模式
- 理解"一对一"捐赠的运作模式及其优缺点
- 理解通过个人筹资的方式募集资金的适用性

一、案例概述

每个孩子都有幸福快乐的权利，但在贫困地区的农村还有许多这样的孩子，他们的画家梦中只有一支孤单的铅笔，他们的球星梦中只有一个廉价的皮球……

义务教育阶段的音、体、美课程，对孩子的人格成长、体魄强健、情感陶冶、创新实践以及智能提高都能起到非常重要的作用，也是他们培养学习兴趣、丰富学习方式、改进学习状态的需要。然而，贫困地区的农村小学，由于硬件、师资等条件的限制，音、体、美课程往往流于形式甚至被忽视。美术课基本是教师在黑板上示范画画、学生临摹的"灰白"作业；音乐课成了流行歌曲的教唱课；体育课要么是集合整队做做操，要么是"一只哨子一个球"。

贫困地区农村音、体、美教育的薄弱进一步拉大了城乡教育差距，使农村学生在将来的竞争中处于更加不利地位。新华社记者在对部分农村籍大学生的采访中发现，农村来的大学生由于从小没有接受过正规的音、体、美教育，个人素质、修养、性格受到了影响，城市大学生在校园里各方面表现都很活跃，而农村大学生往往除了学习外，什么都不会。

"爱心包裹"项目是中国扶贫基金会发起的一项全民公益活动。该项目通过动员社会力量捐购"爱心包裹"的形式，关爱贫困地区及灾区的学生。该项目由中国扶贫基金会与中国邮政集团公司合作开展，以搭建透明、便捷的公益参与平台，推动全民公益为使命。在整个项目中，中国扶贫基金会负责文体用品的招标采购；受助学生姓名、地址的收集；联合媒体开展宣传；开展专题活动，营造社会氛围；负责投诉、社会质疑的解释工作。中国邮政集团公司在该项目中主要负责捐赠受理、包裹寄递、捐赠款归集、网点宣传等工作，提供服务支撑。"爱心包裹"中的善品是根据受益对象需求的不同，精心配备的学习和生活用品。中国扶贫基金会依托中国邮政集团公司的网点在全国开通了3.6万个"爱心包裹"捐赠站，社会各界爱心人士只需要通过邮政网点捐购"爱心包裹"，就可以"一对一"地将自己的关爱送给需要帮助的人。

"爱心包裹"捐款标准的设定如下：

100 元：捐购一个学生型美术包，"一对一"圆一名贫困地区小学生的美术梦想。其中 92 元为包裹的采购费用及包裹、回音卡、捐赠票据（挂号信）的邮寄等费用，8元为项目执行与推广费用。

1 000 元：捐购一个学校型体育包或音乐包，圆一所贫困地区小学师生的体育或音乐梦想。其中 900 元为包裹的采购费用及包裹、回音卡、捐赠票据（挂号信）的邮寄等费用，100 元为项目执行与推广费用。

200 元：捐购一个学生型暖冬包或救灾型生活包（非常规包裹内容）。开展"暖冬行动"时，将推出 200 元学生型暖冬包，为贫寒地区小学生解决过冬物资等问题；发生重大灾害时，将推出 200 元救灾型生活包，为灾区同胞及时送去生活、卫生用品。

2009 年，中国邮政"爱心包裹"项目实现全网统一行动，全国 31 个省（直辖市、自治区）70 多万名爱心人士（因有些包裹是多人合捐，实际超过 100 万人）和 4 万多个爱心单位参与捐赠，累计捐赠爱心包裹 118.3 万件，募集捐赠款 1.3 亿元，实现邮政收入 2 300 万元。

2010 年 4 月 22 日，"小包裹　大爱心——中国扶贫基金会'爱心包裹'项目 2010年全国贫困地区及灾区学生六一关爱行动启动仪式"在北京人民大会堂新闻发布厅举行。中国扶贫基金会会长段应碧介绍，2010 年的"爱心包裹"项目的内容设计，主要是帮助解决灾区和贫困地区美术教育和体育教育学生用具和教师教学用具的不足。学生型文具包每名学生一个，在原有学习用品基础上更加突出学生美术用品。学校型体育包根据学校人数的不同，每个学校 1～10 个不等，在原有体育用品基础上增加活动、游戏、教辅等用品。同时项目还将募集"美术体育教师培训基金"，配套为项目受益地区或学校开展美术、体育教师培训，从而提升贫困地区农村小学生的美术、体育教育质量，推动学生德、智、体、美全面均衡发展。截至 2010 年 12 月 31 日，"爱心包裹"项目"暖冬行动"累计筹集善款 1 862 100 元，为 5 681 个小学生送去学生型文具包，为1 294 个家庭送去家庭型温暖包（见表 10-2）。

表 10-2　各地区"爱心包裹"受益情况统计汇总表

（2010 年 4 月 12 日至 2011 年 1 月 3 日 24：00）

地区	学生型文具包		学校型体育包及家庭型温暖包	
	已捐总数	未捐总数	已捐总数	未捐总数
青海	69 261	134	6 565	424
四川	65 672	0	880	2
云南	28 126	0	341	0
广西	24 395	0	323	0
江西	21 746	0	306	0
山西	18 837	0	279	0
新疆	17 055	0	143	0

表10-2(续)

地区	学生型文具包		学校型体育包及家庭型温暖包	
	已捐总数	未捐总数	已捐总数	未捐总数
西藏	15 595	0	180	0
重庆	15 536	0	174	18
甘肃	14 736	166	836	0
河北	13 899	0	142	0
河南	13 837	316	117	0
贵州	12 926	0	156	0
湖北	12 358	0	130	0
安徽	12 290	0	151	0
内蒙古	11 537	117	138	0
陕西	11 057	0	125	0
宁夏	10 555	0	148	0
山东	10 353	863	131	0
黑龙江	10 162	54	128	0
吉林	10 070	0	129	0
海南	9 818	0	144	2
辽宁	9 801	1 978	127	0
湖南	9 331	1 204	128	0
福建	4 572	320	64	0
广东	4 470	6 342	131	13
浙江	3 687	894	60	0
北京	276	0	6	0
总计	461 958	12 388	12 182	459

2010年4月14日，青海省玉树藏族自治州玉树县遭受严重地震灾害，4月20日中国扶贫基金会紧急将玉树县纳入"爱心包裹"项目受益县。消息发布后，社会各界踊跃捐赠。玉树灾区全部学生每人将收到一个学生型文具包。根据玉树地区典型的高原高寒气候特点，中国扶贫基金会紧急设计并推出"爱心包裹"项目新产品——"玉树灾区家庭型温暖包"。"家庭型温暖包"的内容为毛毯、羽绒服、羽绒坎肩、热水袋、水杯、毛巾、袜子、LED手电筒等，捐赠标准为1 000元一个包。因为前期无法收集到准确的灾区家庭姓名、地址，"家庭型温暖包"采取预设家庭姓名、地址信息的形式开展捐赠，发放工作通过分批集中的方式进行，最后公示玉树灾区相关部门出具的接收与发放证明。

"爱心包裹"项目自2009年4月26日启动，截至2011年12月31日，得到了社会各界爱心人士的广泛参与，收到个人及单位捐赠134万笔，筹集善款2.342亿元，项目惠及全国贫困地区和灾区的 201.66 万名学生（见表 10-3）。

表 10-3　"爱心包裹"全国累计捐赠额统计

全国累计捐购	项目已惠及
学生型文具包 2 000 166 个 学校型体育包 24 341 个 学校型温暖包 15 974 个 家庭型温暖包 6 549 个 收到个人及单位捐赠 134 万笔 累计筹集善款 2.342 亿元	29 个省（直辖市、自治区） 298 个县 6 223 所学校 2 016 613 名学生 6 549 个家庭

国务院扶贫办和扶贫基金会授予中国邮政集团公司"中国扶贫事业特别贡献奖"和"中国邮政传递爱心"牌匾，中央电视台、人民日报社等 4 000 余家媒体，发表了5 万多次报道。"爱心包裹"项目的经济效益明显，社会效益显著。

区别于其他捐赠项目，"爱心包裹"项目在捐赠方式和资金运作上有以下四大特点：第一，捐款使用透明。通过"一对一"的捐助模式，捐赠人在捐款后获得受益人名单，知道自己的钱帮助了谁，标准的包裹内容让捐赠人知道自己的钱发挥了什么作用。第二，参与便捷。捐款便捷是"爱心包裹"项目的主要特点之一，全国 3.6 万个邮政网点均可办理捐赠，也可以在网上进行捐赠。除了在身边的邮局参与捐赠之外，还可以通过支付宝、易宝支付等网上支付方式进行捐赠，也可通过身边的拉卡拉完成捐赠。第三，参与门槛低。学生型文具包捐购标准为每个 100 元，学校型体育包捐购标准为每个 1 000 元。第四，体验性强。捐赠人可以对捐购包裹类型、捐购包裹数量、受益学校所在地区、受益学生年级、受益学生性别等事项进行一定程度的选择。捐赠人还能获得中国扶贫基金会的感谢信、捐赠票据，收到受益人填写的回音卡，感受到参与公益活动的成就感与自豪感。详细内容如表 10-4 所示。

表 10-4　捐赠方式汇总

捐赠渠道及反馈服务	
中国邮政集团公司	中国扶贫基金会依托中国邮政网点在全国开通了 3.6 万个"爱心捐赠站"，爱心人士只需走进身边的邮局即可办理。
在线结对捐赠	登录在线结对系统，即可实现在线结对捐赠，当即获取受益人的姓名、联系方式，知道自己的钱帮助了谁，发挥了什么作用。
"月捐计划"	通过腾讯月捐计划提供的爱心网上捐赠平台参与捐赠。注意： 1. 通过腾讯月捐渠道捐赠的善款需要一定的转账周期； 2. 结对名单及小学生回音卡将定期在腾讯网上公布。
支付宝	通过支付宝提供的爱心网上支付平台参与捐赠。注意： 1. 通过支付宝平台捐赠的善款需要一定的转账周期。 2. 如果捐赠为 100 元的倍数（温暖行动 200 元），将在基金会结对后，把受益人姓名、地址信息和票据、感谢信一起寄送给捐赠人。 3. 不足 100 元的捐赠，将与其他善款一起结对捐赠，并将受益人名单在支付宝网上公布。

表10-4(续)

易宝支付	通过易宝支付提供的爱心网上支付平台参与捐赠,易宝支付不收取任何手续费。 1. 通过易宝支付平台捐赠的善款需要一定的转账周期。 2. 如果您的捐赠为100元的倍数,将在基金会结对后,把受益人姓名、地址信息和票据、感谢信一起寄送给您。 3. 不足100元的捐赠,将与其他善款一起结对捐赠,并将受益人名单在易宝网上公布。
淘宝网	点击进入中国扶贫基金会官方淘宝店,即可通过爱心购买的方式参与"爱心包裹"项目的捐赠。 除了100元捐赠标准外,还可选择50元、20元、5元等其他小额捐赠的形式。对于100元的倍数的捐赠,中国扶贫基金会将把捐赠票据、感谢信及结对学生姓名、地址信息邮寄给捐赠人。
银行汇款捐赠	账号:0380410810002 开户行:招商银行北京分行中关村支行 户名:中国扶贫基金会(请注明"公众爱心包裹")

"爱心包裹"项目采取特有的捐赠反馈服务,办理邮局现场提供"爱心包裹"捐赠凭据,含"一对一"捐助学生的姓名、性别、年级和通信地址等信息(网上捐赠人可以直接在网上获得相应信息);中国扶贫基金会开具捐赠票据并通过挂号信邮寄给捐赠人(20~30个工作日内);在受益学生收到包裹后,受益学生或学校填写回音卡(包裹内统一放置的含邮资的明信片)邮寄给捐赠人(20~40个工作日内,寒暑假期间捐赠反馈时间可能会更长一些);设专线接受捐赠人的咨询与投诉(010-62639775/62639776);捐赠达到一定数额的,会给捐赠者颁发荣誉牌匾和授予荣誉称号,并且举行"爱心包裹"发放仪式或学生见面会。

"爱心包裹"项目以搭建透明、便捷的公益参与平台,推动全民公益为使命。项目的实施得到了社会各界的高度认可,不仅给贫困地区及灾区农村小学生送去了心灵上的关爱和精神上的鼓励,还解决了当地美术、体育教育资源不足的问题,真正实现了"人人可公益"的现代公益理念。小包裹,大爱心!包裹虽小,蕴含的却是大爱;捐购爱心包裹的行动虽小,做的却是帮助孩子们全面发展的大事。"爱心包裹"项目遵循"一对一"透明公益的模式,100元捐赠即可收到基金会寄出的捐赠票据、感谢信,得到受益小学生姓名、地址和学生寄回的回音卡。"爱心包裹"这一项目的开展与运作,在慈善事业中的"一对一"的资金运作方式上继续发挥着典型与标杆的作用。

二、案例思考

1. 说说"爱心包裹"的筹资动机、筹资方式及资金运作模式。

2. "一对一"捐赠,作为"爱心包裹"的主要筹资方式,其利弊如何?请对其进行评述。

3. 中国扶贫基金会在"爱心包裹"中所起的作用如何?中国邮政集团公司在此项目中扮演着什么样的角色?

三、案例分析

（一）"一对一"模式有利有弊

"爱心包裹"项目采用"一对一"捐助模式，这种模式容易实现捐助过程中的资金透明，提高捐助效率。但是，这种"一对一"捐助模式也有自身的缺陷。一般捐助者往往根据自身条件决定捐助额，带有更多的随意性。这种随意性，同样很难在捐助人和受助者之间建立起一个阶段性的固定的关系，捐助很容易因一些微不足道的因素戛然而止，或者呈现为一次性行为，可持续性较弱。除此之外，由于捐助者的个人情况与意愿不同，捐赠的范围会有非常大的差别，在"一对一"受助地区的选择上，有可能呈现出非常集中的现象，使得有些地方被捐助过多，有些地方却没有被捐助。但是，任何项目设计，都存在利弊，怎样在项目实施一定阶段后，对项目进行调整，或者对项目进行创新性调整，是保持项目始终具有可持续发展能力的关键。

（二）改良的"一对一"模式

"爱心包裹"由于确定了捐赠标准，且捐赠物品不具有任意选择性，从而成功地避免了在捐助标准上的弊端，做到更有针对性、有目的性地捐赠。它吸取了"一对一"的精神，但又不是彻底放开的"一对一"，捐赠是在慈善机构的引导和组织下，依托中国邮政集团公司这样的大型单位进行的。总的来说，在我国目前民间慈善机构少、慈善资源又是"杯水车薪"的情况下，"一对一"捐助似乎是相对有效的选择，它可以充分调动普通百姓从事公益慈善事业的积极性。但是，我们必须时刻提醒自己：五指成拳才会有更大的慈善力量。如何将普通老百姓的拳拳慈善之心，汇聚成强大的社会暖流，让每一个公益慈善项目能够可持续发展，始终能够激发公众对慈善的热情，这是我国慈善事业在探索中前行时必须思考的问题。

四、专家点评

"爱心包裹"项目是近年来中国扶贫基金会所策划的最成功的项目之一。包裹虽小，但意义重大。我们把包裹送到了孩子们的手上，也把爱心，特别是社会和谐的理念传播给了捐助双方。"爱心包裹"项目不仅仅是一个慈善扶贫的具体项目，通过实施这个项目，为构建和谐社会、科学发展也做出了应有的贡献。让"爱心包裹"项目惠及更多贫困地区及灾区，让"爱心包裹"项目成为社会各界参与公益事业的一个便捷、可信的平台，这是一项非常有意义的工作。

——时任国务院扶贫办副主任　王国良

作为特别支持单位，中国邮政集团公司一如既往地承担了"爱心包裹"的受理、运递及捐赠款归集等工作，确保了"爱心包裹"项目的顺利进展。在"爱心包裹"项目推进过程中，各地涌现出很多好的做法和成功的经验。

丹阳局积极联系政府相关部门，为"爱心包裹"业务的开展做好铺垫。业务发展中，丹阳局组织现场活动、设立流动捐赠点，使业务深入群众，提升了业务知晓度，树立了邮政的品牌。

锦州局一改往日以企事业单位为目标的营销策略，转变目光，把"爱心包裹"业务的目标客户定位为广大青年学生这个群体，并通过共青团组织进行项目的启动。同时，结合团市委的工作，锦州局策划了相关的送爱心活动，与"爱心包裹"业务相结合，促进了业务的发展。

忻州局结合玉树地震的最新情况，明确了关爱灾区的主题，吸引了民众的注意，激发了人们献爱心的热情。同时争取政府部门的支持，以联合发文的形式，号召各级单位积极参与"爱心包裹"捐赠活动。在组织现场捐赠的活动过程中，忻州局采取预约捐赠、捐赠额排榜的方式，带动了企事业单位救助震区的积极性，也带动了民众的积极参与。

——时任中国邮政集团公司邮政业务局副总经理　李永明

五、推荐阅读文献

1. 中国扶贫基金会"爱心包裹"项目官方网站：www.baoguo.fupin.org.cn.

2. 中国邮政"爱心包裹"项目在线捐赠网站：www.aixinbaoguo.chinapost.com.cn/xmxx/introduce.jsp.

3. 新浪公益爱心包裹网站：www.gongyi.sina.com.cn/z/aixinbaoguo.

六、案例资料来源

中国扶贫基金会官网：www.cfpa.org.cn.

案例九 "千村慈善帮扶基金" 工程

——"谁募集谁受益"的资金运作模式选择

学习目标

- 了解"千村慈善帮扶基金"工程
- 理解"谁募集谁受益"的资金运用模式的优缺点
- 理解发展农村慈善的优劣及其社会意义

一、案例概述

"千村慈善帮扶基金"工程，是宁波市慈善总会于 2010 年 1 月初，在总结江北区"百村慈善帮扶基金"经验的基础上，向全市农村推广开展的一项慈善救助活动，即倡导在全市农村所有行政村都设立慈善工作站，并建立"村级慈善帮扶基金"，让每个村都有相对固定的善款用于救助。经过全市慈善组织的共同努力，至 2010 年年底，已建立村级慈善帮扶基金 1 056 个，村级慈善工作站（分会）963 个；基金总额 4.95 亿元，实际到位资金 1.27 亿元，每年可用资金 3 000 万元左右。这一项目搭建了慈善募集、救助和慈善文化传播三位一体的平台，将慈善网络覆盖到村里，形成了宁波慈善"一级法人，两级管理，三级网络"的格局；创新了农村慈善募集方式，唤起了"人人可慈善，人人能慈善"的意识，是走向全民慈善的一条有效途径，促进了和谐、文明、富裕的社会主义新农村建设。

江北区位于宁波市区西北部，全区 90.3% 面积为农村，农村人口占 38.3%。随着城乡一体化和社会主义新农村建设的深入开展，全区农村经济实力明显增强，2008 年全区农民人均纯收入达到 11 592 元。但是，相对的弱势群体依然存在，部分贫困农户生活困难甚至无力承担子女读书、就医、住房等基本生活需求；一些经济薄弱村（指村级可用资金少于 30 万元）的村级公益事业依然相对落后，村级基础设施陈旧，与建设社会主义新农村的目标要求不相适应。为了解决这一问题，江北区慈善总会经过近半年的深入调研，深刻认识到实现全区纵向到底，从区、镇（街道）到村纳入全面覆盖慈善网络，开辟村级慈善工作的潜在资源，是扎实推进新农村建设、构建和谐新农村的一个必须攻克的新课题。

2008 年，江北区慈善总会在总结 22 个村率先建立"村级慈善帮扶基金"的基础上，结合全区 106 个行政村的现状，并会同区农办、区农林水利局等部门的领导和相关部门多次研讨，与各村领导以及贫困农民代表进行座谈，决定在全区推出"百村慈善帮扶基金"工程，提出了"人人讲慈善，个个献爱心"的口号，充分发动广大群众积少成多的力量。工程以帮困扶贫和建设农村公益事业为重点，发展农村慈善事业，改善困难农户生产和生活环境，促进农村社会公益事业发展，加快城乡一体化步伐，建设和谐新农村。

"百村慈善帮扶基金"工程的本金，由村党支部、村经济合作社和村委会共同商定，留在所在村使用，增值款从村级可用资金中提取。对核定的经济薄弱村，由区慈善总会按基金 6% 增值数补助 50%，作为救助款，全部用于本村助困、助医、助老等救助和公益性事业。同时为了使"村级慈善基金"制度更具活力，区慈善总会对村级慈善帮扶基金设定了"四大原则"：一是因村制宜、量力而行的原则。根据各个行政村的经济实力，基金额度不等，多设不限，条件成熟的，基金额度可以逐年增加。二是扶植弱村、重点补助的原则。针对经济薄弱村，区慈善总会按基金增值数补助 50% 的款额，使全区相对薄弱村更加受益。三是"自募自用"原则。全区 106 个行政村的慈善帮扶基金实行"谁募集谁使用"方案，并由区慈善总会总体控制，其每年基金增值可使用资金原则上按 30% 左右储存备用应急，70% 左右可以当年使用，按规定由各慈善分会审批。四是"百村慈善帮扶基金"坚持"谁募集谁受益"原则，即帮扶资金受益对象或社会公益项目不出村的原则。这样使得各村每年都有可用的固定基金增值款，除用于日常救助外，每年还可以相对集中资金，进行长规划、短安排的项目，比如进行一些村内急需道路的修铺、危房整修等小中型的社会公益项目。同时考虑到普遍建立村级慈善帮扶基金制度是一项全新的课题，为了规范这一制度，江北区针对部分干部群众慈善意识淡薄、部分村开展慈善帮扶工作中随意性较大，缺乏制度和规章约束等状况，依据《中华人民共和国公益事业捐赠法》《宁波市江北区慈善总会章程》《宁波市江北区慈善总会资金使用管理办法》等文件，又先后制定了《关于建立百村慈善帮扶基金，促进社会主义新农村建设的实施意见》《关于江北区农村慈善帮扶资金募集、使用管理办法》等文件，立足全面推进村级慈善事业的目标，对宣传发动、组织网络、资金募集和管理建章立制等方面，做出了明确的要求和规定。

江北区"百村慈善帮扶基金"工程自实施以来，充分贴近农村现实，惠及百姓利益，受到各级领导和村民的欢迎。截至 2008 年年底，江北区所有行政村普遍建立起 10 万元至 300 万元不等的"村级慈善帮扶基金"，基金总额 1.01 亿元。"百村慈善帮扶基金"工程的成功运作，使江北区率先在全市消除了农村人均 3 000 元以下的低收入农户，特别使得一些遇到大病、急病、天灾人祸的急困户得到了及时救助。同时在运作过程中，全区慈善"一级法人（区慈善总会），二级管理（镇、街道），三级网络（行政村）"的管理模式也日趋完善。2009 年 7 月，在全国慈善总会表彰大会上，江北区慈善总会荣获"中华慈善突出贡献奖（项目）"。

"村级慈善帮扶基金"带来的切实效果，引起了很多领导的关注。浙江省慈善总会领导在江北调研时指出：江北区开展"百村慈善帮扶基金"工程成效突出，经验很好，探索很有意义。将慈善事业覆盖到农村每个角落，大大开拓了潜在的慈善资源，有效地增强了全区慈善工作的整体实力，对慈善事业的发展，具有很大的现实意义和指导作用。宁波市作为浙江省的副省级城市，在市委、市政府的重视、支持和广大市民的积极参与下，近几年来慈善事业取得了长足发展。但是，慈善事业的发展状况显示，城市与农村之间还是存在明显的差异。慈善机构募集到的大量善款，90%左右来自城市的各企业、机关、团体和城镇居民，而占土地和人口大多数的广大农村，捐赠额较低，多数农民从来没有进行过慈善捐款。"平民慈善""草根慈善"在农村很少现身，许多农村人口对"慈善"两字感到陌生。另外，由于农民的人均收入较低，农村的生活水平远远低于城市，贫困家庭、残疾人的比例高于城市，许多农村困难人群得不到及时有效的救助。为了改变这种农村与城市"一头冷一头热"的状况，把慈善事业的触角延伸到广大农村和基层社区，让慈善救助的阳光普照乡村，协助政府打造农村民生工程，同时也促进慈善"蛋糕"进一步做大，推进慈善事业全面深入发展，2010年初，宁波市慈善总会在调查研究、总结江北区慈善工作经验的基础上，决定推出"千村慈善帮扶基金"工程，要求在全市3 085个行政村和社区中，2010年内有1 000个以上的村（社区）建立慈善帮扶基金。

"千村慈善帮扶基金"工程依据村（社区）经济实力，建立金额一般在20万元左右的帮扶基金，并逐年增加，不断扩大规模。基金的本金放在村（社区）的财务账户上，每年提取一定比例的资金做救助金，经济薄弱的"村级（社区）慈善帮扶基金"由各县（市）区慈善机构进行配套补充。在工作中，"千村慈善帮扶基金"工程按照条件成熟一批建立一批的做法，稳步推进，把建立村级慈善帮扶基金与宣传慈善文化、普及慈善理念相结合，加快了基层慈善网络建设的步伐，有力地推动了有条件的村（社区）建立慈善工作站或村（社区）分会的工作。在管理上，"千村慈善帮扶基金"继续实行"一级法人（区慈善总会），二级管理（镇、街道），三级网络（行政村）"的管理模式，实行"村级募集、镇乡监管、本村使用"，严格执行基金使用管理制度，每笔款项使用都上墙公布，接受村民监督，做到专人管理、合理使用、公开透明、规范运作，让捐款人、受助人和全体村民都满意。同时在原则上，"千村慈善帮扶基金"工程推广了江北区的经验，设立了因村制宜、量力而行，扶植弱村、重点补助，按比例使用、积累补欠和自募自用、村内受益的"四大原则"。

慈善帮扶基金所募善款全部用于当地的扶贫济困和公益事业，让村民感到"好事做在眼前，看得见、摸得着"，极大地激发了村民奉献爱心的热情，各地"村级慈善帮扶基金"的盘子也越做越大。同时，该基金的建立促使各行政村在村级内部建立相对规范、公正、透明、持久的帮扶机制，进一步缩小农村贫富差距，促进社会和谐，助推城乡一体化建设有了切实稳固的资金保障。

2011年7月，该工程被国家民政部评为第六届中华慈善奖"最具影响力慈善项目"，宁波市慈善总会会长陈云金出席了在北京人民大会堂举行的颁奖大会，并在大会上做了发言。为了使农村慈善的"蛋糕"做得更大，2012年年初，浙江省慈善总会决定在全省范围内开展"万村慈善帮扶基金"工程。如果说"百村"是尝试，"千村"是推广，那么"万村"就是趋势，从"百村"到"千村"再到"万村"，农村慈善的"蛋糕"越做越大，"村级慈善帮扶基金"带来的效果越来越显著。"千村慈善帮扶基金"的承上启下，显现出了该类慈善项目的积极影响：一是开发农村慈善资源，开辟农村善款募集的新途径，广大村民捐款献爱心有了便捷平台，做到"人人可慈善"。二是加强对农村弱势群体的救助，促进社会公平和谐。建立村级慈善帮扶基金后，各村都有了相对固定的善款用于助困、助医、助学、助残、助寡，实现了"救助不出村"。三是普及慈善文化，提升村民的慈善理念。培养农村的慈善氛围，让更多的村民了解慈善、关心慈善，自觉参与到慈善事业中来，让民间的爱心进一步迸发。四是提高了基层组织的凝聚力和号召力。村党支部书记或村委会主任，兼任慈善工作站站长，这就使得基层干部更加关注民生，更加贴近群众，使更多的困难群众直接得到实惠，进一步改善了干群关系，促进了社会和谐。许多地方的村民增强了对村干部的了解和信任，村级换届选举工作进展更加顺利。五是发展了农村社会公益事业。村级慈善帮扶基金在满足弱势群体需求的基础上，还将一部分资金投向修建道路、村民危房改造、老年活动中心建设及公共绿化、环境治理等公益项目。实践证明，建立村级慈善帮扶基金可以搭建农村善款募集、困难人群救助、慈善文化传播"三位一体"的有效平台，有力地促进社会主义新农村建设。

二、案例思考

1. 为了推行"百村慈善帮扶基金"工程，江北区慈善总会都采取了哪些措施？
2. "千村慈善帮扶基金"工程的"四大原则"是什么？
3. 宁波市为何决定推出"千村慈善帮扶基金"工程？
4. "千村慈善帮扶基金"项目的积极影响主要有哪些？

三、案例分析

（一）农村慈善，出路何在

南京大学和江苏省委宣传部及江苏广播电视总台新闻中心2006年在全国范围进行的一项新农村调查结果显示，我国农村已经不再是一个同质性极高的整体，出现了明显的分化现象，农村家庭之间的年均收入的差距很大。不断扩大的贫富差距不利于社会的稳定。而慈善被认为是社会的第三次分配，有助于弥补第一次生产分配和第二次税赋分配的缺陷与不足，缩小财富差距，有利于促进社会公平和平等。因此，在农村家庭贫富差距日益显著的当下，发展农村慈善事业将有助于农村社会的稳定。同时，由于农民的人均收入、农村的生活水平远远低于城市，农村贫困家庭、残疾人的比例远远高于城市，许多农村困难人群得不到及时有效的救助，大力发展农村慈善事业具有重要的现实意义。

然而，由于大多数农村人口所受教育不多，很多村民对慈善事业并不了解，因此在实施农村慈善的时候存在着很多需要解决的现实问题。这时，基层政府的参与和推动，成为实施农村慈善事业的必然选择。"千村慈善帮扶基金"工程的成功开展，为农村慈善指出了一条可行的道路。该工程设计并搭建了慈善募集、救助和慈善文化传播三位一体的平台，将慈善网络建到村级，形成了宁波慈善"一级法人，两级管理，三级网络"的格局；创新了农村慈善募集方式，建立了慈善资金稳定增长的长效机制；实现了慈善救助不出村，公开、透明、全覆盖的新型农村慈善模式；唤起了"人人可慈善，人人能慈善"的意识，促进了和谐、文明、富裕的社会主义新农村建设。这些让我们看到了农村慈善的未来与希望。

（二）取之于民，用之于民

"千村慈善帮扶基金"工程依据村（社区）经济实力，建立金额一般在20万元左右的帮扶基金，并逐年增加，不断扩大规模。基金的本金放在村（社区）的财务账户，每年提取一定比例的资金做救助金，经济薄弱的"村级（社区）慈善帮扶基金"由各县（市）区慈善机构进行配套补充。"千村慈善帮扶基金"工程按照"谁募集谁受益"的原则，帮扶资金受益对象不出村，帮扶资金在村内可用于特困家庭的经常性救助、遭遇天灾人祸家庭的临时性救助、困难家庭的助医和子女助学等，还可以用于村（社区）的道路建设和与村民利益密切相关的公益性事业，并且严格执行基金使用管理制度，每笔款项使用都上墙公布，接受村民监督，做到专人管理、合理使用、公开透明、规范运作。这些措施，让村民感到好事做在眼前，看得见、摸得着，也让村民深深意识到慈善并不仅仅是企业家、机关干部的事情，普通村民同样可以参与到慈善活动中去，极大地激发了村民奉献爱心的热情，做到了真正意义上的"取之于民，用之于民"。

四、专家点评

农民也可以做慈善。如何让基层慈善项目取信于人，"千村慈善帮扶基金"给的答案是：让村民感到"好事做在眼前，看得见、摸得着"。

——"2011·感动宁波"十大慈善新闻事件入围评语

五、推荐阅读文献

1. 徐水根，庞伟律. 让慈善救助阳光普照乡村——江北率先在全国实现村村有慈善基金［J］. 新农村建设，2009（8）.

2. 陈云金. 完善慈善工作网络　创建农村慈善平台［EB/OL］. 黑河民政信息网，2012-01-18.

3. 赵莹莹. "村级慈善帮扶基金"念出致富经［EB/OL］. 人民政协网，2013-01-29.

六、案例资料来源

中国慈善网官网：www.zgcsw.roboo.com.

第十一章
民间非营利组织财务监督和评价案例与实务

案例十　四川汶川地震的善款运用"恰到好处"吗
——从审计署的公告到财务监督的思考

学习目标

- 理解非营利组织善款使用的方式
- 理解非营利组织资金使用过程中的财务监督方式
- 理解非营利组织善款使用过程中的风险控制点

一、案例概述

2008 年 5 月 12 日，四川汶川发生了 8.0 级特大地震。地震发生后，在党中央、国务院的领导下，全国各级党委、政府带领各族人民团结一致，发扬一方有难、八方支援的精神，坚持以人为本，及时实施各项救助、安置措施，全力抢救伤员和安置受灾群众，努力恢复灾区生产，抗震救灾工作取得了重大胜利。从 2008 年 5 月 14 日至 11 月底，全国各级审计机关对 18 个中央部门和单位、31 个省（直辖市、自治区）和新疆生产建设兵团的 1 289 个省级部门和单位、5 384 个地级部门和单位、24 618 个县级部门和单位进行了审计，延伸审计了四川、甘肃、陕西、重庆、云南等 5 省（直辖市）的 3 845 个乡镇、9 526 个村，并对 76 709 户受灾群众进行了调查。抗震救灾资金物资审计过程中，审计署已发布 3 次阶段性审计情况公告。

（一）救灾款物筹集、使用和结存的基本情况

1. 中央及地方财政安排救灾资金的基本情况

（1）截至 2008 年 11 月底，中央和地方各级财政安排抗震救灾资金 1 287.36 亿元。中央财政共安排抗震救灾资金 382.42 亿元，其中，直接安排专项补助资金 264.96 亿元，通过交通部、卫生部等中央部门和相关单位安排资金 109.3 亿元，其他用于灾区粮食调拨、灾区市场供应及教育抗震救灾；安排灾后恢复重建资金 651.71 亿元。全国 31 个省（直辖市、自治区）和新疆生产建设兵团共安排财政性救灾资金 253.23 亿元。

（2）四川、甘肃、陕西、重庆和云南 5 个地震受灾省（市）收到中央及地方各级财政性救灾资金共计 1 166.48 亿元，已支出 480.17 亿元，其中，综合财力补助支出 20.41 亿元，民政救济支出 266.07 亿元，卫生支出 13.22 亿元，物资储备和调运支出 13.13 亿元，基础设施抢修支出 79.7 亿元，公安、教育、广电等支出 49.63 亿元，其他支出 38.01 亿元。

2. 社会捐赠救灾款物的基本情况。

18 个中央部门单位、31 个省（直辖市、自治区）和新疆生产建设兵团共接受救灾捐赠款物 640.91 亿元，其中，18 个中央部门单位直接接受救灾捐赠款物 127.81 亿元，31 个省（直辖市、自治区）和新疆生产建设兵团直接接受救灾捐赠款物 513.10 亿元；支出 231.76 亿元，主要用于民政救济、物资储备和调运、基础设施抢修等方面；转入灾后恢复重建结存款物 409.15 亿元，其中，资金 402.36 亿元，物资 6.79 亿元。

在接受捐赠的社会团体和各类基金会中，中国红十字会总会及红十字基金会接受 46.90 亿元，支出 19.97 亿元，结存 26.93 亿元；中华慈善总会接受 9.20 亿元，支出 8.37 亿元，结存 0.83 亿元；海峡两岸关系协会接受 6.73 亿元，支出 6.73 亿元（含转交国家民政部）；中华全国总工会接受 3.26 亿元，支出 3.26 亿元（含转交国家民政部）；中国共产主义青年团中央委员会接受 0.56 亿元，支出 0.56 亿元（含转交国家民政部）；中国宋庆龄基金会接受 0.42 亿元，支出 0.15 亿元，结存 0.27 亿元；中国扶贫基金会接受 1.95 亿元，支出 0.51 亿元，结存 1.44 亿元；中国教育发展基金会接受 1.72 亿元，支出 1.02 亿元，结存 0.70 亿元；中国光彩事业基金会接受 1.89 亿元，支出 1.52 亿元，结存 0.37 亿元；中国妇女发展基金会接受 0.26 亿元，支出 0.06 亿元，结存 0.20 亿元；中国少年儿童基金会接受 1.34 亿元，支出 0.34 亿元，结存 1 亿元；中国青少年发展基金会接受 2.31 亿元，支出 0.64 亿元，结存 1.67 亿元；中国光华科技基金会接受 0.15 亿元，支出 0.10 亿元，结存 0.05 亿元。

截至 2008 年 11 月底，承诺向灾区捐款但由于按捐赠协议应分期捐赠、捐赠项目未确定、部分认捐单位资金周转困难以及无法与认捐单位和个人取得联系等原因，未到账金额在 10 万元以上的单位和个人共有 89 个，这些承诺捐款总计为 2.78 亿元。

3. "特殊党费"的基本情况。

全国共有 4 559.70 万名党员缴纳"特殊党费"97.30 亿元，其中汇缴到中央组织部"特殊党费"专户 91.89 亿元（不含专户利息），留存四川、陕西、甘肃等 5.41 亿元。中央组织部已从"特殊党费"专户向灾区拨付 12 亿元，其余部分（不含专户利息）已按照中央组织部、国家发展和改革委员会、国家民政部、财政部联合制定的使用管理办

法，转缴到国家民政部中央财政汇缴专户，将用于支援四川、甘肃、陕西、重庆、云南5个省（市）抗震救灾和灾后恢复重建工作。

（二）审计评价

按照党中央和国务院关于所有款物要及时用于灾区，用于受灾群众，向人民交一本明白账、放心账的要求，国家民政部、财政部等救灾款物主管部门根据救灾工作的需要，出台了一系列加强救灾款物管理的规章制度和管理办法，提高了救灾款物的管理水平和使用效率；灾区各级党委、政府积极贯彻落实抗震救灾各项政策，在全力开展抗震抢险、安置受灾群众和恢复工农业生产的同时，根据灾区的实际，进一步完善和细化了对救灾款物的管理，努力实现救灾款物分配使用的公开透明，不断提高救灾款物管理使用效益；红十字会、慈善总会等接受救灾捐赠款物主要机构，对接受救灾捐赠款物严格管理，建立了比较完善的内部制约机制，确保了救灾款物筹集及时、管理安全与使用有效；监督检查部门及时介入，密切配合，形成了监管合力，通过及时查处、纠正各种违法违纪和管理不规范问题，有效预防了问题的发生和蔓延，确保了中央制定的各项政策措施落实到位。

审计结果表明，救灾资金和物资基本做到了筹集合法有序、拨付及时到位、分配公开透明、管理严格规范、使用合规有效、存放安全完整，各类救灾资金和物资账目比较清楚。审计中，未发现重大违法违规问题。

截至2008年11月底，审计署共接到群众举报1 962件，其中有176件有较明确的问题线索，已批转审计机关核查168件、转地方政府处理8件。批转审计机关核查的已全部办结，对于核查属实的违纪、违规事项，审计机关和有关部门依法依纪进行了严肃处理。

（三）审计发现的主要问题及整改情况

全国各级审计机关在审计过程中，按照边审计、边规范的要求，随时发现问题，随时提出建议，随时督促整改，以多种方式提出了在严格执行国家各项救灾政策，强化对救灾款物接受、分配和使用的管理，提高救灾款物的使用效益和防止损失浪费等方面的审计建议共计3 640多条。各级政府和部门、单位对审计提出的建议高度重视，已采纳2 940多条，根据审计建议出台了570多项规定和制度，确保了救灾款物的科学、合理、有效使用。例如，四川省抗震救灾指挥部为解决审计反映的6个重灾市（州）大量救灾物资积压问题，制定了《剩余抗震救灾药品医疗器械处置意见》；汉源县根据审计建议，纠正了部分乡镇将必须拆除自家危房作为向"三无"困难群众发放临时生活救助条件的不正确做法。

（1）2008年8月4日前审计情况公告反映救灾款物管理使用问题的整改情况。审计署在2008年6月24日发布的汶川地震抗震救灾资金物资审计情况第2号公告中，揭示了财政安排的救灾款物管理不够规范、政策不够完善、执行不完全到位等问题。对此，相关地方政府十分重视，制定和完善了政策规定，全面规范，认真整改。对于揭示的一些地方和部门在救灾捐赠款物筹集、管理、分配等方面存在的一些不规范问题，相关部门认真研究解决办法，制定和完善了相关制度，强化了对救灾捐赠款物的监管，规范了救灾款物的管理，确保了各项政策的贯彻落实。

审计署在 2008 年 8 月 4 日发布的汶川地震抗震救灾资金物资审计情况第 3 号公告中，反映了社会救灾捐赠款物结存于一些部门、单位，个别地方抗震救灾物资积压和不适用，少数地方和个别单位在发放补助时搭车收费、自行提高标准，个别地区活动板房建设与灾区实际需求衔接不够等问题。为此，相关地方和部门及时出台了管理制度和办法，加大了对社会救灾捐赠款物的整合、统筹力度，及时调剂、处置不适用和积压的物资，全面纠正搭车收费、自行提高标准的行为，调整活动板房建设计划，提高了救灾款物的使用效益，避免了损失浪费。

（2）2008 年 8 月 4 日后审计发现的主要问题及整改情况。在 2008 年 8 月 4 日至 10 月底的审计中，发现个别地区、单位在救灾款物管理使用中存在以下问题：

①个别地区灾情上报不准确。由于震后交通、通信不便，难以实地核实灾害数据和情况，部分地区、单位依据局部灾情对本地区、本单位损失情况进行推算、估算，以及对相关政策、要求的理解有偏差等原因，导致了在抗震救灾初期上报的受灾损失和受灾人数不准确。例如，四川省崇州市旅游局、交通局将通往九龙沟和鸡冠山景区的 47 千米公路受灾损失作为各自行业损失同时上报，造成数据汇总重复，多列受灾损失 12.34 亿元。甘肃省天水市报表反映的"三无"人员数大于县、乡两级汇总数，存在填报"三无"人员数不准确的情况。上述两市的问题经审计指出后，崇州市政府及时组织相关部门对上述受灾损失重新进行了核定，纠正了多报损失的问题；天水市政府组织人力严格按照规定程序进行核查，共核减"三无"人员 71 419 人。

②少数地区救灾资金拨付、使用不及时。一是救灾资金拨付不及时。例如，四川省财政厅收到财政部安排的地震引发次生地质灾害调查评价经费 2 000 万元后未及时拨付到位，造成省地矿局等项目实施单位不得不自行垫支经费开展工作。经审计指出后，四川省财政厅已于 2008 年 9 月 5 日将上述经费拨付给有关单位。二是救助金发放不及时。截至 2008 年 9 月底，陕西省财政厅共下拨给市（县）救助金 46 000 万元，市（县）未发放 18 514.15 万元，占 40.25%。安康市收到省财政厅下拨的灾民救助金 4 476 万元，未发放 4 403.28 万元。对于审计发现的上述问题，陕西省政府高度重视，要求各市（县）落实整改。截至 2008 年 10 月 20 日，全省各市（县）发放救助金已占应发放数的 82.06%，其中，安康市的发放比例已达 83.46%。三是个别地区地震遇难人员家属抚慰金发放缓慢。截至 2008 年 9 月 20 日，四川省茂县尚未兑付 3 862 名遇难人员家属抚慰金。审计指出这一问题后，该县政府组织人员对遇难人数进行了核查，加快了抚慰金的发放。四是资金开支范围、标准不够明确，导致资金结存大。四川省阿坝藏族羌族自治州财政局 2008 年 5 月和 6 月拨给黑水县的抗震救灾资金共 1 259 万元，至 2008 年 9 月 17 日仍作为借款留存在县财政局。彭州市建设局 2008 年 6 月和 7 月收到财政局拨给的抢险救灾资金 490 万元，至 2008 年 8 月 4 日仍未使用。审计指出上述问题后，相关地区和单位已抓紧按照规定的用途使用资金。

③个别单位救灾物资管理不规范。一是个别救灾物资未被纳入统计。截至 2008 年 8 月 20 日，四川省彭州市抗震救灾抢险指挥部、市公安局接受捐赠的 302 万元移动电话充值卡收、发、余情况，未被纳入救灾物资统计，也未对外公示和上报。根据审计意见，上述物资已于 2008 年 10 月 21 日全部被纳入救灾物资统计。二是部分接受物资未

入账核算。由于接受物资的资产权属不清、缺少发票等原因，截至 2008 年 8 月 16 日，四川省彭州市人民医院、中医院等 31 家医疗机构接受了捐赠和上级调拨的 320 台（套）X 光机器、监护仪器、越野车等物资，绵阳市交通局、建设局、水务局等单位接受了捐赠的 124 台设备、260 辆汽车、78 台（套）精密仪器，上述固定资产均未及时入账核算。审计指出上述问题后，彭州市相关医疗机构已于 2008 年 8 月 31 日完成了固定资产的入账工作，绵阳市相关单位也已按照有关规定对相关物资进行评估，履行入账核算的必要程序和手续。

④少数单位救灾物资未按需采购，部分物资价格偏高。一是由于部门之间缺乏有效的信息沟通机制，导致救灾物资重复采购。四川省卫生系统截至 2008 年 7 月 31 日库存消毒杀菌药品 1 700 余吨、喷雾器 7 800 余台。在此情况下，四川省动物防疫监督总站于 2008 年 8 月 13 日又采购消毒杀菌药品 300 吨、喷雾器 12 500 台。二是采购价格明显偏高。四川省医药公司在根据省卫生厅通知对省内 8 家企业生产的消毒杀菌药品实行临时统购措施时，仅按照生产企业报价进行结算并支付价款 2 044 万元。后审计抽查成都奥凸科技有限公司，发现该公司供应给四川省医药公司的两类消毒杀菌药品，其价格比地震前批发价分别高出 16% 和 32%。天津市红十字会和陕西省民政厅因采购时间紧迫，在未进行市场调查或询价的情况下，于 2008 年 5 月分别向蓝通工程机械（天津）有限公司采购照明灯车 45 台和 100 台，其价格比该公司 2008 年 1 月至 6 月同型号产品平均售价高 40% 以上。

对于审计发现的上述问题，有关地方政府十分重视，迅速建立健全了部门之间信息沟通机制，及时出台了严格物资采购的办法，加大了价格监管力度，并责成相关单位核减了物品的价款。

⑤个别单位擅自改变救灾资金用途。一是个别单位擅自改变救灾资金用途。四川省茂县卫生局将县财政拨入的捐赠资金 2.02 万元以会务费的名义列支，用于抗震救灾先进个人和集体奖励。审计指出此问题后，该局已使用办公经费抵顶了在抗震救灾专项资金中列支的奖金。二是共青团甘肃省委将上级拨付以及自行接受的救灾捐赠资金下拨至基层单位用于工作经费 86 万元。根据审计意见，甘肃团省委已下发通知，将下拨的经费全部用于组织灾区重建青年志愿者服务行动。三是甘肃省陇南市交通征稽处将省交通征稽局下拨的抗震救灾专项补助款用于奖励、发放职工补助和防暑费 4.96 万元。目前，该处已纠正上述不合规资金支出，调账归还了抗震救灾专项补助款。

⑥部分行业募集的本系统内职工捐款大量结存。四川省电力公司、成都铁路局等 7 家中央在川单位，组织本系统职工为灾区群众和本系统内受灾职工捐献的救灾资金，截至 2008 年 8 月底，尚有 2 640.43 万元存放在这些单位。审计指出此问题后，这些单位已按照规定渠道安排使用募集的捐款。

针对审计发现的少数人员违法违纪问题，相关地方党委、政府和部门，迅速采取措施，追究相关人员的责任，涉嫌违法犯罪的已移交司法机关处理。审计机关移送给纪检、监察和司法机关案件 146 起，涉案人员 162 人；相关责任人已分别受到了党纪政纪处分或被依法追究法律责任。

审计署组织对汶川地震抗震救灾资金物资进行的全过程、全方位跟踪审计任务已顺利完成。2008 年 9 月以来，审计署对灾后重建项目进行了跟踪审计和审计调查，2011 年年底完成全部审计工作。下一步将全面转入灾后恢复重建跟踪审计，审计署将根据国务院颁布的《审计署关于汶川地震灾后恢复重建审计工作安排意见》，重点审计恢复重建物资和资金筹集、分配和管理使用，灾后恢复重建政策实施，灾后恢复重建规划落实和恢复重建工程质量等情况。同时，将按照"谁审计、谁公告"的要求，由审计署和地方审计机关分别适时向社会公告灾后恢复重建审计情况。

二、案例思考

1. 汶川地震善款的来源有哪些？请对其进行简要评述。

2. 汶川地震善款使用过程中存在哪些问题？针对善款使用过程中存在的问题提出改进建议。

3. 结合案例谈谈从汶川地震审计公告看赈灾审计的重要性。

三、案例分析

（一）需要完善审计体系

非营利组织的财务信息既不涉及国家安全机密，又不涉及企业商业秘密，完全可以实现充分的信息披露，为审计工作提供尽量完整的资料。但是，近几年来，由于一系列诈捐、善款流失、善款使用去向不明等问题的出现，极大地损害了捐赠者的积极性，也阻碍了我国慈善事业的进一步发展，我国民众对慈善组织的信任明显下降。究其原因，其中很重要的一点就是我国慈善捐赠过程中财务内控制度不完善，财务管理流程存在漏洞，导致慈善组织的财务信息透明度不高。由于捐赠者和慈善机构委托—代理关系的存在，不可避免地会有逆向选择和道德风险，而且由于内控制度缺失，使得慈善组织自身也不能对其财务状况进行实时、动态、深入的监督。所以在审计制度的构建上，我们建议应该建立内部审计、社会审计、政府审计、公众监督相结合的"全面综合审计监督"方式。组织内部审计是其审计的起点，也是第一道防线，对于保证非营利组织财务信息的公开、透明具有极其重要的意义。内部审计主要是对捐赠款物的收据、记账保管拨付、管理费计提、物资采购程序、信息披露及审计监督等问题做出严格的规定。社会审计是慈善组织通过捐赠方的委托方式，即捐赠者代表加入理事会，选择独立、称职的会计师事务所进行独立审计，及时地将慈善组织捐赠款物的接收、拨付以及结余情况的审计结果进行公告，内容主要包括审计报告、银行接受捐款情况表、抗震救灾货币资金收入支出明细表、抗震救灾收到捐赠物资明细表、抗震救灾转赠物资明细表等内容。慈善组织也可以针对重大公共危机救助活动，邀请会计师事务所开展专项审计，并通过媒体及时公开披露，以便社会各界监督。对救灾物资采购等风险区域的审计信息披露，需要切实落实绩效审计理念，实施非营利组织捐赠审计。慈善组织的政府审计应定位为在充分利用慈善组织内部审计和社会审计信息的基础上，有重点地开展抽查审计，由点及面地揭示深层次的制度缺陷，为制定政策法规和行业监管提供依据。慈善组织的政府审计主体包括民政部、审计署、税务部门等，应清晰界定各部门监管职能与权限，避免监督工作重复、监管资源浪费。民政部主要负责非营利组织财务信息的年度检查，对非营组织进行行业综合监管。审计署主要负责对非营利组织重大救助活动开展专项审计，查处违法违规行为，揭示制度层面的缺陷与漏洞，提出政策建议。应强调税务部门对非营利组织的监督，严格非营利组织纳税申报制度，设立免税审核制度，统一捐赠票证管理和加强捐赠税收抵扣监督。同时应进一步严肃违法违规案件的移送制度和处理力度，进一步完善政府审计公告制度。公众监督具有成本低、范围广、潜力大等特点，应引导非营利组织通过网站、报纸等媒介公开披露审计报告，畅通公众监督举报途径，创建"公民监督"的氛围，引导我国政府管理向"小政府、大社会"的公共治理方向发展。通过以上方式有序地开展慈善组织的财务信息审计监督工作，环环相扣，积极执行，才能提高我国非营利组织审计的质量和效率。

（二）做好灾后跟踪审计工作

跟踪审计是指审计人员为提高被审计对象的绩效而进行的审计活动。这里的绩效既指经济效益，也指被审计对象的合规性、合法性。跟踪审计是对被审计对象进行适时评价、持续监督和及时反馈的一种审计模式。通过对汶川地震灾后捐赠款物的跟踪审计的实践，可以在监督财政资金的管理使用、防止损失浪费、促进国家有关政策的贯彻落实、提高资金使用效益等方面发挥积极作用，更加有效地发挥审计部门的"免疫功能"的作用，实现审计理念的改变和审计模式的转变。跟踪审计完善了传统的审计方式，有效地发挥了审计部门的保障和促进作用。

四、专家点评

截至 2010 年 2 月底，审计机关先后组织近 3 000 个审计组、8 000 多人次对规划总投资 4 000 多亿元的 13 000 多个项目进行了跟踪审计和审计调查，共向被审计单位发出审计情况通报 1 047 份，促进各级各部门和参建单位建立健全规章制度 600 多项，改进了 2 500 多个项目的建设管理，改善了 200 多个项目的工程质量，节约重建资金或挽回损失 12 亿元，收回挤占挪用资金 3 亿元。2009 年已经分两次向国务院报告审计结果，并分别由审计署、3 个受灾省份和 20 个对口支援省（市）审计机关向社会公告，反响良好。

——时任审计署固定资产投资审计司司长　徐爱生

跟踪审计坚持实事求是，工程概算该调就调，既要防止资金使用上的铺张浪费，又要保障工程建设的质量和安全。渔子溪电站两调概算集中反映了跟踪审计的特点和作用。

——时任审计署驻成都特派员办事处副特派员　周应良

审计工作就是要把住资金的最后一道防线。财政资金用到哪里，审计就要跟进到哪里，而且要交出一本明白账。跟踪审计的纷繁复杂超乎人们的想象。要真正做到看好国家的每一分钱，审计要做的就远不只是翻翻账本。全过程审计涉及项目的每一个过程，这样，才能保证资金真正用到该用的地方。

——时任陕西省审计厅副厅长　李健

五、推荐阅读文献

1. 汶川地震灾后恢复重建跟踪审计结果 ［EB/OL］. www.audit.gov.cn.

2. 审计署公告汶川地震抗震救灾资金物资的审计情况 ［EB/OL］. www.gov.cn.

3. 从汶川地震审计公告看赈灾审计的重要性 ［EB/OL］. www.chinaacc.com.

4. 何海霞. 灾后重建资金与物资跟踪审计研究 ［D］. 成都：西南财经大学，2011.

5. 孟双会. 救灾款物审计体系完善对策探析 ［D］. 成都：西南财经大学，2010.

6. 时现，李善波，徐印. 审计的本质、职能与政府审计责任研究——基于"免疫系统"功能视角的分析 ［J］. 审计与经济研究，2009（3）.

六、案例资料来源

1.《审计署关于印发严格四川地震抗震救灾资金和物资审计纪律若干规定的通知》（审社发〔2008〕58 号文件），发文单位：中华人民共和国审计署.

2. 中国网官网：www.china.com.cn.

3. 中华人民共和国审计署官网：www.audit.gov.cn.

案例十一 "胡曼莉事件"

——透视中国非营利组织的财务监督问题

学习目标

- 理解非营利组织的资金使用方式
- 理解非营利组织资金使用过程中的财务监督方式
- 理解非营利组织善款使用过程中的风险控制

一、案例概述

1999 年，胡曼莉，这位中华绿荫儿童村的创始者，因抚养数百名孤儿而闻名的"中国母亲"，在美国慈善机构"妈妈联谊会"会长张春华的许可下，以代理人身份来到云南丽江，建设当地的孤儿学校。胡曼莉曾被视为中国民间慈善的象征，因其献身孤儿事业的形象，还在中央电视台的公益广告上被称为"中国母亲"。

1999 年，"美国妈妈联谊会"捐赠给"丽江妈妈联谊会"的 35 万美金却出了问题，使得张春华对孤儿学校的管理及慈善捐赠的使用产生了怀疑，于是拉开了"美国妈妈"与"中国母亲"的 7 年战争的序幕。1999 年的这笔钱是"美国妈妈联谊会"帮助胡曼莉成立"丽江妈妈联谊会"和孤儿学校时汇款到中国的，当时美元的银行汇率是 1：8.3，胡曼莉兑换美元的汇率却是 1：8.1，而且还没有向张春华提供美元兑换人民币的流水账单。张春华怀疑胡曼莉是在黑市兑换的美元，且获取汇率差价作为私利。更让张春华懊恼的是，没有这笔美金的兑换流水账单，她就无法向美国国税局交差，"国税局会怀疑我们的资金去向，甚至会认为我们是在中国洗钱"。发现这一问题后，"美国妈妈联谊会"马上向美国国税局提交了"我们被骗了，并将补救和追究"的报告，同时通过网站公布被骗情况。"我们必须在国税局查我们之前，在捐款人知道真相之前就公布出来，以掌握认错的主动权。在美国，你上当不是你的错，你作假就会受重罚。"张春华解释说，这个情况曾经一度导致了捐款下滑。但是，她认为这样的代价是值得的，这使她们仍在捐款者中保持了信誉，还可以让国税局给她们足够的补救时间。在美国，像"美国妈妈联谊会"这样的慈善组织，都是享有免税资格的。但美国国税局为了防止不法之徒借慈善组织逃税与洗钱，还是要监管慈善组织的资金流向。所以，"美国妈妈联谊会"在中国的捐助必须向美国国税局提交各种合法的票据和财务报表来作为证明。它像美国的其他慈善机构一样，财务收支必须公开，并在每年 5 月中旬向国税局报税，国税局根据慈善机构提供的财务报表和审计报告，批准是否继续免税。张春华在和胡曼莉接触的过程中还发现，胡曼莉还存在着挪用善款、借善款敛财等财务问题，所以第一步她准备用打跨国官司的方式来进行补救。

2002年，云南省高级法院终审判决胡曼莉向"美国妈妈联谊会"返还其中的90余万元人民币，这使得"胡曼莉事件"渐渐浮出水面。随后，通过全面审计及调查，最新的官方审计结果解释，胡曼莉将人们捐赠给孤儿的善款敛聚为私财，置办了豪宅，为家人购买房屋，送女儿出国留学，慈善成了她个人牟利的工具。当"慈善家"的画皮被揭穿之后，胡曼莉终于向人们露出其伪善、丑陋的面孔。可以说，"胡曼莉事件"对于中国慈善事业来说，是一个沉重的标本，更是一记响亮的警钟。下面我们一起来回顾"胡曼莉事件"。

（一）基本情况

"丽江妈妈联谊会"是经原丽江地区民政局批准成立的助孤助教、抚养孤儿、扶贫济困的社会团体组织。"丽江妈妈联谊会"接受来自社会各方面的捐款，然后向丽江民族孤儿学校和丽江民族孤儿育幼院进行资助拨款。虽然"丽江妈妈联谊会"是孤儿学校和孤儿育幼院的资金来源方，但在财务上，孤儿学校和孤儿育幼院都有各自独立核算的账户，同时也可以接受除"丽江妈妈联谊会"资助拨款以外的各种捐款。可以说，当时有三个账户同时在接受来自社会各界的捐款，直到2004年，胡曼莉将"丽江妈妈联谊会"、丽江民族孤儿学校和丽江民族孤儿育幼院进行了合并。

（二）资金来源

"胡曼莉事件"中涉及的资金来源包括："美国妈妈联谊会"、胡曼莉个人捐款、社会零星捐款、爱心人士助养孤儿的助养费、会费、部分政府相关补助资金等。

（三）分年度财务收支情况

"胡曼莉事件"所涉非营利组织分年度收支情况参见表11-1至表11-4。

表11-1　"丽江妈妈联谊会"1999—2003年的财务收支情况表　　单位：元

项目年度	1999	2000	2001	2002	2003
总捐款收入	1 269 155.19	3 688 769.20	213 003.43	58 000.00	4 000.00
"美国妈妈联谊会"	515 610.00	2 341 397.70	无	无	无
胡曼莉	357 385.16	842 604.84	无	无	无
社会捐款	384 724.43	462 952.66	200 563.43	无	无
助养费	9 735.60	40 714.00	9 040.00	无	无
会费	1 700.00	1 100.00	3 400.00	无	无

表11-2　丽江民族孤儿育幼院1999—2003年财务收支情况表　　单位：元

项目年度	1999	2000	2001	2002	2003
总捐款收入	47 423.97	436 610.00	688 899.62	1 306 250.56	510 779.16
专项捐款	无	无	250 000.00	无	无
社会捐款	无	436 610.00	390 177.62	1 103 913.22	438 678.46
助养费	无	无	48 722.00	162 237.34	72 100.70
会费	无	无	无	40 100.00	无

表 11-3　丽江民族孤儿学校 1999—2003 年财务收支情况表　　　单位：元

项目年度	1999	2000	2001	2002	2003
总捐款收入	725 000.00	299 498.24	473 129.13	2 313 416.50	797 717.10
社会捐款	无	267 511.40	337 212.66	1 136 947.47	294 932.14
一般捐款	无	无	无	无	145 803.70
助养费	无	31 286.84	36 176.47	268 579.03	356 981.26
教委补助	25 000.00	无	无	无	无
会费	无	700.00	200.00	无	无
胡曼莉	无	无	99 540.00	907 890.00	无

表 11-4　丽江民族孤儿学校 2004—2006 年 8 月 31 日财务收支情况表　　　单位：元

项目年度	2004	2005	2006.8.31
收入项目	1 900 757.72	7 155 377.87	603 408.79
社会捐款	无	无	583 850.29
一般捐款	380 620.04	无	无
助养费	1 208 870.38	无	19 500.00
专项款项	307 649.39	无	无
会费	1 700.00	无	无
利息	1 844.41	无	无
其他收入	73.50	155 377.87	58.50

从这四份表中可看出以下问题：

（1）对胡曼莉巨额投资的怀疑。表 11-1 和表 11-3 显示，胡曼莉个人总共拿出约 220 万元投入孤儿事业。

（2）一般捐款、社会捐款和助养费明显不正常。表 11-4 显示，一般捐款在 2004 年为 380 620.04 元，到 2005 年、2006 年就变成了 0；社会捐款 2004 年、2005 年为 0，到 2006 年又猛增为 583 850.29 元；更让人不可理解的是，助养费在 2004 年是 1 208 870.38 元，到 2005 年变为 0，2006 年也仅有 19 500 元。一般而言，对孤儿的助养都具有连续性，因此助养费是不是也应该具有连续性呢？！

（3）学校总收入怎么会减少。三个单位合并以后，出现了"三账合一"的情况，合并以后，根据国家实行的"两免一补"政策，在孤儿人数未增减情况下，孤儿教育费用会由于国家政策补贴而出现减少的现象，再加上合并后的机构，从海外获得了两笔巨额捐款：一是美国晨星基金会对所有孤儿每人每月 200 元的助养生活费；二是美国一个爱心人士从 2005 年 9 月开始，每月定时捐入 10 000 美元对孤儿的资助金额。另外，还有香港房角石协会也定期给予捐助等多种资金来源。按理说，"三账合一"后，获得捐赠收入的渠道应该增加，但是，在表 11-4 中却显示出，三个单位合并以后，捐赠收入的来源渠道反而越来越少。

（四）审计中查出的问题

1. 收入中存在的问题

（1）审计组在审计时认为，胡曼莉将部分社会零星捐款当成其个人捐款入账或收款收据开给自己（注为：投资款），这是不符合规定的。丽江是个旅游胜地，处于丽江古城中心位置的丽江民族孤儿育幼院每天都要接待许多中外游客，这些游客临走时一般都会在捐款箱中捐钱。对于这些零星捐款，审计组在审计时认为胡曼莉没有进行统计。丽江民族孤儿学校 2001 年 9 月 28 日的账务显示，胡曼莉捐款 60 000 元，这部分资金，应为丽江民族孤儿院 2002 年 4 月 10 日拨出的捐款 60 000 元，因为两笔账务处理的附件为同一张收据。胡曼莉对外声称，自己向丽江民族孤儿学校投资超过 220 万元（见表 11-1 和表 11-3），并提供了 13 张丽江民族孤儿学校的收据，每一张摘要上都注明有"投资款"字样。而"投资款"和"捐款"的本质区别在于，如果胡曼莉注销了"丽江妈妈联谊会"，"投资款"是必须要返还给胡曼莉的一笔资金，而"捐款"则无须返还。而事实上，胡曼莉也的确在合并后的两年内，不断努力，要求注销"丽江妈妈联谊会"，将丽江民族孤儿学校改为民办学校。

那么胡曼莉个人向孤儿学校"投资"220 万元是真是假？她的投资款又是从何而来呢？

事实上，胡曼莉的捐款只有 120 万元，且此 120 万元也属于儿童村在福州时接受的一些社会捐款，此款从福州转到丽江就变成了胡曼莉的个人捐款。1999 年 5 月 26 日胡曼莉投资 98 000 元，用于古城四合院的房租，票据注明为"投资学校创办费"。而该款项在"丽江妈妈联谊会"提供给"美国妈妈联谊会"的捐款财务报告中却清楚注明：1999 年度、2000 年度四合院房租均由"美国妈妈联谊会"捐款支付。知情人士提供了一部分捐款收据，每一张都能与胡曼莉提供的投资款收据完全对应，也就是说每一笔钱竟有两张票据，唯一不同的是"捐款"变成了"投资款"。或者解释为，在同日同时有两笔相同数额的款进账，一笔是捐款、一笔是投资款。2005 年 10 月 26 日胡曼莉支付学生生活费 96 370 元，该款项来源并非胡曼莉个人资金，是从孤儿学生个人账户中提取的。2005—2006 年期间，胡曼莉从孤儿个人储蓄账户存折上提取款项后，交入学校时的收据均开给了胡曼莉个人，金额达到了 269 731.62 元。这其实就是胡曼莉个人"投资款"的真实来源。

（2）另一个重大的收入问题则是孤儿学生个人储蓄账户存在一定的问题（见表 11-4）。助养费在 2004 年的财务收支情况表显示为 1 208 870.38 元，2005 年助养费就直接汇入胡曼莉私自给被助养孤儿开的个人账户上，钱就与学校账户脱离，存折由胡曼莉私人保管。所以审计中学校的总捐款收入就反映出大量减少，2005 年更出现了没有助养费的情况，2006 年助养费也只有 19 500 元。胡曼莉的这种做法，就是要架空学校财务账户，审计中无法查实真实收入，让助养费变成了胡曼莉的个人账户。

那么胡曼莉是怎么让助养人把助养费汇入被助养孤儿的个人账户的呢？

胡曼莉给助养人写信，说服助养人将助养费汇入助养孤儿账户，这些有她给助养人的信件为证。等助养人把助养款转到被助养孤儿的个人账户后，胡曼莉让孤儿在空白回执单上签字，然后由胡曼莉填写金额及其他内容，再将回执单寄送给助养人，她以此方式来躲避开具慈善捐款专用收据，以便让助养费不直接进入学校的账户。这就是胡曼莉接受助养费的方法：她用冠冕堂皇的理由骗过助养人、以"母亲"的身份取得孩子们的信任，来做善款私存的事情。

2. 支出中存在的问题

（1）部分支出未据实列出，而是根据计划列支，金额共计 330 000 元。① 2000 年 8 月 31 日，胡曼莉拨给福州儿童村孩子生活学习费用 15 万元，但 2000 年 8 月实际上福州已无孤儿学生，学生早已迁到丽江民族孤儿学校。② 2005 年 4 月至 2005 年 12 月，胡曼莉以 154 名学生名单为依据，从学校账户向鑫鑫农场拨出伙食费 15 万元。③2006 年 8 月 31 日，胡曼莉凭普通收据及培训学生名单，领取初中毕业生培训费 6 万元。她先以培训为借口让初中毕业生回校，可他们回校后却一直无人管理，有一些学生都很着急了，但最终也没有什么培训。当时学校来了义工，希望能辅导学生的英语。这些义工培训，不但不收培训费，还需要向学校交生活费和住宿费。由于学校无人对学生进行组织安排，所有在校初中毕业班学生中能自觉向义工学习英语的寥寥无几。

（2）胡曼莉在往孤儿个人储蓄账户上存款时，凭存折复印件列支出 99 251.10 元，取出学校账户上的钱存入胡曼莉私自给孤儿开的个人账户上，孤儿却不知道自己有账户和存折。

（3）凭一般收据（部分收据连号）、付款证明、商品调拨单等核销购买各种物品的各项支出共计 424 435.25 元（其中普通收据连号的金额达 17 万余元）。其实在大量购物支出背后还有另外的目的（表 11-4）。2004 年、2005 年的社会捐款和 2005 年、2006 年的一般捐款之所以为零，是因为这些钱根本就没有存入学校账户。胡曼莉给捐款人写信或当面说明所收捐款用于某些项目，例如买米、买油、买校服、买学习用品等，然后向捐款人提供所做项目或所购物品的照片、购物发票或收据的复印件，学校也不开具慈善捐款专用收据，捐款不入学校账户，审计也就审不出来。捐款人以为这些物品是用自己的捐款买的，而实际项目或购物的开支却从学校账户中支出，学校财务又列为购物支出。购买同一样物品，既要向捐款人报账，又要在学校财务支出部分做账，这也是胡曼莉善款私存的一种手段。

（4）对支出中达到固定资产核算标准的部分购入物品未进行固定资产核算管理，这部分金额共计 430 740.20 元。有的物品根本就不存在，是有账无实物的假账。

（5）以胡曼莉为投保人，为少数未成年孤儿购买分红保险，在学校账务上均列为一次性支出保险费 286 018 元。如果无人举报，审计也没查出，该款到期也将落入胡曼莉的私人腰包。丽江民族孤儿学校的经费是靠国际、国内的爱心人士及机构捐款开办的，用善款为少数未成年孤儿购买分红保险，应属于机构投资行为，那么在填写保单时就应在"投保人"一栏内填写投保机构的名称，而不应该填写胡曼莉个人的名字（投保资金不属于胡曼莉个人）。在学校财务做账方面，胡曼莉把它简单地说成是保险支出，而实际此为分红保险，投保人实际上是可以自由退保定期分红的。这些按照规定，均应列入学校的投资管理。在保单的保管方面，由于前期均由胡曼莉私人保管，保险公司也按个人投保程序向胡曼莉个人通知红利（通知书寄到胡家里），直到审计时她才把保单转到学校保管。另外，属于胡曼莉个人住院医疗费，在单位账上报销了 6 545.60 元。

3. 存在的其他问题

（1）丽江民族孤儿学校为田园春休闲庄垫付房租等各种款项，至 2004 年 12 月还有"其他应收款——田园春超市"的 108 660.87 元，均做核销处理。

（2）为电脑服务部支付房租、归还购买设备款 143 348.35 元，但丽江民族孤儿学校账上未反映电脑服务部的收支情况。

（3）修改审计报告。胡曼莉将政府部门对机构进行的审计报告中查出的问题进行修改、篡改（其中篡改件由境外捐款人提供），再将此不真实的审计报告提供给捐款人，以便说明学校财务管理健全，财务账目清楚。

（4）购置豪华进口汽车一辆，价值 30 多万元。在行程不足 10 000 千米、使用时间不足半年的情况下，以 20 万元低价转手出售，造成善款严重损失。

（5）胡曼莉以其养子陈斌之名在丽江万里小区购置一套公寓式房屋，价值 20 余万元；以其母亲之名在丽江万里小区购置一套公寓式房屋，价值 20 余万元；以胡曼莉本人之名在丽江香格里大道（丽江市中级人民法院对面）购置豪华别墅一栋，价值 100 多万元。据查证，胡曼莉本人无任何个人的商业或投资行业方面的收入，女儿在国外上学也需要巨额支出。

（五）审计评价

"丽江妈妈联谊会"的成立，为丽江孤儿事业的发展提供了较好的平台。在海内外及港、澳、台各方面团体组织及爱心人士的帮助下得到了较好的发展。胡曼莉本人也做了大量工作。但在财务管理上确实存在一些问题。在管理使用各项捐款上，有的违反了《中华人民共和国会计法》《民间非营利组织会计制度》等法律法规的相关规定。

（六）审计建议

（1）建议各相关职能部门根据各自的工作责任，进一步加强对社会团体机构的管理、监督和指导，以保证其在法律、法规、规章、规定的范围内活动。

（2）在丽江孤儿学校各种捐款减少的情况下，建议政府采取措施帮助解决资金困难问题。

（3）建议政府责成相关部门对"丽江妈妈联谊会"的资产物品进行一次全面清查，做到账实相符，对有账无实、有实无账的情况做出适当处理。

（4）根据丽江民族孤儿学校对下属实体资产管理不够严格的情况，建议主管部门组织力量对实体资产进行一次清查。

（5）丽江民族孤儿学校的领导应加强对国家各项财经法规的学习，严格按财务会计制度、财经纪律的要求对本单位的财务收支进行核算管理，杜绝各种违纪违规问题的再发生。

（6）购进虫草经营活动业务，也超出了其业务范围。建议向登记管理机关做专题汇报，主动接受监督管理。

（7）应进一步总结经验和教训，纠正在管理使用资产方面存在的种种不足，如购入部分家具未注明用途，无充分资料证明已用于与学校教育教学活动相关的项目；同时要避免买卖车辆过程中形成差价损失的情况再度发生。

审计的评价和建议比较概括和婉转地交待出在审计职能外存在的问题和即将面对的现实，审计局只是对单位提供审计的账务进行了审计。整个"胡曼莉事件"中，牵涉的违规违法现象比较隐蔽，且案件非常特殊，涉及公益人员的廉洁自律问题，值得深思。这个事件，也反映出当前非营利组织所面临的一些问题。它们的独立性很容易被破坏，有可能出现"内部人控制"现象。内部控制人"一手遮天"的现象，会导致该非营利组织财务运作违规违法现象的出现。

1999 年清华大学非营利组织研究所的问卷调查显示：被调查的非营利组织中，只有 14.7% 的非营利组织通过注册会计师审计等外部审计进行规范的年度财务报告审计，甚至还有 10.9% 的非营利组织没有年度财务报告制度。这些都反映出非营利组织存在一些财务管理不规范的问题。面对这些问题，我们在完善慈善监管法律的同时，需要进一步加强非营利组织的外部监督，在保证行为主体依法活动以实现效率的同时，促使行为主体形成道德意识。

二、案例思考

1. 丽江孤儿学校资金来源有哪些？

2. 胡曼莉善款私存的方式有哪些？请对其进行简要说明。

3. 丽江孤儿学校在善款使用过程中存在哪些问题？结合案例，分析非营利组织如何加强善款使用过程中的财务监管。

4. "胡曼莉事件"对你的启示是什么？

三、案例分析

（一）非营利组织"失灵"

非营利组织"失灵"的主要含义是指非营利组织偏离了履行社会公益的宗旨，片面地以功利主义为信念，并给消费者、社会、生态带来负效应。非营利组织"失灵"表现在营利化倾向、官僚化倾向、内部人控制问题和组织效率低下等方面。在胡曼莉的案例中主要反映了非营利组织失灵的内部人控制问题，主要是指独立于外部利益相关者的经营者事实上或法律上掌握着组织的实际控制权，在组织经营中充分体现自身利益，从而架空其他利益相关者的控制与监督的情形。当非营利性组织的愿景变成组织成员的内心信念时，当社会使命变成组织成员对真、善、美的追求时，人们就会自觉维护社会公众的利益，妥善处理好个人利益与社会利益的关系。但是，也必须看到，当我们对人的道德进行过高的期望和假设时，也无法排除人的自利性行为动机。社会一些领域和一些地方拜金主义、享乐主义、极端个人主义也会影响到非营利组织，使少部分人道德迷失，忘记作为一个慈善家应有的职业道德和良心，片面地追求个人利益，从而造成像丽江民族孤儿院这样的非营利组织"以志愿求公益"的内在动力机制失灵。

（二）不断加强和完善我国非营利组织的财务监管体制

在我国现行的有关非营利组织的法律体系中，主要包括两个行政法规、两个行政性规章和一个特别法，即 1998 年颁布的《社会团体登记管理条例》《民办非企业单位登记管理暂行条例》；1988 年和 1989 年先后颁布的《基金会管理办法》和《外国商会管理暂行规定》；1999 年颁布的《中华人民共和国公益事业捐赠法》。这些法规的主要特征，是对各种不同类型的非营利组织做了分门别类的管理规定，严格控制非营利组织的成立，并加强对非营利组织日常活动的管理。同时，考虑到非营利组织开展活动的公益性，在税收等方面实行有利于非营利组织发展的优惠政策。但是，在胡曼莉的案例中我们可以看到中国的慈善正经历一个过渡时期，慈善事业的统一的"游戏规则"还远远没有确立。由于我国的慈善事业在发展过程中遇到了很多困难，使得人们普遍对慈善人士抱有一种赞美、宽容甚至纵容的态度，正是这样的慈善氛围才使得像胡曼莉这样的人有机可乘。所以不断完善我国非营利组织财务监管体制迫在眉睫，非营利组织应该主动向社会公众公开详细的财务报告，提高信息披露水平。要加强非营利组织内部各项管理制度，完善针对非营利组织的会计制度、审计制度、税收票据管理制度，做到有法可依，全面监督，促进非营利组织的健康发展。

四、专家点评

官方审计揭示了胡曼莉通过慈善敛财的真相，催生慈善规范。胡曼莉，这位一度被视为中国民间慈善象征的中年女人，因其献身孤儿事业的形象而在中央电视台的公益广告上被称为"中国母亲"。但这个形象在七年前被委托胡曼莉创办丽江孤儿学校的张春华戳破了。她在两份审计报告中做了手脚，仅仅是目前审计出来的就已经够严重了。

——2007 年 4 月 12 日《南方周末》

我宁愿相信胡曼莉在一开始养孤儿是出于好心，但是当媒体追捧她，当社会资源在她的手里越聚越多，又缺乏必要的制度监督时，个人的欲望就会被手中巨大的社会资源所唤起、催化，甚至失去节制。

——时任云南省侨联副主席　李巨涛

慈善立法仅满足于此是不够的，应有更高的立足点。那就是要通过慈善立法，使慈善事业在社会三次分配中发挥重要作用，成为重要的社会调节器，建立与社会主义市场经济相配套的慈善机制。

——时任民政部社团管理司司长、慈善立法的参与者　陈金罗

西方的慈善其实内生于它的宗教以及从宗教中生发出来的慈善文化。中国在传统上也有民间慈善，但中断了几十年，慈善文化也出现了断层。因此，现代中国的慈善文化只有从传统的伦理道德中吸纳精华，又借鉴西方慈善文化中的人道精神，方可有中国慈善事业的健康发展。

——时任中华慈善总会理事　章立凡

五、推荐阅读文献

1. 阴猛. 当代中国慈善事业的立法状况述评 [J]. 新余高专学报，2008 (5).

2. 宋琳. 从"胡曼莉事件"看中国非营利组织的监督机制 [J]. 知识与经济，2008 (5).

3. 范振远. 从胡曼莉事件看中国慈善立法的严重缺失 [J]. 法制与社会，2009 (11).

六、案例资料来源

1. 人民网官网：www.finance.people.com.cn.

2. 新浪网新闻中心：www.news.sina.com.cn.

案例十二　郴州市体育竞猜俱乐部的真相

——非营利组织资金筹集、运用与财务风险剖析

学习目标

- 了解非营利组织资金募集模式
- 理解非营利组织财务运作过程中的风险控制
- 理解非营利组织资金募集及运作过程中的风险点

一、案例概述

郴州市有浓厚的体育氛围，这里有一个中国女排训练基地，并且建了一家"五连冠宾馆"，然而这些都是湖南省体育总局的产业。郴州市体育局的一位老同志说，郴州市的体育场馆设施在湖南是最差的，连游泳馆都没有。郴州市体育局下属只有一座年久失修的体育场和一所市体校。每年，市里下拨的经费以及体育场周边商店租金的收入不足100万元，而经营了很多年的体育彩票也一直没有什么起色，甚至体育局在《郴州日报》上做的体彩广告费用都还拖欠着。在郴州，比较有名的运动项目是举重，像代表中国台湾地区参加大赛的李凤英就是郴州人。最出名的则是定向越野，据说每次世界大赛，国家体育总局都是委托郴州市体育局代为组队参赛。这两个项目，都是资金、硬件投入需要最少的项目。

48岁的郴州市体育局原局长邓国贤是郴州市体育竞猜俱乐部赌球风波的始作俑者。2001年9月上任的邓国贤，调任体育局后，积极带动郴州体育设施的建设，可经费不足却让他饱尝"巧妇难为无米之炊"的尴尬。郴州市体育局机关一年的财政拨款不足50万元，并且还累计欠各种款项420多万元。整个体育局除了每年收取20多万元的门面租金外，别无其他收入，而这笔租金收入还不够还银行的利息。"穷则思变"，为了弥补经费的不足，在邓国贤的积极倡导下，经市体育局党组集体研究，市体育局决定从外地引进一个叫"体育竞猜"的经营项目，目的是"筹集资金，满足部分球迷需要"。引进这个项目最初并非邓国贤的创意，在其上任之前，市体育局于2000年6月9日专门就此项目向市政府进行了请示。2000年7月13日，郴州市一位领导在公文处理单上批示"可先行试点，请相关领导召集有关部门开会研究"。为稳妥起见，2001年1月18日，市体育局又专门组织人赴外地考察。考察组回来后，又专门向体育局党组递交了一份书面考察报告。就这样，邓国贤开始了自己的"探索之旅"。2001年年底，市体育局局长邓国贤主动找到郴州市宜章县民营企业家罗万军，力邀其投资体育竞猜项目。经多次接触，双方最终达成合作意向。据邓国贤说，2002年3月，他又专门向市政府和市人

大做了汇报，相关领导对这一探索行为均表示了支持。2002 年 4 月，郴州市体育竞猜俱乐部以民办非企业单位的名义在民政部门获得批准。2002 年 4 月 7 日，郴州市体育竞猜俱乐部和罗万军拥有的宜章县天鹰矿产建材有限责任公司正式签订合作协议。为了规避经营上的风险，罗万军又邀请了另外 3 人入股。2002 年 5 月 13 日，俱乐部正式营业。2002 年 6 月 25 日晚，郴州市公安局组织了多人的警力，查封了郴州市体育竞猜俱乐部。与此同时，郴州市公安局发布《关于依法查封体育竞猜俱乐部的通告》，指出郴州市体育竞猜俱乐部非法开设赌场，与广东地下赌场相勾结，聚众赌博，规模大，涉及金额多，严重触犯了我国法律，涉嫌构成赌博罪。当俱乐部受到查处后，郴州市民政局立即撤销了对郴州市体育竞猜俱乐部的审批。郴州市体育竞猜俱乐部从成立到被查封仅有不到两个月的时间，但是这场赌球风波带来的影响却十分深刻。

（一）"探索"走错方向

公安机关的调查显示，郴州市体育竞猜俱乐部在成立之初，就已违背了国家的有关规定。2002 年 4 月，郴州市体育竞猜俱乐部以民办非企业单位的名义在民政部门获得批准。而按照国家有关规定，从事竞猜类等特殊行业的活动，必须首先经公安局批准，然后再由民政部门进行审批。有关人士认为，郴州市民政部门对体育竞猜俱乐部的审批，其实是一种越权。据悉，当俱乐部受到查处后，郴州市民政局立即撤销了自己的审批。

郴州市体育竞猜俱乐部章程复印件显示：俱乐部的性质是"自愿举办、独立核算、亏损自负、从事非营利性社会服务活动的社会组织"；其宗旨是"遵守宪法、法律、法规和国家政策，遵守社会道德风尚，目的是开展全民健身活动，提供健康有益的场所和筹措资金"。但一位知情人士表示，其实在邓国贤四处寻找合作者的那一刻起，就为将来走向赌博埋下了伏笔。虽然体育局的初衷是为体育事业筹措经费，但投资者是要寻求回报的，由于合作目的不一致，最后出现偏差也似乎是一种必然。

（二）资金筹措协议书埋下"雷区"

2001 年年底，邓国贤主动找到郴州市宜章县民营企业家罗万军，力邀其投资体育竞猜项目，经多次接触，双方最终达成合作意向。双方商定，首先由市体育局成立郴州市体育竞猜俱乐部，然后市体育局以俱乐部的名义与罗万军拥有的宜章县天鹰矿产建材有限责任公司签订合作协议。为了明确合作双方的关系，郴州市体育竞猜俱乐部和罗万军拥有的宜章县天鹰矿产建材有限责任公司，于 2002 年 4 月 7 日正式签订协议。协议书规定，在收益和分成上，市体育局和天鹰公司按纯利润的 4∶6 分成。

可见，郴州市体育竞猜俱乐部从资金筹集开始，就背离了"为开展全民健身活动提供健康有益的场所和筹措资金"的社会使命。体育局力邀民营企业投资体育竞猜俱乐部，这可以说是非营利组织筹集资金的一条途径。因为一直苦于没有资金以及场地，市体育局便与郴州市颇有名气的玖合玖实业公司（以下简称"玖合玖"）联合，很快，俱乐部在民政局社团管理科登记注册成立。由玖合玖提供启动资金以及场地，占 60% 股份，市体育局占 40% 股份。据说，当时玖合玖一次性注入了 400 万元的启动资金，其中 200 万元打入市体育局账上，而另外 200 万元做庄家的本金。但是，民营资本的寻利性与非营利组织的公益性之间的关系应当得到妥善的处理。然而，协议书关于纯利润由市体育局与天鹰公司按4：6分成的约定，纯利润作为投资回报归民营企业主所有，这体现的是资本寻利性的满足。尽管市体育局所获纯利润用于社会公益事业，但这只是纯收入的一小部分。体育竞猜俱乐部纯收入如此分配，使得俱乐部从根本上改变了其非营利的初衷并背离其社会使命。民营企业主为了获得更多的利润，导致俱乐部的竞猜演变为赌博也就不足为奇了。

（三）财务运作纰漏使得赌博"一发不可收拾"

郴州市体育竞猜俱乐部和宜章县天鹰矿产建材有限责任公司签订的协议书规定，郴州市体育竞猜俱乐部负责组织、管理体育竞猜有奖活动的各项事宜，负责办理开展体育竞猜有奖活动所需的各种手续，出面协调有关部门的关系，负责体育竞猜活动的票务管理、财务、统计工作，负责体育竞猜活动的保证金和运作中的流动资金管理，保证赔付资金按时到位。而作为乙方的宜章县天鹰矿产建材有限责任公司，则必须在协议签订后两天内将保证金打入俱乐部指定的账户，负责开展体育竞猜有奖活动所需场地装修及设施器材的购置和费用的支出，负责体育竞猜有奖活动的具体技术操作工作，负责体育竞猜有奖活动的具体赔付、变盘和转移庄家的工作，负责承担体育竞猜有奖活动具体操作失误所产生的经济风险和亏损，负责与有关单位的具体协议工作及办证的经费，公司为开办俱乐部所发生的债权债务与体育竞猜俱乐部无关。在收益和利润分成上，市体育局和天鹰公司按纯利润的4：6分成。可见，郴州市体育竞猜俱乐部并没有从"为开展全民健身活动提供健康有益的场所和筹措资金"的社会使命出发制定科学合理的财务规划，以保证其社会使命的实现。举办方市体育局"筹措资金"的规划就是成立一个俱乐部，管理账务与现金，具体运作全部交由合作者，利润与合作者分成，而风险与亏损全由合作者承担。事实上，只要财务规划科学合理，相应的游戏规则适当，体育竞猜俱乐部的风险是可以消除的，亏损是不会出现的。体育局为了不承担风险与亏损，将具体运作全部交由合作的民营企业负责，这一规划注定了俱乐部的竞猜必然演变为特大的赌博行为。

财务收支结果是财务运作实际效果的体现。郴州市体育竞猜俱乐部从2002年5月13日正式营业到2002年6月25日晚被查封，仅营业一个半月不到。起初，俱乐部以2元一注对"意甲""英超""NBA"等赛事进行竞猜。俱乐部成立后的头一个月，一直惨淡经营，收支相抵后，还略有亏损。韩日世界杯足球赛开赛后，由于冷门频出，俱乐部的经营状况开始好转，俱乐部同时也将2元一注的投注金额提高到1次投注最少100元。为了转移风险，俱乐部又将部分赌资通过"变盘"和"转盘"的方式转移到广东的地下赌场。经公安机关查明，截至2002年6月24日，俱乐部总投注额高达4 200多万元，俱乐部从中获取非法所得830多万元，其中包括广东地下赌场431.5万元，除去成本，市体育局获利80万元，罗万军及其所邀的另外2名投资人获利120万元。可见，俱乐部设计的竞猜游戏规则是一种完全的赌博规则。如果比照足球彩票的管理办法，游戏规则的设计只以投注收入的50%作为奖金，是不会出现亏损的，获得收益并不需要球赛冷门频出。在球赛冷门频出使俱乐部经营状况开始好转的情况下，俱乐部将2元一注的投注金额提高到1次投注最少100元，这说明俱乐部的目的是疯狂追求高风险下的高利润，已从根本上背离了"为开展全民健身活动提供健康有益的场所"的社会使命。

为了转移风险，俱乐部又将部分赌资通过"变盘"和"转盘"的方式转移到广东的地下赌场，这充分显示了俱乐部竞猜活动的赌博性质。在俱乐部高达 4 200 多万元的总投注额中，体育局所能分得的用于公益事业的资金仅仅 80 万元，公益资金不到投注金额的 2%。而足球彩票的管理办法规定，公益资金应当达到投注金额的 30%。这充分说明为体育事业筹措资金只是俱乐部从事非法赌博活动的"合法外衣"。俱乐部的财务收支充分证明其"竞猜"的实质是严重触犯法律的"赌博"。

郴州市体育竞猜俱乐部为了解决资金困难的出发点是好的，但是在运行过程中缺乏相关的法律约束及资金运营过程中的种种纰漏，使得其演变为一场影响恶劣的赌博行为，留给人们的思索远远不止事件本身。当然，博彩业在我国有所发展，不可否认，它可以适当地给人们带来娱乐和投机心理满足，且对社会公益事业支持有力。郴州市体育局的领导也是基于这样的考虑才上马该俱乐部的，但是将国家发行彩票的一套办法运用到地方上，需要从责任、资金管理等方面做出明确的法律规定，然后再根据实际的情况逐渐放开。

二、案例思考

1. 请对郴州市体育竞猜俱乐部募集资金的动机、募集方式及运作模式进行简要评述。

2. 郴州市体育竞猜俱乐部资金运作过程中存在哪些风险？

3. 结合案例分析，对非营利组织资金募集及运作过程中存在的风险应该采取哪些措施？

4. "郴州市体育竞猜俱乐部的真相"案例的启示是什么？

三、案例分析

（一）非营利组织的经营收入

非营利组织、营利组织和政府机构成为现代社会的三大社会组织类型，它们是在社会领域、经济领域和政治领域的主要组织形式。在现代市场经济条件下，非营利组织时常面临着财务方面的困扰，许多非营利组织也由于财务方面的问题而延缓了发展的步伐，甚至许多非营利组织难以为继。湖南郴州市体育竞猜活动最终演变为赌博，最初也是为了解决经费不足的问题，但在筹资方式的选择上埋下了"地雷"，从而违背了初衷。许多人认为非营利组织不应该有营业收入，其资金应该全部来源于外部捐赠，这是传统社会观念对非营利组织的误解。在经济发达的美国，1995 年的民间捐赠只占非营利组织总收入的 12.9%，许多非营利社会组织依靠自己的能力获得营业收入。当前我国的实践表明，非营利组织除了可以接受民间捐赠和公共部门支持外，还可以自创收入。尽管目前，在我国非营利组织的收入来源中，自创收入的比重还比较低，自创收入的基本形式是提供服务，但未来，营业收入将是非营利组织实现可持续发展的一个重要途径。

湖南郴州市体育局通过体育竞猜的形式自创收入，但是其在经营的过程中与民营企业合作，并签订合同根据利润的 4∶6 进行分成的具体实施办法，违背了非营利组织

"非营利性"的特征，并在经营的过程中失去了独立性和对经营的控制权，使得竞猜俱乐部的"非营利性"活动最终演变成了"营利性"的"赌博行为"。该案例充分说明，非营利组织在获取经营收入的方式和方法的选择上必须谨慎，要始终保持其"非营利性"的独立性和控制权。

（二）谨慎运用权益筹资

权益筹资的普遍形式是股份制，股份制作为一种灵活有效的筹资手段，在企业界得到了广泛的应用。股份制能否运用于非营利组织呢？通常认为非营利组织不向它们的经营者和所有者提供利润，因而非营利组织与股份制无关。陈晓春教授等认为，为了发展教育、医疗卫生、科学技术和社会福利等事业，解决资金瓶颈的问题，可以大胆地将营利组织的股份制引入非营利组织中，促进非营利组织的发展。通常认为非营利组织以服务于公益事业为目的，以社会使命作为组织的宗旨。从分配上来看，非营利活动中所得到的净收入，不能作为利润分配给投资人。但是股份经济的特点是资本的寻利性，如果非营利组织不给予投资人以任何回报，则难以达到吸引投资人资金的目的。如何权衡使用权益筹资的利弊，是需要非营利组织的管理者深入思考的问题。

郴州市体育竞猜俱乐部正式运营不到两个月就被公安局查封，其原因之一是没有处理好公益性与作为启动资金投入的民营资本寻利性之间的矛盾。在使用权益资金进行非营利组织筹资时，应该充分考虑风险因素，在保证公益的前提下，在留足正常运转所需经费之后，如何考虑投资人的收益，是项目设计过程中需要认真思考的问题。

四、专家点评

（一）政府失误中的公民免责

警方从自身的职责出发，公布通告以及对朋友的劝告，都无可挑剔。但是事情不能孤立地看，因为"俱乐部"的"非法赌博"行为是由一级地方政府部门公开组织的。我同意许多彩民的观点："不管怎么说，既然是体育局公开办的（而且在当地报纸上做了广告），千错万错，彩民们也没有错。"因此，彩民们既不应该受到经济损失（查封前"赌"输的除外），也不应该受到任何形式的纪律、治安和刑事等处分。这不是什么"法不责众"的问题，而是牵涉到更为重要的法治原则。

这个法治原则是什么呢？姑且称之为"政府失误中的公民免责"原则。

众所周知，公民个人除了对政府非法侵害自身权益的行为有依法抵制和索赔的权利之外，对于一般的政府政策和行政行为，他们并没有审查其合法性的义务。且由于信息不对称，政府占有信息优势，普通公民在绝大多数情况下也不具备审查、判断政府行为合法性的能力。因此，从法律上确立政府失误中的公民豁免制度，既有助于追究真正的责任人（制定和推行违法政策和行政行为者），也符合"弱势保护"的原则。

——知名媒体人 童大焕（《中国青年报》，2002-07-15）

（二）问责不清比不问责更糟

在这里，作者用他自己设定的"中国人都知道"来要求郴州人都知道，进而认为郴州彩民是明显的明知故犯，应属于作者的主观臆断。众所周知，无论是福彩还是体彩，都是由各个省操作的；更有许许多多的临时性彩票，都是由市、县地方政府来发售的。这种情况下，普通公民又没有审查政府行为合法性的权力，怎么知道地方政府无权进行博彩活动？况且，无论"知道"还是"不知道"，单纯从"动机"出发判定人的行为"罪"与"非罪""合法"与"非法"，本身就不符合法治原则。因为"动机"问题既无法证实，也无法证伪，因此是个伪问题。

作为一个公民，当然应该自觉遵守国家的法律法规。但具体到博彩，目前我国并没有明确的法律界定规定哪一级政府才可以举办，各级地方政府在具体操作中也时有"变通"，令人眼花缭乱。这种情形，要普通百姓分清何为合法何为非法，实在勉为其难；在这个基础上谈"依法""守法"，更无异于凌空蹈虚，唱高调而已。

——知名媒体人 童大焕 （《南方都市报》，2002-07-25）

五、推荐阅读文献

1. 10万人狂赌世界杯——郴州体育局坐庄赌球事件真相 ［EB/OL］. www.enorth. com.cn.

2. 张彪. 郴州市体育竞猜俱乐部财务运作剖析 ［J］. 时代周刊，2002（12）.

3. 张彪. 非营利组织可持续发展的财务策略 ［J］. 财经理论与实践，2003（1）.

4. 杨红，秦利，安姝敏. 非营利组织财务风险的防治与控制 ［J］. 沈阳农业大学学报（社会科学版），2004（1）.

5. 冯艳. 非营利组织财务风险管理研究 ［D］. 成都：西南财经大学，2007.

六、案例资料来源

新浪体育官网：www.sports.sina.com.

第十二章
民间非营利组织财务管理中的
新发展与案例实务

案例十三　北京嫣然天使儿童医院
——基金会基础上建立的社会企业财务管理模式

学习目标

- 了解北京嫣然天使儿童医院的基本情况
- 理解北京嫣然天使儿童医院的资金运作模式
- 理解关联方的内涵和信息披露内容

一、案例概述

（一）北京嫣然天使儿童医院概述

2012 年 5 月 27 日，北京嫣然天使儿童医院在北京市朝阳区望京东园（融科橄榄城）举行了落成典礼，并于 2012 年 7 月 1 日正式开业。

北京嫣然天使儿童医院是中国第一家民办非营利性儿童综合医院，是在中国红十字基金会的监管下由李亚鹏等八位创始人共同倡导发起的。北京嫣然天使儿童医院全体工作人员在"仁爱、济世、关怀、奉献"的精神指引下，将致力于建立集儿童医疗救治、医学科研、医护培训、人文关怀于一体的研究型现代化儿童综合医院。在为社会公众提供从门诊到住院的"一站式"儿童综合医疗服务并收取费用的同时，北京嫣然天使儿童医院每年将向来自贫困家庭的儿童提供 600 例全额免费手术及其他方面的医疗救助，体现了非营利性医院的特殊性。

同时，医院附设的嫣然天使颅颜中心，对唇腭裂患者提供从 0～16 周岁的包括前期治疗、外科修复、术前及术后的正畸治疗、语音治疗、心理咨询、音乐疗法，从而成为中国第一个拥有完整唇腭裂系列治疗体系的颅颜中心。

北京嫣然天使儿童医院借鉴国际医院管理模式并结合中国国情，探索中国儿童医院一流的管理标准。嫣然天使基金（北京）在嫣然天使儿童医院建立志愿者培训基地，嫣然天使儿童医院除了自身的医护人员外，还有来自各界的志愿者提供服务，他们都在为建设更好的医患关系而努力。嫣然天使儿童医院同时也接受社会各界的善款及物资捐赠，所有捐赠的善款和物资都用于医院自身的建设以及对贫困家庭儿童的医疗救助。

北京嫣然天使儿童医院是中国大陆地区第 26 家通过 JCI（Joint Commission International，简称 JCI）认证的医院，也是亚洲第一家以最新标准认证的儿童医院。通过 JCI 认证，意味着医院将以更加细致周到的医疗服务及更优质的就医环境惠及病患。

（二）嫣然天使基金（北京）概述

嫣然天使基金（北京）是中国红十字基金会下属二级专项基金项目，于 2006 年 11 月 21 日在中国北京成立。它是由李亚鹏先生、王菲女士发起的具有公募性质的专项公益基金，致力于建立中国出生缺陷儿童医疗救助体系，重点项目为嫣然天使颅颜中心。

嫣然天使基金（北京）是中国红十字基金会倡导实施的"红十字天使计划"的重要组成部分，受到中国红十字基金会的监督、管理及支持。嫣然天使基金（北京）与中国红十字基金会紧密合作，其募捐账户设立于中国红十字基金会募捐账户之下。中国红十字基金会聘请第三方会计师事务所每年对嫣然天使基金（北京）这个二级专项基金项目进行年度财务审计，并定期在官方网站上对嫣然天使基金（北京）的资金筹集、管理和使用情况，获资助对象名单，捐款使用情况，重大活动等信息进行公示。嫣然天使基金（北京）接受的所有捐款可由中国红十字基金会开具财政部统一监制的公益事业捐赠专用收据。

（三）嫣然天使基金会（香港注册）概述

嫣然天使基金会（香港注册）于 2010 年 12 月 9 日在中国香港成立，是在香港注册的公益慈善法人机构。秉承嫣然天使基金（北京）的慈善精神与使命，目前重点项目为北京嫣然天使儿童医院。嫣然天使基金会（香港注册）立足于中国大陆，以香港为窗口，向世界传播嫣然天使基金（北京）的慈善精神。2013 年 5 月，嫣然天使基金会（香港注册）首次在香港开通海外募捐平台，让更多海内外捐赠人和机构能够便捷地加入嫣然天使基金会（香港注册）、加入中国慈善事业，为更多中国贫困地区的唇腭裂患儿及其他出生缺陷儿童提供医疗、教育和改善其生活条件方面的帮助。

北京嫣然天使儿童医院、嫣然天使基金会（香港注册）和嫣然天使基金（北京）三者的关系如图 12-1 所示。

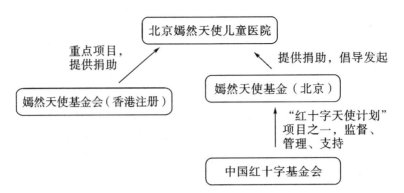

图 12-1　北京嫣然天使儿童医院、嫣然天使基金会（香港注册）和嫣然天使基金（北京）三者的关系

表 12-1　北京嫣然天使儿童医院接受捐赠情况（2012—2014 年度）　　　单位：元

2014 年度			2013 年度			2012 年度		
捐赠单位名称	捐赠款项	捐赠物资	捐赠单位名称	捐赠款项	捐赠物资	捐赠单位名称	捐赠款项	捐赠物资
嫣然天使基金会（香港注册）	26 166 020.60		中国红十字基金会	2 602 422.23	166 943.79	中国红十字基金会	34 372 774.31	
中国红十字基金会	1 000 000.00	3 403.00	中华思源工程扶贫基金会	13 000 000.00		北京视佳广通公司		3 600.00
贵州亨利眼镜张存捐款	14 000.00		上海卫康光学眼镜有限公司	1 240 000.00		哈尔滨红博世纪广场马内尔服饰	1 000 000.00	
康博嘉信息科技(上海)有限公司		251 900.00	联想集团		23 998.00	北京康派特医疗器械有限公司		3 000.00
北京马诺生物制药有限公司		58 000.00	上海万象眼镜视频贸易有限公司	100 000.00		北京仁合康盛医疗用品公司		19 900.00
致威世纪(北京)信息技术有限公司		50 800.00	大唐科技产业有限公司	3 470.00		北京卓飞电子公司		30 000.00
腾讯科技有限公司		28 800.00	北京康特派医疗器械有限公司		30 000.00	重庆长麟科技有限公司		60 100.00
坦达天成医疗仪器(北京)有限公司		3 500.00	个人捐赠	15 787.70		北京华建永昌医疗设备有限责任公司		840.00
个人捐赠	28 444.69		其他零星捐赠		4 765.30	日本东芝公司		26 000.00
其他零星捐赠		1 359.11				北方铭润(北京)科技有限公司		4 500.00
						北京百泰恒社商贸有限公司		45 000.00
						用友软件公司		109 600.00
						浙江瑞崎营销有限公司		130 000.00
						中国银行北京利星广场支行		37 800.00
						个人捐款	571 767.51	
						个人捐物		311 000.00
合计	27 208 465.29	397 762.11	合计	16 961 679.93	225 707.09	合计	35 948 141.82	777 740.00
捐赠总和	27 606 227.40		捐赠总和	17 187 387.02		捐赠总和	36 725 881.82	

北京嫣然天使儿童医院作为一家民办非营利性儿童医院，其性质决定了其不以营利为目的，收入用于弥补医疗服务成本（2015年《中国卫生统计年鉴》定义）。根据北京嫣然天使儿童医院披露的接受捐赠情况，除了日常营运收入获得资金外，其捐赠款项和物资主要来自嫣然天使基金会（香港注册）与中国红十字基金会以及一些定向捐赠。表12-1为北京嫣然天使儿童医院官网所披露的该医院2012—2014年接受捐赠情况。

北京嫣然天使儿童医院官网披露的接受捐赠的主要用途和使用情况如表12-2所示。

表12-2　北京嫣然天使儿童医院捐赠使用情况和效果说明（2012—2014年度）

年度	主要用途和使用情况		捐赠使用效果说明
2014	本年度共接受捐赠现金：27 208 465.29元，接受的现金主要用于贫困患儿医疗救助；支付房租、物业费用的款项；购买医疗设备和设备维保的款项；购买药品及耗材的款项；支付员工薪酬保险的款项；支付行政办公费的款项；进行市场宣传的款项；支付会议、培训的款项；医院日常运营支出等。		设置科室：儿童内科、外科、眼科、耳鼻喉科、口腔科、中医科、麻醉科、检验科、医学影像科等
			就诊人数：29 821人次
			设置项目：4间手术室，50张病床
			手术人数：610人次
			住院人数：681人次
	本年度接受捐赠物资：397 762.11元，包括：HIS系统服务集群、专业防护口罩（普卫欣）、用友人力软件、电话交换机及医疗器械等，全部用于医院运营建设及医疗救治。		义诊：开展"父亲节"、暑期义诊活动
			成为亚洲首家JCI第五版认证的儿童医院；组织召开中国唇腭裂诊治联盟第一次核心工作组会议；组织嫣然天使基金（北京）"慈善亲子夏令营"活动；组织嫣然"天使之旅-把爱传出去"活动，赴西藏阿里进行医疗救助活动。
2013	本年度共接受捐赠现金：16 961 679.93元，接受的现金主要用于贫困患儿医疗救助；支付房租、物业费用的款项；购买医疗设备和设备维保的款项；购买药品及耗材的款项；支付员工薪酬保险的款项；支付行政办公费的款项；进行市场宣传的款项；支付会议、培训的款项；医院日常运营支出等。		设置科室：儿童内科、外科、眼科、口腔科、耳鼻喉科、保健科、心理科、康复科、麻醉科、检验科、医学影像科等
			就诊人次：37 224人次
			设置项目：4间手术室，50张病床
			手术人次：854人次
			住院人次：1 024人次
	本年度接受捐赠物资：225 707.09元，主要为手术器械及医疗耗材等。这些全部用于医疗救治。		义诊：为打工子弟学校等义诊376人次
			参与举办国际唇腭裂治疗新技术学术研讨会；组织"嫣然雅安救助行动"；组织"天使之旅-把爱传出去"活动，赴边远贫困地区进行医疗救助；举办嫣然医院公共开放日；组织"嫣然慈善亲子夏令营"。

表12-2（续）

年度	主要用途和使用情况	捐赠使用效果说明	
2012	本年度共接受捐赠现金：35 948 141.82元，接受的现金主要用于医院建设工程的款项；购买医疗设备的款项；购买医疗软件系统的款项；贫困患儿医疗救助款项；购买药品及耗材的款项；支付房租、物业费用的款项；支付员工薪酬保险的款项；支付行政办公费的款项；进行市场宣传的款项；支付会议、培训的款项；医院日常运营支出等。	设置科室：儿童内科、外科、眼科、口腔科、耳鼻喉科、保健科、心理科、康复科、麻醉科、检验科、医学影像科等	
		就诊人次：12 433人次	
		设置项目：4间手术室，50张病床	
		手术人次：403人次	
		住院人次：474人次	
	本年度共接受捐赠物资：777 740.00元，主要为医疗设备及办公设备、软件等。	义诊：为打工子弟学校等义诊238人次	
		参与举办国际唇腭裂治疗新技术学术研讨会；组织"天使之旅-把爱传出去"活动，赴边远贫困地区进行医疗救助；举办嫣然医院公共开放日。	

北京嫣然天使儿童医院是嫣然天使基金会（香港注册）下属的社会企业，由于其所属的嫣然天使基金会（香港注册）为境外基金会，适用法律与境内有差异，因此该医院具有特殊性。但是，基金会通过建设一个非营利性社会企业使捐赠收入能更好地服务于基金会自身的发展与运作，为公益领域的社会企业的发展提供了一种新的思路和发展路径。北京嫣然天使儿童医院这家社会企业可以通过从基金会获得外界捐赠、自身运营收入等多种方式，获得不同来源的资金，将所得资金运用于该社会企业的日常运作和对基金会公益项目的支持，从而实现基金会和该社会企业的共同发展。

然而，目前我国对于基金会下建立相关社会企业或其他社会组织的权利，并未从法律法规上进行明确详细的规定。北京嫣然天使儿童医院的这种注册成立模式以及资金运作模式，在该社会企业的运营过程中，可能会导致一定的资金监管风险问题。加上北京嫣然天使儿童医院，与嫣然天使基金（北京）、嫣然天使基金会（香港注册）之间的内在关系，使得北京嫣然天使儿童医院在资金运作过程中如何保证所有"交易价值"的公允性，以及如何对信息进行及时、完整的披露，是值得深入思考的问题。因此，这种社会企业的资金运作模式，是否适合当前我国公益慈善事业的发展阶段，能否成为当前积极发展社会企业的新路径，仍然值得我们后续继续关注、分析和研究。但整体而言，北京嫣然天使儿童医院的财务管理模式，为我国社会企业的全面发展，开辟了新的思路和视角，对我国目前的公益实践具有一定的借鉴和参考价值。

二、案例思考

1. 北京嫣然天使儿童医院的特殊性在哪里？与其他非营利医院的区别是什么？

2. 北京嫣然天使儿童医院的资金来源、资金使用模式有何优缺点？

3. 北京嫣然天使儿童医院的资金运作模式对嫣然天使基金会（香港注册）未来的发展有何意义？

4. 北京嫣然天使儿童医院、嫣然天使基金（北京）、嫣然天使基金会（香港注册）这三者之间的关系如何？

三、案例分析

（一）北京嫣然天使儿童医院的财务管理模式的特殊性

根据案例描述可以发现，北京嫣然天使儿童医院是在中国红十字基金会的监管下，由李亚鹏等八位创始人共同倡导发起的，是嫣然天使基金会（香港注册）的重点项目，实质是一家境外基金会下设立的一家境内民办非企业单位（社会企业）。这在中国社会组织发展过程中，是一个全新的尝试。根据目前的一些资料，境外基金会例如香港乐施会等，一般通过在境内设立专门的项目进行公益慈善活动，鲜有通过创办民办非企业单位来进行公益慈善活动的案例。

为什么会出现建立一个境外基金会，再通过该境外基金会开展非营利性医疗机构的项目进行运作的模式呢？香港法律《雅丽氏何妙龄那打素慈善基金会条例》第1181章第8条规定，基金会具有做出以下行为的权利："（a）营办和管理非牟利医院、诊所、医疗机构、社区健康中心、社会服务中心及为长者失智症患者而设的院舍，以及监督其营办和管理。"而境内目前所颁布的法条中，尚未对基金会下设独立的、具有法人资格的非营利性医疗类型的社会企业的经营管理进行规定、说明和解释。由此可见，在香港注册的基金会，更加享有明确的建立非营利性医疗机构的权利，北京嫣然天使儿童医院由在香港注册的基金会设立，将会更有效率。然而，我国《基金会管理条例》第25条规定：境外基金会代表机构不得在中国境内组织募捐、接受捐赠。因此，嫣然天使基金会（香港注册）下的北京嫣然天使儿童医院项目无法进行自行募款，只能通过嫣然天使基金会（香港注册）和中国红十字基金会下设的嫣然天使基金（北京）这两家关联方进行资金募集，然后再捐赠给这家医院进行公益项目。这种涉及境内、境外关联方的资金往来，在符合公允性前提，及时、全面、真实地进行信息披露以后，是合法合理的。该案例中涉及的这家社会企业的资金往来模式，也是中国当前社会组织发展中的一种新的探索。

作为中国首家非营利性的儿童医院，北京嫣然天使儿童医院在发展中尽管遇到了很多问题，然而从全球范围看，非营利性医院能体现一个国家医疗的公益程度，给社会发出了一个良好的发展信号。由于中国慈善事业仍在发展过程中，慈善公信力较低，政策监管力度不够，相关法规仍然相对滞后，社会资本进入医疗领域仍存在很多障碍，导致目前的非营利医院整体发展比较缓慢。北京嫣然天使儿童医院的建立与发展，对中国整个慈善事业的推动具有重大意义，为我国慈善事业的发展提供了新的视角和启发。

（二）北京嫣然天使儿童医院的资金分析

1. 资金的筹集方面

在资金筹集方面，根据表12-1和表12-2可以发现，2012—2014年的连续三年，该儿童医院接受的捐赠收入是其最主要的资金收入来源。其中，在2013年之前，也就是嫣然天使基金会（香港注册）开通海外募捐平台之前，嫣然天使基金（北京）对儿童医院的捐赠占比最大。2014年，北京嫣然天使儿童医院作为嫣然天使基金会（香港注册）的重要项目，其主要资金来源为嫣然天使基金会（香港注册），其次是嫣然天使基金（北京）的捐赠收入。另外，儿童医院还通过对非免费治疗患者收取一定的治疗费用来弥补医院成本。以上两项，即来自嫣然天使基金会（香港注册）和嫣然天使基金（北京）的捐赠收入，以及对某些患者收取的治疗费用，构成了嫣然天使儿童医院基本的资金来源。

2. 资金的使用方面

在资金使用方面，根据北京嫣然天使儿童医院官网披露的接受捐赠的主要用途和使用情况，该儿童医院的资金基本用于医疗救助及器械设备的购买等。其中，"国际唇腭裂治疗学术研讨会""公共开放日""天使之旅-把爱传出去"等活动则都属于嫣然天使基金（北京）下的主要项目。由此我们可以发现，嫣然天使儿童医院与嫣然天使基金（北京）之间存在共有项目之间的关系。由于嫣然天使基金（北京）属于公募性质的中国红十字基金会下的专项基金计划，其所得捐赠收入需按国家规定拨出大部分进行公益使用，通过嫣然天使儿童医院的平台，嫣然天使基金（北京）的捐赠收入能够被有效地运用到公益救助领域，同时，儿童医院利用所得到的一部分营运资金收入，也可以为嫣然天使基金（北京）的一些公益项目活动提供支持和帮助，两者相辅相成，找到了公益之间的共赢模式。但值得关注的是资金使用过程中的公开、透明问题，为此必须做好信息的及时、完整披露工作。

3. 资金的分配方面

在资金分配方面，《中国卫生统计年鉴》规定，非营利性医疗机构不以赚钱为目的，但为了扩大医疗规模，也可适当盈利，但这种盈利只能用于自身发展，不能分红，也就是营运所产生的利润，不能进行分配。由于我们无法获得香港注册的嫣然天使基金会的审计年报，也没有在公开渠道获得在香港注册的嫣然天使基金会公开披露的年报数据，因此，我们无法分析北京嫣然天使儿童医院和嫣然天使基金会（香港注册）的详细资金往来情况，因此无法对嫣然天使儿童医院的资金分配进行完整的论述。但现有资料可以表明，北京嫣然天使儿童医院日常治疗所得的收入在一定程度上弥补了公益治疗救助成本，同时支持了嫣然天使基金（北京）的一些项目运作，使得该儿童医院在履行公益救助的同时，能够基本实现"自我造血"，正常运转，实现良性循环。

（三）嫣然天使基金（北京）的网络曝光事件

2014年1月6日，周筱赟对嫣然天使基金（北京）救助儿童的费用提出质疑。周筱赟称，2012年北京嫣然天使儿童医院开业后，平均每例救助儿童的治疗费"飙升至99 000元"。根据2007年红基会官网公布的《嫣然天使基金捐赠标准》，"捐款5 000元，可资助1名贫困家庭唇腭裂儿童接受治疗"。2013年8月，嫣然天使基金（北京）官网中也称"唇腭裂功能性修复手术平均一台8 000元左右"。若按每人5 000元标准，嫣然天使基金（北京）成立至今共捐助8 525人，总花费4 362.5万元。但审计报告显示，嫣然天使基金（北京）从2006年至今，支出总额1.14亿元——这相差的7 000万元善款可能涉及"利益输送"。

嫣然天使基金（北京）对此次网络曝光事件，回应称："唇腭裂救助并非嫣然基金唯一项目。"总支出中，还包含定向捐赠给北京嫣然天使儿童医院筹建款项、"天使之旅-把爱传出去"等多个项目。嫣然天使基金（北京）不但提供全额救助，且救助范围也包括唇腭裂患儿其他病症及部分心理辅导、营养和交通费用等方面的资助。

中国红十字基金会称，至 2013 年 12 月，嫣然天使基金（北京）累计募集款物 1.42 亿元，用于患儿救助 4 153 万元。每年审计未发现其有违规行为。北京嫣然天使儿童医院官方微博亦发出声明称："北京嫣然天使儿童医院自 2012 年成立以来一直依法进行信息公开；北京嫣然天使儿童医院一直接受民政局等相关部门依法监管，也欢迎社会各界依法对我们进行监督。"而周筱赟仍然认为，儿童医院所公布的内容不是审计报告的全文，而仅是审计报告的结论，支出明细表更是从未公开。

这次"丑闻"风波尽管已经过去，但从此次事件中，我们可以发现，在基金会下设立民办非企业单位仍然需要继续探索，财务透明度是民办非企业单位获得发展、赢得公众信任的关键。我们还需要向国外先进的经验学习和借鉴，完善相关慈善法规，进一步提高民办非企业单位及基金会自身的透明度，促进慈善事业的发展。

四、专家点评

嫣然天使儿童医院的定位，是民办非营利儿童综合医院。这种模式，在西方很成熟，但是在中国是第一例，是探索性的。我祝福嫣然。

　　　　　　　　——时任北京大学光华管理学院研究员　陈浩武

慈善组织要信息公开，要公开到社会满意为止。

　　　　　　　　——时任民政部社会福利和慈善事业促进司司长　詹成付

五、推荐阅读文献

1. 北京嫣然天使儿童医院官网：www.smileangelhospital.org/index.html.
2. 嫣然天使基金（北京）官网：www.smileangelfoundation.org.
3. 嫣然天使基金会（香港注册）官网：110.173.0.135/index.aspx.
4. 侯雪竹，黄英男. 民办非营利医院的一次探索［N］. 京华时报，2012-07-02.

六、案例资料来源

北京嫣然天使儿童医院官网：www.smileangelhospital.org.cn.

案例十四　中国公益信托的尝试

——云南信托"'爱心成就未来'稳健收益型集合资金信托计划"和"中信开行爱心信托"的实践

学习目标

- 了解云南信托"'爱心成就未来'稳健收益型集合资金信托计划"的基本情况
- 了解"中信开行爱心信托"资金运作模式
- 理解公益信托的类型和特征

一、案例概述

（一）云南信托"'爱心成就未来'稳健收益型集合资金信托计划"概述

1. 信托计划简介

云南国际信托投资有限公司（以下简称"云南信托"）为响应云南省委、省政府的号召，根据《中华人民共和国信托法》《信托投资公司管理办法》《信托投资公司资金信托管理暂行办法》及其他相关法律、法规的规定，与云南省青少年发展基金会合作，于2004年4月12日正式设计并联合推出了"'爱心成就未来'稳健收益型集合资金信托计划"。

该集合资金信托计划是国内首个社会公益和集合资金信托相结合的信托产品，其主要目的是将募集的信托资金人民币536万元，投资于具有良好流动性的固定收益型投资品种，以及符合要求的、经中国人民银行等监管部门批准的其他金融工具，或用于购买安全性高的信托产品。在持续2年的信托计划期限中，信托计划财产收益率小于等于当期银行一年期存款利率乘以110%的部分，分配给受益人；超出的收益部分，委托受托人直接捐赠给云南省青少年发展基金会，用于"爱心成就未来"特别助学行动公益项目。受托人不收取信托报酬，最终实现公益信托的意义。该信托计划产品具有投资稳健、公益成就爱心、期限灵活、监管合理、风险低等特征。具体而言：

第一，该信托计划的主要投资类型，均以具有良好流动性的货币市场收益型投资品种和银行间固定收益型投资品种为主，将筹集到的委托人的资金进行再投资，并因投资品种丰富且流动性强、易于收拢、风险低，使得信托计划产品具有投资稳健的特征。

第二，该信托计划的捐赠资金由云南省青少年发展基金会进行管理运用，即最终信托计划获得的除去投资人收益外的剩余收益部分，委托人委托受托人——云南信托，直接捐赠给云南省青少年发展基金会，用于"爱心成就未来"特别助学行动公益项目。

该项目旨在为家庭贫困的优秀在读大学生提供助学金，鼓励和支持家境困难的大学生奋发向上，充分体现了该信托计划的公益性。

第三，信托计划成立后每满一年时，委托人可以选择继续加入或自动退出信托计划。这体现了信托计划的流动性，方便了投资者。

第四，由云南信托公司负责信托计划资金的具体管理和运用，信托计划资金账户由中国建设银行云南省分行进行监管，信托计划的捐赠资金由云南省青少年发展基金会来管理运用。这种三方监管的方式有利于相互监督，提高资金使用效率，增加资金管理和使用的透明度。这些也体现出该信托计划具有风险低的特征。

2. 信托计划的资金分析

（1）资金募集

《信托投资公司资金信托管理暂行办法》第六条规定，"信托合同不超过200份"，"每份合同金额不得低于人民币5万元（含5万元）"。而云南信托公司该计划是面向公众公开招募，因而其资金募集是面向一次可以签订不低于5万元合同的社会公众。

（2）资金的投资管理

云南信托公司与委托人签订信托合同，约定信托期限是24个月，合同单笔金额不低于5万元，可按照1万元的整数倍增加，预计年收益率为2.178%。云南信托公司于2004年公开募集到536万元人民币资金，并将该笔资金投资于具有良好流动性的货币市场收益型投资品种和银行间固定收益型投资品种。

从该信托资金的投资范围和投资策略上分析，该信托计划的投资决策是要在兼顾收益性的前提下，保障信托财产的安全性和流动性。信托利益中信托计划财产收益率小于等于当期银行一年期存款利率乘以110%的部分，分配给信托计划投资人（受益人）；超出的收益部分，委托受托人（云南信托）直接捐赠给云南省青少年发展基金会，用于"爱心成就未来"特别助学行动公益项目。根据相关法规，信托计划成立后每满一年时，委托人可以选择继续加入或自动退出信托计划，该信托计划的资金分期以一年为期限。

（3）信托计划的成果

信托计划成立一年后，信托计划财产实现的实际收益率约为3.7%，向信托计划的投资人（受益人）分配收益以后的剩余收益部分，由受托人（云南信托）向云南省青少年发展基金会进行捐赠，此次信托计划的捐赠资金约10万元。

经过与云南省青少年发展基金会商议，并征询了所有委托人的意见，决定将10万元的捐赠资金进行集中使用，主要用于在云南省内建盖一所希望小学。希望小学将以信托计划的名字命名，而小学的捐赠纪念碑上将刻下加入信托计划的每一位委托人的名字和捐赠金额。

（二）"中信开行爱心信托"概述

1. 信托计划简介

"中信开行爱心信托"由中信信托于2008年8月与国家开发银行和招商银行合作设立。招商银行发行人民币理财计划募集资金，中信信托为所募集资金成立爱心信托计划，购买国家开发银行的信贷资产。信托资产规模约10亿元，信托期限10个月，受益人预期年收益率 4.5% 至 4.7%，在扣减投资者收益和相关税费后的剩余信托收益，通过中国宋庆龄基金会捐赠灾区使用。中信信托和国家开发银行对本项目不收取任何费用。

2008 年 5 月 12 日，四川省阿坝藏族羌族自治州汶川县境内发生里氏 8.0 级地震。截至 2008 年 9 月 18 日 12 时，大地震共造成 69 227 人死亡，374 643 人受伤，17 923 人失踪，是中华人民共和国成立以来破坏力最大的地震，也是唐山大地震后伤亡最惨重的一次。该信托计划捐赠的资金，将用于震后重建和救济灾区，实现公益信托的目的。

该信托计划产品具有金融机构之间联合、规模和捐款数额大、社会公益效果明显等几个特征。具体而言：

首先，该信托计划是由中信信托联合国家开发银行和招商银行共同设计并进行的信托计划。这种金融机构之间合作进行的信托计划方式，使银行理财投资项目的种类得以扩大，有效通过这种金融机构之间的相互合作，帮助投资者获得更大收益，实现更安全的投资目的。

其次，该信托计划产品的资金规模为 10 亿元，由中信信托直接向国家开发银行购买信贷资产，最后累计向中国宋庆龄基金会捐款 956 万元。作为国内捐款规模最大的公益性信托，其相较于云南信托"'爱心成就未来'稳健收益型集合资金信托计划"，投资规模和捐款规模进一步扩大，证明了公益信托计划在类型选择上的突破。

最后，该信托计划将 956 万元捐款全部用于汶川大地震后的灾后重建工作，为社会公益提供了更广泛的资金来源。

2. 该信托计划的资金分析

该信托计划的资金来源于招商银行向公众发行的人民币理财计划募集的资金，中信信托作为受托方，设计权益信托类型的爱心信托计划，对委托人的资金进行财务管理。中信信托将资金运用到购买国家开发银行的信贷资产，形成了完整的信托结构。

在该信托计划过程中，参与方包括中信信托、国家开发银行、招商银行三方。其中，招商银行是委托方，中信信托是受托方，国家开发银行的信贷资产作为标的。受益人主要有两个，一个是招商银行，另外一个是宋庆龄基金会。由于宋庆龄基金会作为受益人，享受该信托产生的一部分收益，使该信托具有了公益信托的特征。由于中信信托购买信贷资产的规模约 10 亿元，信托期限 10 个月，受益人预期年收益率 4.5% 至 4.7%，在扣减投资者收益和相关税费后的剩余信托收益达到了 956 万元，全部通过中国宋庆龄基金会捐赠四川地震灾区，完成了整个公益信托的使命。这是中国历史上对慈善信托的一次重要尝试，为公益信托的发展方向奠定了实践基础。而在这个信托计划的整个过程中，中信信托和国家开发银行对本项目不收取任何费用，也为公益信托的受托方和资产标的方如何从事慈善工作提供了借鉴。

到 2009 年 5 月该信托计划结束时，该信托计划累计向中国宋庆龄基金会捐款 956 万元，是国内捐款规模最大的公益信托。项目所捐款项用于援建四川省绵阳市平武坝子乡中心小学，以及在四川省 39 个县（市、区）的 50 个中小学和 50 个安置点捐建 100 所"宋庆龄爱心图书室"，共捐赠 2 000 余万册图书。

这一结果体现了中信信托联合国家开发银行和招商银行进行资金管理和投资，由宋庆龄基金会对捐赠资金进行管理的三方合作的公益信托模式，是资产管理、公益信托产品等金融手段参与公益活动的一种全新尝试。

二、案例思考

1. 云南信托"'爱心成就未来'稳健收益型集合资金信托计划"顺利进行的必备因素有哪些？

2. "中信开行爱心信托"与云南信托相比较，它的规模得以扩大的根本原因是什么？

3. 中信开行爱心信托是哪种公益信托计划？它的特征是什么？

4. 公益信托与慈善信托有何区别与联系？公益信托的优势与劣势在哪里？

三、案例分析

云南信托"'爱心成就未来'稳健收益型集合资金信托计划"和"中信开行爱心信托"两种信托分别属于集合信托和单一信托模式，但两者的共同点，都属于公益慈善信托。

"中信开行爱心信托"既吸取了云南信托的经验，又在此基础上做出了独创性的改进。二者不同之处在于：①信托资金的规模不同。"中信开行爱心信托"的资金规模大，集合资金用于投资标的的规模达到了 10 亿元，整个信托计划结束时，累计向中国宋庆龄基金会捐款 956 万元。而云南信托的资金规模小，公开募集到的资金总额为 536 万元，一期结束时，最终捐款额为 10 万元。②信托计划的设计不同。"中信开行爱心信托"资金投资于国家开发银行的信贷资产，投资方式为中信信托联合国家开发银行和招商银行合作购买信贷资产；与之相比较，云南信托资金的投放主要用于流动性强的货币金融资产，比如购买货币市场收益型投资品种和银行间固定收益型投资品种。这两种信托计划的设计，比较发现，"中信开行爱心信托"这种权益信托收益率更高。③捐赠金额不同。"中信开行爱心信托"最终累计捐款 956 万元，远远高于云南信托计划的 10 万元捐款。这表明金融机构间相互联合设计的公益慈善信托方式具有显著的优势。

综上，公益信托在我国仍然处于起步发展阶段，在法律法规、制度完善、社会监督、业务领域等方面都还需要不断完善。目前已探索出慈善基金会和信托企业合作、信托企业与银行金融机构合作等多种公益信托合作方式。但是，仍然存在法律法规不健全，对市场发展需求适应性不协调等多种问题。未来公益信托的发展方向是加强政府对公益信托的引导，完善相关法律法规，对信托计划进行社会宣传，以及共同监督公益信托计划的执行等方面。

四、专家点评

公益信托在汇聚社会资源方面具有独特的制度优势，高效率的结构设计，能够实现专业化管理的运作形式，灵活的参与方式和目的安排以及有效的监督制约机制，应当成为我国基本公共服务体系的重要组成部分，成为社会公益事业的重要支柱。

　　　　——时任中国信托协会专家理事、锦天城律师事务所高级合伙人　李宪明

100 多年前，卡内基写《财富的福音》的时候说："当今富人的罪恶不在于他们吝啬，而在于滥行布施。"好多穷人是政府和慈善家养出来的。慈善资金怎么用，如何才能散财有道、有效，如何用创新的手段真正去改变社会，这是对慈善投资理性和智慧的考验。

——时任南都公益基金会副理事长兼秘书长　徐永光

公益事业管理机构可以是民政，也可以是教育、卫生等部门。但多年来，法律都没有被激活，公益信托机制一直建立不起来，处于休眠状态。很多信托机构想要设立公益信托都没有如愿，而在实际操作中，公益与私益往往又无法明确界定，即便有违规行为，也没有相关的适用法律。对于公益信托的发展，这是件好事，首先要鼓励，哪怕将来犯错，也要给予公益信托试错的机会。

——时任北京师范大学公益研究院院长　王振耀

五、推荐阅读文献

1. 刘光祥. 公益法人与公益信托模式的比较［EB/OL］. http://www.aisixiang.com/data/72487.html.

2. 薛小峰. 解读公益信托［N］. 上海证券报，2014-07-04.

3. 茹克娅，胡江楠. 我国公益信托发展受阻的法律分析［J］. 经济视野，2014（3）.

六、案例资料来源

1. 云南省青少年发展基金会官网：www.ynxwgc.org.

2. 2010 年 5 月 15 日《金融时报》.

3. 《中国信托业年鉴》（2010—2011 年）.

4. 开行爱心信托官网：www.cailegang.com.

案例十五　南都公益基金会

—— "群体专业型"资助方式的典范

学习目标

- 了解南都公益基金会的治理结构
- 了解南都公益基金会的资金运作模式
- 理解资助型公益基金会的项目资金运作特点和优势

一、案例概述

(一) 组织简介

南都公益基金会（英文名：Narada Foundation，以下简称"南都基金会"）成立于2007年5月11日，是经国家民政部批准成立的非公募基金会，业务主管单位为国家民政部。南都基金会的原始基金为1亿元人民币，来源于上海南都集团有限公司。

南都基金会以支持民间公益为使命，以人人怀有希望为愿景；重点关注转型期的中国社会问题，资助优秀公益项目，推动民间组织的社会创新，促进社会平等和谐。基金会有三大资助方向：发起、支持行业发展的宏观性项目，资助支持性机构、引领性机构和优秀公益人才的战略性项目，资助农民工子女教育、灾害救援等特定公益领域的项目。与此同时，开展指导三大资助方向的战略性、政策性研究。南都基金会定位为资助型基金会，作为公益行业资金与资源的提供者，南都基金会扮演的是"种子基金会"的角色，通过资金支持推动优秀公益项目和公益组织发展，带动民间的社会创新，实现支持民间公益的使命。

南都基金会组织结构如图12-2所示。理事会是该基金会的最高决策机构，截至

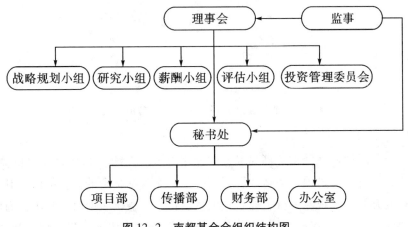

图 12-2　南都基金会组织结构图

2015 年 12 月底，该基金会的理事会由 10 名理事组成。秘书处由秘书长负责对基金会的日常工作进行管理。监事会对基金会的规范运行进行监督。投资管理委员会负责基金会资产的保值增值，确保基金会的资产安全收益，战略规划小组、研究小组、薪酬小组、评估小组分别执行相应的特定职能。秘书处下设项目部，主要负责公开招标公益项目的审批，传播部负责基金会的对外宣传工作，办公室主要处理基金会相关行政事务，财务部对基金会资金运用进行监管。该机构的组织规模较为精简，运作效率较高。

治理结构的人员配备方式为强决策层加上强执行层的模式，即在理事会领导下，出资人实际掌握投资决策权和项目表决权，秘书处总体负责机构日常事务的运作并建立相关制度（财务管理制度、薪酬制度、项目招标、评审、资助、监测、评估制度等）；最终在机构各部门的协调领导下，实现机构高效运转、资金的最大化利用以及社会效益的最大化。

（二）资金的运作模式

1. 资金的来源

南都基金会原始基金为 1 亿元人民币，来源于上海南都集团有限公司。同时，出资人周庆治另外出资，在南都集团内部设立留本冠名基金，将基金每年 5% 的增值部分打入南都公益基金会。为促进基金会可持续发展，该组织成立了专业的理事会投资管理委员会。投资管理委员会通过股票投资、证券投资、新股申购等投资方式实现资金的保值增值。基金会也利用自己不断完善的能力建设，吸引社会捐赠，充实自己的经济实力。随着基金会的发展，收入来源也不断多样化。2013—2014 的财务报表（部分截图，见图 12-3）显示，该基金会的资金来源主要包括捐赠收入和投资收益；社会捐赠的资金来源也不断多样化，出现了互联网捐赠等新形式。

项目	行次	2013年			2014年		
		非限定性	限定性	合计	非限定性	限定性	合计
一、收入							
其中：捐赠收入	1	16,010,016.43	8,346,521.06	24,356,537.49	9,012,481.84	12,459,839.87	21,472,321.71
会费收入	2			-			-
提供服务收入	3			-			-
商品销售收入	4			-			-
政府补助收入	5			-			-
投资收益	6	3,852,498.86		3,852,498.86	6,627,165.71		6,627,165.71
其他收入	9	71,782.58		71,782.58	122,605.21		122,605.21
收入合计	11	19,934,297.87	8,346,521.06	28,280,818.93	15,762,252.76	12,459,839.87	28,222,092.63

图 12-3　南部基金会 2013—2014 年财务报表收入截图

2. 资金的使用

南都基金会的独特之处在于募集资金的使用方式上。南都基金会以"群体专业型"资助方式，通过资助公益项目，高效地利用资金，实现基金会的社会价值。其主要项目分为以下三大方面：宏观性项目、战略性项目、特定公益领域项目。其中，有特色并具有代表性的项目有三个，分别是银杏伙伴成长计划、机构伙伴景行计划、新公民计划，这三个计划分别致力于资助优秀个人、优秀组织、农民工子女。

　　同时，南都基金会是"群体专业型"资助方式的典型。我国社会资助有两种主要方式：社会立体型资助和群体专业型资助。公募基金会主要采用前者，即社会立体型资助方式，进行社会资助。这里的"立体"即指面面俱到地进行社会各个方面的资助。作为拥有国家和财政支持的公募基金会，它们拥有比较丰富的社会资源，可以公共财政补贴作为保障，开展教育、扶贫、医疗、环保、人权等广泛立体式公益项目。社会立体型资助有利于保障公民的基本生存权利和基础的发展权利，发挥社会"稳定器"的作用，维护社会和谐。但是，社会立体型资助在发展过程中，也出现了一些问题，即由于资助方式面面俱到的特点，导致了在资源有限的供给方式下，并不能完全满足社会各个方面的资源需求。在社会问题日益纷繁复杂的当下，产生了许多采用群体专业型资助模式进行资金运作的非公募基金会，实际上是对公募基金会的社会立体型资助方式的一个有效补充。

　　为了充分利用有限的资源，让资源配置实现最优化，许多新创立的非公募基金会都采用了群体专业型资助方式，南都基金会就是其中的典型。群体专业型资助是公益组织针对目标群体通过专业人才实行专业化服务，通过市场调研，分析社会有效需求，经由专家学者论证项目可行性后，确定资助范围的公益实施方式。专业化资助方式可以划分为开放式、半开放式、封闭式三种。"开放式"是指在特定领域内采取招标等形式资助公益项目，类似于"点对面"的形式，例如南都基金会在农民工子女教育领域开展的社会开放型资助公益项目。"半开放式"是指确定了项目方案后，通过制度设计规定好大致受益对象的"点对线"资助形式，例如南都基金会的灾后重建项目只针对特定灾害区域。"封闭式"类似于"点对点""一对一"的直接资助形式，例如南都基金会的银杏伙伴成长计划。不管是服务于农民工子女教育的"新公民计划"，还是"5·12灾区重建资助项目"，该基金会都是面向社会，采取公开招标、平等竞争的方式遴选出"最能把好事做好的社会组织"，进行项目资助和管理，取得了"种子基金"的最大经济效益和社会效益。

　　南都基金会独特的资金使用特点在财务报表的"业务活动成本"一栏中得到了充分的体现。以2014年度和2013年度为例，在总业务活动成本中，捐赠项目成本，2013年占比100%，2014年占比约为91%（如图12-4所示）。

项目	行次	2013年			2014年		
		非限定性	限定性	合计	非限定性	限定性	合计
二、费用							
（一）业务活动成本	12	24,849,425.40	-	24,849,425.40	27,943,160.13	-	27,943,160.13
其中：捐赠项目成本	13	24,849,425.40		24,849,425.40	25,226,041.42		25,226,041.42
提供服务成本	14			-	2,717,118.71		2,717,118.71
商品销售成本	15						
政府补助成本	16						
税金及附加	17						

图 12-4　南都基金会 2013—2014 年财务报表业务活动成本截图

南都基金会将每个大项目下具体资助的小项目名称及资助资金公开列示在基金会官网上，做到了基本财务信息的公开、透明。下面对南都公益基金会的一些主要公益项目进行介绍。

（1）宏观性项目

南都基金会基于自身核心优势，从搭建公益行业产业链的角度着手，对产业链上游进行引导，为产业链下游提供倾斜性支持，开展促进行业发展的合作、交流、人力资源建设等宏观性项目。其支持方向包括：通过会议交流与能力建设，推动基金会行业发展；引导资金方倾斜性支持，推动民间非营利组织资源对接；积极回应行业热点话题，营造良好公益文化环境。截至 2015 年 12 月底，支持项目已达到 102 个，累计资助资金为人民币 24 126 298.26 元。

（2）特定领域项目

第一，新公民计划。目前，农民外出打工已经成为一种普遍的社会现象，而农民工子女生活的方方面面存在着复杂的问题，其中农民工子女的教育问题尤为严重。针对农民工子女教育中遇到的困难，南都基金会推出了"新公民计划"，其宗旨为：通过项目资助与合作，改善农民工子女的成长环境。自 2007 年 8 月实施以来，新公民计划已经累计资助了 185 个子项目，累计资助资金为人民币 22 647 963.78 元。

第二，灾害救援与灾后重建项目。灾害救援与灾后重建项目，旨在资助民间公益组织利用其自身的专业技能在灾害应对领域中开展救援或软性服务项目。其支持方向包括："灾害社会损失"研究；在"社会损失"研究成果的指引下继续资助民间非营利组织救灾项目群；鼓励在灾后重建期，民间非营利组织以社区为基础，开展弥补社会损失提升社区能力的示范项目；鼓励民间非营利组织的合作、经验总结、技术传播项目。南都基金会的灾后重建与救援项目对缓解灾害过后的危害有重大作用。灾后救援与重建相关项目已经累计资助了 180 个项目，累计资助资金为人民币 23 257 243.97 元。

（3）战略性项目

第一，银杏伙伴成长计划。银杏伙伴成长计划是一个资助青年人突破成长中的瓶颈，成为推动某一公益领域发展的领袖型人才的长期计划。其主要资助对象为民间非营利机构的领导人或创始人，也不排除学者、媒体人、个体行动者和未来的民间非营利组织领导人。该计划同时倡导社会各界一起支持公益人才、搭建人才成长的支持体系。其必备条件为 20~40 周岁的中国公民，在当前的工作领域有 2 年以上的公益实践。该项目的核心价值是"胸怀天下、踏实做事"。银杏伙伴成长计划的关键词为：行动、合作、成长、推动社会变革。随着近几年的发展，南都基金会在银杏伙伴成长计划中，扮演的角色经历了由催生者向引领者的转变。

中国的公益事业发展还正处于起步阶段，主要存在着三个问题：其一，公益事业缺乏相应人才。当今社会，人与人之间的关心与帮助变得越来越少，人们更加注重自身生活的发展，对自身之外的世界比较冷漠。其二，中国缺乏公益事业发展的文化土壤，公益文化传播不广泛。其三，公益资源匮乏。为了更好地解决这三个问题，南都基金会推出了银杏伙伴成长计划，着力培育更多热心公益的有志青年。随着银杏伙伴成长计划的发展，由银杏伙伴、南都公益基金会、浙江敦和慈善基金会、心平公益基金会和中国人民大学非营利组织研究所共同发起，于 2015 年 7 月 20 日，经北京市民政局批准，成立了北京市银杏公益基金会（简称"银杏基金会"），志在为更多公益人士提供力所能及的资助。

第二，机构伙伴景行计划。2011 年，南都基金会推出了机构伙伴景行计划。从优秀到卓越，提升机构的行业影响力，是机构伙伴景行计划的目标。景行计划借鉴战略性投资的理念，为有潜力产生大规模、系统性社会影响的公益机构提供长期资金、智力资源等深度的机构支持，协助它们更快地突破能力瓶颈，实现社会影响力的提升，促进整个行业的共同发展。同时，景行计划也围绕"大规模社会影响的实现方式""机构能力瓶颈的突破方式"两个核心议题搭建资源网络，引进国外先进经验，积累中国实践，支持相关研究和服务。自 2011 年开始，南都基金会已经资助了 12 家机构，累计资助金额为人民币 15 235 185.50 元。

（4）研究项目

研究项目旨在为南都基金会战略决策提供信息咨询，提升项目规划和管理的战略性与整体性。同时，资助行业及重要领域中的实践性和应用性研究，重视研究对实践的指导。其项目支持方向包括两大类：行业研究和领域研究。行业研究主要指导南都基金会支持的行业发展方向，并通过适当渠道对行业产生导向性影响。领域研究主要指导某具体领域的资助方向，支持第三部门创新，并通过适当渠道对政府制定政策、企业履行社会责任、社会公众捐赠等方面起到倡导和推动作用。截至 2015 年 12 月底，研究项目资助资金已达人民币 4 710 231.42 元。

二、案例思考

1. 南都基金会善款来源有哪些？

2. 为什么南都基金会决定走"群体专业型"资金运用模式道路？这种道路有什么优缺点？

3. 银杏伙伴成长计划与当前社会公益发展趋势有何关系？

4. 南都基金会在信息披露的内容和方式上有什么值得其他基金会借鉴的地方？

三、案例分析

（一）资金来源的特点

根据南都基金会 2007—2014 年的审计报告，摘取主要收入来源分析如表 12-3 和图 12-5 所示。

表 12-3　南都基金会主要收入来源占总收入比率表（摘自 2007—2014 年的年度报告）

年份	2007	2008	2009	2010	2011	2012	2013	2014
捐赠收入	1.05%	515.15%	70.44%	54.32%	81.56%	99.66%	86.12%	76.08%
投资收益	94.12%	-417.00%	29%	45.34%	18.04%	0	13.62%	23.48%
其他收入	4.73%	0.23%	0.56%	0.34%	0.30%	0.34%	0.26%	0.44%

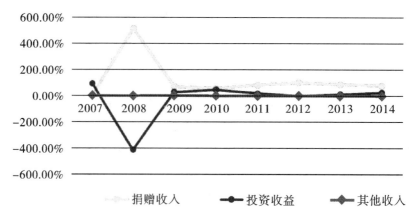

图 12-5 南都基金会资金来源比率动态图（2007—2014 年）

对以上图表进行分析发现，各项收入占各年总收入的比率存在一定的波动（忽略 2008 年基金会投资失误的情况），从整体上来看，南都基金会筹集资金的主要方式是捐赠收入，其次为投资收益，其他收入占比十分微小。

（二）资助公益项目的过程特点

南都基金会时时刻刻围绕自身"种子基金"的定位进行资助，支持民间公益。一般不直接运营公益项目，而是给予有活力的民间非营利组织以资金支持，挖掘更多社会资源的潜力，投身共同的公益活动。此外，在资助项目的申请流程上，各方面公益能力均有待提升的民间非营利组织，通常需要先入驻公益孵化器（NPI），成功出壳后，再申请公益项目，获得南都基金会的支持。

在筛选资助项目和个人申请项目方面，南都基金会针对不同的项目规定了不同的选择要求，尽最大努力确保资助基金发挥最大作用，体现出具体问题具体分析的严谨态度与作风，这也成为南都基金会在资助过程中筛选项目的独特之处。

（三）资金的使用与控制

南都基金会在信息披露方面的工作做得十分到位。南都基金会官网上有专门的信息公开栏目，其中披露了基金会的年度报告、审计报告、年度预算、工作计划、年检报告。每一项都会涉及资金数额的披露。对于资金使用的监督和管理在审计报告、年度预算、工作计划、年检报告中都有详细的体现。资金运用前，在年度预算中做出详细的资金规划。资金运用后，对资金使用数额、使用去向都做出了详细的介绍，并与预算进行对比。但是在资金使用的过程中却没有实时进行资金相关信息的披露，建议在信息披露栏目中添加公益项目资金使用情况的实时动态信息披露，这将更加有利于保证资金使用的高效、透明。

四、专家点评

为天下培育公民，为社会保育民间组织，为公益界贡献标准，为中国准备正面能量。南都公益基金会取财有道，散财亦有道。正所谓：亦仁亦德亦智信，千金散尽归苍生。

——南都公益基金会荣获"责任中国"2011 年公益盛典之"公益组织奖"，以上为颁奖点评

商业投资讲究赚钱，赚了钱就退出。公益投资，也是如此。投资人要勇于承担风险，投资之后，也需要考虑适时退出。南都基金会能力有限，而银杏伙伴群体则有无限的发展空间。银杏伙伴应走向独立，自己管理自己，解决问题，独立整合更多的社会资源，寻求更好的发展。

——时任南都公益基金会理事长徐永光评"银杏计划"

新公民学校的建设和管理模式还可为那些愿意直接捐建民办农民工子女学校的企业提供借鉴，引导公众与企业参与农民工子女教育，成为自"希望工程"之后的社会捐资助学的新潮流，是通过制度创新探索政府与市场之外解决农民工子女教育的第三条道路。

——新华社时事评论

会议（中国扶贫基金会、南都公益基金会和中国社会组织促进会发起的"社会组织'5·12'行动论坛暨公益项目交流展示会"）的召开，一方面表达出汶川地震救灾后所展示的公民社会的力量并没有消失，依然在延续；另一方面也展示出公益组织的发展出现了新的道路，这条道路既倡导基金会和民间非营利组织的合作，也倡导民间非营利组织与更多元的资助方进行合作。这样的合作本身是一条充满泥泞的道路，但是道路却展示出公民社会组织坚定的继续前进的方向。论坛与展示会给全年的公民社会发展打了一剂强心针。

——时任中山大学公民与社会发展研究中心主任　朱建刚

五、推荐阅读文献

1. 南都公益基金会官网：www.naradafoundation.org.

2. 于佳莉. 南都基金会 1 亿打造"银杏伙伴"战略转型成功［N］. 公益时报，2012-01-10.

3. 刘素楠. 南都基金会：成为公益小伙伴的后盾［N］. 南方都市报，2014-09-11.

六、案例资料来源

南都公益基金会官网：www.naradafoundation.org.

案例十六　腾讯公益慈善基金会
——互联网公益时代到来了

学习目标

- 了解腾讯公益慈善基金会的基本情况
- 了解腾讯公益慈善基金会的资金运作模式
- 理解互联网公益的特点

一、案例概述

（一）基金会简介

腾讯公益慈善基金会（简称腾讯基金会）是 2007 年 6 月 26 日经中华人民共和国国务院与民政部批准成立，在民政部登记注册、由民政部主管的全国性非公募基金会。腾讯基金会由腾讯公司发起，是中国第一家由互联网企业发起成立的公益基金会。秉承"致力公益慈善事业，关爱青少年成长，倡导企业公民责任，推动社会和谐进步"的宗旨，致力于互联网与公益慈善事业的深度融合，通过互联网领域的技术、传播优势，缔造"人人可公益，民众齐参与"的公益 2.0 模式，大力推动网络公益新生态的建设。倡导"精彩生活，分享爱"的公益价值观，创建起基于"最透明的公益行为、最开放的公益伙伴、最创新的公益实践、最全面的公益资讯"的腾讯公益矩阵，推动公益慈善行为成为亿万网民的流行时尚与生活习惯，推动中国互联网在企业、公民、社会责任领域的积极实践及创新贡献。

腾讯基金会设立了理事会作为基金会的最高决策机构，同时设立了秘书处、助学项目部、腾讯公益网项目部、志愿者项目部、公共合作部等附属机构，其中，基金会理事长为基金会法定代表人。基金会的决策机构是理事会，由 10～25 名理事组成。理事会设理事长、副理事长和秘书长，从理事中选举产生。理事每届任期为 5 年，任期届满，连选可以连任。基金会设监事 1 名，监事任期与理事任期相同，期满可以连任。为了节约行政开支，最大限度地支持公益事业，并同时给腾讯员工提供参与公益的机会，基金会的主要工作人员基本均由腾讯公司的志愿者在工作之外兼任。

腾讯公益慈善基金会的秘书长是腾讯公司企业社会责任部总经理翟红新女士。翟红新女士于 1999 年加盟腾讯公司，历任职腾讯网总经理、服务采购中心总经理、腾讯首席信息官（CIO）助理等高级管理职位。2010 年出任腾讯公司企业社会责任部总经理、腾讯公益慈善基金会秘书长。

腾讯公益慈善基金会的发起单位为腾讯公司。腾讯公司成立于 1998 年 11 月，是目前中国最大的互联网综合服务提供商之一，也是中国服务用户最多的互联网企业之一。成立 20 年以来，腾讯一直秉承用户价值至上的经营理念，始终处于稳健、高速发展的状态。2004 年 6 月 16 日，腾讯公司在香港联合交易所主板公开上市。

（二）腾讯公益慈善基金会开展的主要活动

腾讯公益慈善基金会自成立以来，开展了一系列的公益慈善活动，具体包括：

（1）2007 年开展的主要活动。2007 年 6 月 26 日，腾讯公益慈善基金会成立。9 月，腾讯"财付通"网络捐赠平台上线。12 月，启动腾讯科技卓越高校奖学金计划，在全国 15~20 所知名高校设立奖学金。

（2）2008 年开展的主要活动。5 月 12 日汶川地震，腾讯基金会通过网络捐款 2 000 余万元。11 月 11 日，发布《腾讯企业公民暨社会责任报告》，这是中国互联网第一份真正意义上的企业社会责任报告。

（3）2009 年开展的主要活动。5 月，腾讯月捐计划上线，倡导每月捐赠 10 元，提倡透明公益的理念。6 月，投入超过 5 000 万元启动"腾讯新乡村行动"，为期 5 年，探索实践西部乡村教育、文化传承、环境保护新模式。

（4）2010 年开展的主要活动。1 月 10 日，发起成立腾讯网友爱心基金。1 月，首次援助海外救灾，向海地灾区捐赠 20 万美元救助灾区儿童。4 月，捐赠 2 200 万元救助青海玉树灾区。8 月 9 日，捐赠 500 万元救助发生特大泥石流灾害的舟曲灾区。10 月，"腾讯梦想空间"全国落成 50 间，超过 1 000 名贵渝乡村教师接受乡村教师培训。

（5）2011 年开展的主要活动。1 月，出资 1 000 万元，助力"壹基金"转型公募基金会。10 月 10 日，首批出资 1 000 万元启动"筑力计划"，构筑立体帮扶的模式，全面助力公益组织成长。10 月，WE 救助平台正式上线，核心目标是打造国内首个疾病救助平台。11 月，出资 500 万元成立"筑德基金"，鼓励见义勇为行为。

（6）2012 年开展的主要活动。2 月，腾讯基金会用户突破 100 万。9 月，捐赠 1 000 万元，与爱佑慈善基金会合办深圳市爱佑和康儿童康复中心。12 月，发起"新年新衣"活动，为山区儿童募集发放 10 万件新衣。

（7）2013 年开展的主要活动。1 月 1 日，网捐平台筹款过亿。5 月 20 日，四川雅安发生了里氏 7.2 级地震，捐赠 2 000 万元救援芦山地震灾区。6 月 26 日，腾讯公益慈善基金会成立六周年，发起"绿计划"。

（8）2014 年开展的主要活动。3 月 12 日，"益行家"项目启动。8 月 18 日，腾讯公益网络"一起捐"平台上线。8 月 19 日，鲁甸地震，腾讯公益平台网友捐款总额 1 600 万元。11 月 22 日，"筑梦新乡村"移动互联网计划出炉。12 月 31 日，平台捐赠总量突破 2.4 亿元，捐款人次超过 2 500 万。

（9）2015 年开展的主要活动。1 月，腾讯公益月捐登录微信平台上线。4 月，尼泊尔地震发生后，腾讯公益平台总筹款 2 330 万元。8 月，腾讯贵州"为村"计划开放平台发布。8 月，腾讯慈善公益基金会总筹款额突破 5 亿元。8 月，腾讯"益行家"古长城公益挑战赛。9 月，中国首个互联网公益日，爱心网友捐赠 1.279 亿元，205 万人次参与捐赠。

（三）基金会的运作模式

经过几年的磨炼，腾讯公益慈善基金会已经取得了长足的发展。基金会将通过集团募集来的资金主要用于五个明确的公益方向：发展教育项目、扶贫救灾项目、推动企业社会责任建设、环保项目和腾讯员工志愿者项目。

另外，腾讯基金会以互联网为媒介，充分利用互联网的巨大推动力量与腾讯庞大的用户群相联系，结合腾讯的"拍拍""财付通"等产品，与壹基金、爱佑华夏慈善基金等国内现有的一些民间非营利组织进行合作，在公益网络平台进行不同项目善款的募集，使得更多网民可以参与到慈善活动中来。网民可以通过选择自己想捐助的慈善项目，通过腾讯财付通完成网络捐赠。随着"互联网+"概念及腾讯基金会的不断发展、壮大与成熟，80%善款来自企业、20%善款来自公众的二八定律正在逐步被改变。

作为项目型基金会，在募集资金的使用上，腾讯基金会充分利用其独特的互联网平台优势，将互联网与公益项目紧密结合。基金会设立了以每月小额捐款的形式为代表的腾讯月捐平台，提供网友在网络求助、公益组织认领求助、在线筹款、项目反馈、公众监督等"一站式"服务的腾讯乐捐平台，鼓励员工自主发起独立公益项目的腾讯微爱计划、推动乡村教育、文化、环保、经济发展的"筑梦新乡村"计划，启动紧急救援机制的腾讯立体救灾计划等诸多特色的公益项目。以腾讯立体救灾计划为例，腾讯基金会先后 10 次启动紧急救援机制，自身累计捐款超过 7 000 万元。依托腾讯公益捐款平台，与知名公募基金会建立战略合作关系，号召和发动网民为灾区捐款，累计募集网友资金超过 5 300 万元。这无不体现出腾讯在中国互联网浪潮之巅散发出的巨大公益力量。

在基金会内部资金的运作上，腾讯基金会在政策上享有税收优惠，具有一定的政策优势。然而，作为非公募基金会，保值增值是其内部资金运作的重点，相比国外成熟的非公募基金的内部资金运作模式，腾讯基金会保值增值策略较少，资金的流转盈余全部被存入银行，资金增值效率不高。在内部资金的监督管理上，腾讯基金会缺少专业的理财团队，没有对大量闲置资金进行理财获利，资金的保值增值能力不强。

此外，腾讯基金会所开通的腾讯公益网有一个重要的工作是帮助其他民间非营利组织来进行善款的网上筹集，而对于这些民间非营利组织合作伙伴的评选，目前并没有明确的统一行业标准，这在一定程度上制约了网络公益慈善的品牌发展。因此，无论是腾讯基金会自身内部资金运作的模式的完善，还是整个非营利组织的行业标准的建立和完善，都需要很长的时间才能完成。

二、案例思考

1. 腾讯基金会的资金来源有哪些？

2. 腾讯基金会是如何构建"人人可公益，民众齐参与"的公益 2.0 模式的？

3. 腾讯基金会与传统基金会相比有什么创新之处？

4. 腾讯基金会在发展过程中面临的挑战主要来自哪些方面？

三、案例分析

（一）以互联网为基础的基金会新型财务运作方式

作为第一家由互联网企业发起成立的基金会，腾讯公益慈善基金会主要致力于公益慈善事业，关爱青少年成长，倡导企业公民责任，推动社会和谐进步。基金会提出了打造社会化公益平台，推动全平台公益事业建设的目标。针对这一目标，在财务运作上，腾讯基金会体现了其自身以互联网为基础的独特优势，创新了公益平台覆盖模式，提升了钱款捐赠效率方式，保障了钱款透明的运营机制，力求构建"人人可公益，民众齐参与"的公益 2.0 模式。

在公益平台的覆盖上，腾讯基金会通过腾讯自身的网络技术优势，力求网民通过线上线下的互动完成自动捐赠，将 8 亿 QQ 活跃用户群打造成潜在的公益捐款用户，为公益平台的建设奠定了良好基础。

在捐赠方式上，腾讯基金会依托网络技术的探索和创新，以腾讯"财付通""拍拍"等互联网支付平台为媒介，打造互联网公益支付平台，创新简化了捐赠模式，捐款人只需花费 10 秒左右的时间即可完成一次捐赠。

在运营机制上，腾讯基金会定期发布工作计划、审计报告，对全部捐款信息透明公开，并及时推送反馈相关项目的进展情况，力求用好每 1 分钱。当用户选择腾讯基金会进行捐赠并支付成功时，在捐赠页面上会记录用户的捐赠金额，同时，用户也会收到腾讯基金会的邮件通知，知悉所捐款项的去留情况，明确钱款在基金会中的运转过程。

但是，在内部资金的运作管理层面上，腾讯基金会仍需参考借鉴国外成熟的非公募基金会的内部资金运作模式，加快构建科学合理的资金保值增值策略，构建专业的资金理财团队，提升内部资金的使用效率，加强内部资金的监督管理，健全和完善内部资金运作体制，提升资金的运转活力。

（二）"互联网+"模式下的创新公益生态圈

近年来，随着互联网的日益普及，"互联网+"概念被人们提出并在诸多领域广泛实践应用。在新的理念下，许多新型公益组织和创新型公益项目应运而生。腾讯基金会作为"互联网+"概念的典型代表，以互联网为媒介，为公益慈善活动注入了新的活力。从创建以来，腾讯基金会先后设立了以每月小额捐款的形式为代表的腾讯月捐平台，提供网友在网络求助、公益组织认领该求助、在线筹款、项目反馈、公众监督等"一站式"服务的腾讯乐捐平台，鼓励员工自主发起独立公益项目的腾讯微爱计划，推动乡村教育、文化、环保、经济发展的"筑梦新乡村"计划等诸多富有特色的公益项目。与传统公益组织传播媒介匮乏的弊端相比，腾讯基金会通过"互联网+"模式下的巨大推动力量，打造公益产品化的新型运作模式，体现了其在互联网浪潮中的创新性特点。基金会通过搭建网络平台，形成了组织与组织、组织与个人之间的广阔公益圈，实现了公益信息的共享和公益资源的交换。腾讯基金会秉承全民参与公益活动的理念，孕育出了新型公益模式，突破了传统的公益模式的枷锁，增强了公益的公开透明度，为公益事业注入了新的活力，而这也正是腾讯基金会与传统公益组织之间的最大区别。

四、专家点评

互联网带给我们的，不仅是技术创新、经济发展、消费升级、阶层流通、新的全球化……还有利他、透明、公正、注重体验、承担责任的社会文明。一个物质高度发展但是冷漠的世界绝不是我们向往的世界。

——时任阿里巴巴集团创始人、阿里巴巴集团董事局主席　马云

基于移动互联网浪潮所带来的变革，传统公益模式的最大壁垒也终于被击穿——因不透明导致的失信，正被平台化的互联网公益模式所消解。而这雷霆万钧的破壁一击，则来自亿万微小善意所汇聚而成的温暖力量。

——时任腾讯主要创始人、腾讯公益慈善基金会发起人兼荣誉理事长　陈一丹

中华民族自古以来就有一方有难、八方支援的传统美德，社会公益作为社会财富二次分配的重要手段，对促进社会的发展和进步具有重要作用。近年来，以微博、社会网站为代表的社会化媒体持续发展，改变了以往媒体"一对一"的模式，极大地丰富了用户的参与体验，调动了用户的参与热情，不仅成为个人、组织连接沟通和品牌营销的新渠道，也为应对社会挑战、推动社会公益提供了新的平台。

——时任北京大学校务委员会副主任、教授　王丽梅

腾讯公益慈善基金会这样有影响力、有实力的社会组织，能发起这种大规模高质量的竞赛，并且提供专业培训，对于年轻的社会企业创业者而言，是非常有意义的事情。

——时任社会企业研究中心主任、教授　朱小斌

五、推荐阅读文献

1. 腾讯公益慈善基金会官网：www.gongyi.qq.com.

2. 刘阳. 腾讯公益慈善基金会：打造"全民公益"的社会化平台［J］. WTO 经济导刊，2013（12）.

3. 黄玮，张恒军，梁芷铭. 我国慈善组织媒介管理研究——以腾讯公益慈善基金会为例［J］. 传媒，2014（19）.

六、案例资料来源

腾讯公益慈善基金会官网：www.gongyi.qq.com.

参考文献

［1］史密斯-巴克林协会. 非营利管理［M］. 孙志伟，罗陈霞，译. 北京：中信出版社，2004.

［2］邓国胜. 公益项目评估——以"幸福工程"为案例［M］. 北京：社会科学文献出版社，2003.

［3］杨团. 美国的非营利组织与基金会［J］. 21 世纪，1995（6）.

［4］于颖. 企业会计学［M］. 北京：对外经济贸易大学出版社，2007.

［5］陈劲松，彭珏. 论我国民间非营利组织财务会计的目标［J］. 西南农业大学学报（社会科学版），2007（1）.

［6］刘晓. 论企业全面预算管理体系的构建与实施［J］. 管理观察，2009（3）.

［7］杨晓玲. 全面预算管理［J］. Academic Exploration，2013（3）.

［8］刘妮妮. 全面预算管理浅析［J］. Highway，2011（7）.

［9］朱义勤. 刍议行政事业单位项目资金管理［J］. 当代经济，2012（24）.

［10］邓哲. 对完善事业单位项目支出资金管理的思考［J］. 财政税务，2012（9）.

［11］金罗兰. 我国非营利组织与项目管理［J］. 北京工商大学学报，2005（6）.

［12］陆建桥. 我国民间非营利组织会计规范问题［J］. 会计研究，2004（9）.

［13］李建发. 规范民间非营利组织会计行为，促进非营利事业蓬勃发展［J］. 会计研究，2004（11）.

［14］章新蓉. 浅谈我国民间非营利组织会计的几个问题［J］. 财务与会计，2004（6）.

［15］林闽钢，王章佩. 福利多元化视野中的非营利组织研究［J］. 社会科学研究，2001（6）.

［16］李惠萍，俞燕. 非营利组织财务管理绩效存在的问题及对策探讨［J］. 财会通讯，2010（7）.

［17］陈恒亮. 非营利组织绩效评估［J］. 合作经济与科技，2008（22）.

［18］吴春，王铭. 非营利组织绩效评估初探［J］. 山东行政学院山东省经济管理干部学院学报，2005（10）.

［19］谢晓霞. 居家养老服务成本项目及成本标准研究［M］. 北京：经济管理出版社，2018.

［20］谢晓霞. 民间非营利组织财务管理理论与实务［M］. 北京：经济管理出版社，2013.

［21］谢晓霞. 慈善基金会财务透明度的评估指标及其应用研究［M］. 北京：经济管理出版社，2016.

附表

期数	1%	2%	3%	4%	5%	6%	7%	8%	9%	10%
1	1.010 0	1.020 0	1.030 0	1.040 0	1.050 0	1.060 0	1.070 0	1.080 0	1.090 0	1.100 0
2	1.020 1	1.040 4	1.060 9	1.081 6	1.102 5	1.123 6	1.144 9	1.166 4	1.188 1	1.210 0
3	1.030 3	1.061 2	1.092 7	1.124 9	1.157 6	1.191 0	1.225 0	1.259 7	1.295 0	1.331 0
4	1.040 6	1.082 4	1.125 5	1.169 9	1.215 5	1.262 5	1.310 8	1.360 5	1.411 6	1.464 1
5	1.051 0	1.104 1	1.159 3	1.216 7	1.276 3	1.338 2	1.402 6	1.469 3	1.538 6	1.610 5
6	1.061 5	1.126 2	1.194 1	1.265 3	1.340 1	1.418 5	1.500 7	1.580 9	1.677 1	1.771 6
7	1.072 1	1.148 7	1.229 9	1.315 9	1.407 1	1.503 6	1.605 8	1.773 8	1.828 0	1.948 7
8	1.082 9	1.171 7	1.266 8	1.368 6	1.477 5	1.593 8	1.718 2	1.850 9	1.992 6	2.143 6
9	1.093 7	1.195 1	1.304 8	1.423 3	1.551 3	1.689 5	1.838 5	1.999 0	2.171 9	2.357 9
10	1.104 6	1.219 0	1.343 9	1.480 2	1.628 9	1.790 8	1.967 2	2.158 9	2.367 4	2.593 7
11	1.115 7	1.243 4	1.384 2	1.539 5	1.710 3	1.898 3	2.104 9	2.331 6	2.580 4	2.853 1
12	1.126 8	1.268 2	1.425 8	1.601 0	1.795 9	2.012 2	2.252 2	2.518 2	2.812 7	3.138 4
13	1.138 1	1.293 6	1.468 5	1.665 1	1.885 6	2.132 9	2.409 8	2.719 6	3.065 8	3.452 3
14	1.149 5	1.319 5	1.512 6	1.731 7	1.979 9	2.260 9	2.578 5	2.937 2	3.341 7	3.797 5
15	1.161 0	1.345 9	1.558 0	1.800 9	2.078 9	2.396 6	2.759 0	3.172 2	3.642 5	4.177 2
16	1.172 6	1.372 8	1.604 7	1.873 0	2.182 9	2.540 4	2.952 2	3.425 9	3.970 3	4.595 0
17	1.184 3	1.400 2	1.652 8	1.947 9	2.292 0	2.692 8	3.158 8	3.700 0	4.327 6	5.054 5
18	1.196 1	1.428 2	1.702 4	2.025 8	2.406 6	2.854 3	3.379 9	3.996 0	4.717 1	5.559 9
19	1.208 1	1.456 8	1.753 5	2.106 8	2.527 0	3.025 6	3.616 5	4.315 7	5.141 7	6.115 9
20	1.220 2	1.485 9	1.806 1	2.191 1	2.653 3	3.207 1	3.869 7	4.661 0	5.604 4	6.727 5
21	1.232 4	1.515 7	1.860 3	2.278 8	2.786 0	3.399 6	4.140 6	5.033 8	6.108 8	7.400 2
22	1.244 7	1.546 0	1.916 1	2.369 9	2.925 3	3.603 5	4.430 4	5.436 5	6.658 6	8.140 3
23	1.257 2	1.576 9	1.973 6	2.464 7	3.071 5	3.819 7	4.740 5	5.871 5	7.257 9	8.254 3
24	1.269 7	1.608 4	2.032 8	2.563 3	3.225 1	4.048 9	5.072 4	6.341 2	7.911 1	9.849 7
25	1.282 4	1.640 6	2.093 8	2.665 8	3.386 4	4.291 9	5.427 4	6.848 5	8.623 1	10.835
26	1.295 3	1.673 4	2.156 6	2.772 5	3.555 7	4.549 4	5.807 4	7.396 4	9.399 2	11.918
27	1.308 2	1.706 9	2.221 3	2.883 4	3.733 5	4.822 3	6.213 9	7.988 1	10.245	13.110
28	1.321 3	1.741 0	2.287 9	2.998 7	3.920 1	5.111 7	6.648 8	8.627 1	11.167	14.421
29	1.334 5	1.775 8	2.356 6	3.118 7	4.116 1	5.418 4	7.114 3	9.317 3	12.172	15.863
30	1.347 8	1.811 4	2.427 3	3.243 4	4.321 9	5.743 5	7.612 3	10.063	13.268	17.449
40	1.488 9	2.208 0	3.262 0	4.801 0	7.040 0	10.286	14.794	21.725	31.408	45.259
50	1.644 6	2.691 6	4.383 9	7.106 7	11.467	18.420	29.457	46.902	74.358	117.39
60	1.816 7	3.281 0	5.891 6	10.520	18.679	32.988	57.946	101.26	176.03	304.48

附表一（续）

期数	12%	14%	15%	16%	18%	20%	24%	28%	32%	36%
1	1.120 0	1.400 0	1.150 0	1.160 0	1.180 0	1.200 0	1.240 0	1.280 0	1.320 0	1.360 0
2	1.254 4	1.299 6	1.322 5	1.345 6	1.392 4	1.440 0	1.537 6	1.638 4	1.742 4	1.849 6
3	1.404 9	1.481 5	1.520 9	1.560 9	1.643 0	1.728 0	1.906 6	2.087 2	2.300 0	2.515 5
4	1.573 5	1.689 0	1.749 0	1.810 6	1.938 8	2.073 6	2.364 2	2.684 4	3.036 0	3.421 0
5	1.762 3	1.925 4	2.011 4	2.100 3	2.287 8	2.488 3	2.931 6	3.436 0	4.007 5	4.652 6
6	1.973 8	2.195 0	2.313 1	2.436 4	2.699 6	2.986 0	3.635 2	4.398 0	5.289 9	6.327 5
7	2.210 7	2.502 3	2.660 0	2.826 2	3.185 5	3.583 2	4.507 7	5.629 5	6.982 6	8.605 4
8	2.476 0	2.852 6	3.059 0	3.278 4	3.758 9	4.299 8	5.589 5	7.250 8	9.217 0	11.703
9	2.773 1	3.251 9	3.517 9	3.803 0	4.435 5	5.159 8	6.931 0	9.223 4	12.166	15.917
10	3.105 8	3.707 2	4.045 6	4.411 4	5.233 8	6.191 7	8.594 4	11.806	16.060	21.647
11	3.478 5	4.226 2	4.652 4	5.117 3	6.175 9	7.430 1	10.657	15.112	21.119	29.439
12	3.896 0	4.817 9	5.350 3	5.936 0	7.287 6	8.916 1	13.215	19.343	27.983	40.037
13	4.363 5	5.492 4	6.152 8	6.885 8	8.599 4	10.699	16.386	24.759	36.937	54.451
14	4.887 1	6.261 3	7.075 7	7.987 5	10.147	12.839	20.319	31.691	48.757	74.053
15	5.473 6	7.137 9	8.137 1	9.265 5	11.974	15.407	25.196	40.565	64.359	100.71
16	6.130 4	8.137 2	9.357 6	10.748	14.129	18.488	31.243	51.923	84.954	136.97
17	6.866 0	9.276 5	10.761	12.468	16.672	22.186	38.741	66.461	112.14	186.28
18	7.690 0	10.575	12.375	14.463	19.673	26.623	48.039	86.071	148.02	253.34
19	8.612 8	12.056	14.232	16.777	23.214	31.948	59.568	108.89	195.39	344.54
20	9.646 3	13.743	16.367	19.461	27.393	38.338	73.864	139.38	257.92	468.57
21	10.804	15.668	18.822	22.574	32.324	46.005	91.592	178.41	340.45	637.26
22	12.100	17.861	21.645	26.186	38.142	55.206	113.57	228.36	449.39	866.67
23	13.552	20.362	24.891	30.376	45.008	66.247	140.83	292.30	593.20	1 178.7
24	15.179	23.212	28.625	35.236	53.109	79.497	174.63	374.14	783.02	1 603.0
25	17.000	26.462	32.919	40.874	62.669	95.396	216.54	478.90	1 033.6	2 180.1
26	19.040	30.167	37.857	47.414	73.949	114.48	268.51	613.00	1 364.3	2 964.9
27	21.325	34.390	43.535	55.000	87.260	137.37	332.95	784.64	1 800.9	4 032.3
28	23.884	39.204	50.066	63.800	102.97	164.84	412.86	1 004.3	2 377.2	5 483.9
29	26.750	44.693	57.575	74.009	121.50	197.81	511.95	1 285.6	3 137.9	7 458.1
30	29.960	50.950	66.212	85.850	143.37	237.38	634.82	1 645.5	4 142.1	10 143
40	93.051	188.83	267.86	378.72	750.38	1 469.8	5 455.9	19 427	66 521	*
50	289.00	700.23	1 083.7	1 670.7	3 927.4	9 100.4	46 890	*	*	*
60	897.60	2 595.9	4 384.0	7 370.2	20 555	56 348	*	*	*	*
	*>99 999									

附表二 复利现值系数表

期数	1%	2%	3%	4%	5%	6%	7%	8%	9%	10%
1	0.990 1	0.980 4	0.970 9	0.961 5	0.952 4	0.943 4	0.934 6	0.925 9	0.917 4	0.909 1
2	0.980 3	0.971 2	0.942 6	0.924 6	0.907 0	0.890 0	0.873 4	0.857 3	0.841 7	0.826 4
3	0.970 6	0.942 3	0.915 1	0.889 0	0.863 8	0.839 6	0.816 3	0.793 8	0.772 2	0.751 3
4	0.961 0	0.923 8	0.888 5	0.854 8	0.822 7	0.792 1	0.762 9	0.735 0	0.708 4	0.683 0
5	0.951 5	0.905 7	0.862 6	0.821 9	0.783 5	0.747 3	0.713 0	0.680 6	0.649 9	0.620 9
6	0.942 0	0.888 0	0.837 5	0.790 3	0.746 2	0.705 0	0.666 3	0.630 2	0.596 3	0.564 5
7	0.932 7	0.860 6	0.813 1	0.759 9	0.710 7	0.665 1	0.622 7	0.583 5	0.547 0	0.513 2
8	0.923 5	0.853 5	0.789 4	0.730 7	0.676 8	0.627 4	0.582 0	0.540 3	0.501 9	0.466 5
9	0.914 3	0.836 8	0.766 4	0.702 6	0.644 6	0.591 9	0.543 9	0.500 2	0.460 4	0.424 1
10	0.905 3	0.820 3	0.744 1	0.675 6	0.613 9	0.558 4	0.508 3	0.463 2	0.422 4	0.385 5
11	0.896 3	0.804 3	0.722 4	0.649 6	0.584 7	0.526 8	0.475 1	0.428 9	0.387 5	0.350 5
12	0.887 4	0.788 5	0.701 4	0.624 6	0.556 8	0.497 0	0.444 0	0.397 1	0.355 5	0.318 6
13	0.878 7	0.773 0	0.681 0	0.600 6	0.530 3	0.468 8	0.415 0	0.367 7	0.326 2	0.289 7
14	0.870 0	0.757 9	0.661 1	0.577 5	0.505 1	0.442 3	0.387 8	0.340 5	0.299 2	0.263 3
15	0.861 3	0.743 0	0.641 9	0.555 3	0.481 0	0.417 3	0.362 4	0.315 2	0.274 5	0.239 4
16	0.852 8	0.728 4	0.623 2	0.533 9	0.458 1	0.393 6	0.338 7	0.291 9	0.251 9	0.217 6
17	0.844 4	0.714 2	0.605 0	0.513 4	0.436 3	0.371 4	0.316 6	0.270 3	0.231 1	0.197 8
18	0.836 0	0.700 2	0.587 4	0.493 6	0.415 5	0.350 3	0.295 9	0.250 2	0.212 0	0.179 9
19	0.827 7	0.686 4	0.570 3	0.474 6	0.395 7	0.330 5	0.276 5	0.231 7	0.194 5	0.163 5
20	0.819 5	0.673 0	0.553 7	0.456 4	0.376 9	0.311 8	0.258 4	0.214 5	0.178 4	0.148 6
21	0.811 4	0.659 8	0.537 5	0.438 8	0.358 9	0.294 2	0.241 5	0.198 7	0.163 7	0.135 1
22	0.803 4	0.646 8	0.521 9	0.422 0	0.341 8	0.277 5	0.225 7	0.183 9	0.150 2	0.122 8
23	0.795 4	0.634 2	0.506 7	0.405 7	0.325 6	0.261 8	0.210 9	0.170 3	0.137 8	0.111 7
24	0.787 6	0.621 7	0.491 9	0.390 1	0.310 1	0.247 0	0.197 1	0.157 7	0.126 4	0.101 5
25	0.779 8	0.609 5	0.477 6	0.375 1	0.295 3	0.233 0	0.184 2	0.146 0	0.116 0	0.092 3
26	0.772 0	0.597 6	0.463 7	0.360 7	0.281 2	0.219 8	0.172 2	0.135 2	0.106 4	0.083 9
27	0.764 4	0.585 9	0.450 2	0.346 8	0.267 8	0.207 4	0.160 9	0.125 2	0.097 6	0.076 3
28	0.756 8	0.574 4	0.437 1	0.333 5	0.255 1	0.195 6	0.150 4	0.115 9	0.089 5	0.069 3
29	0.749 3	0.563 1	0.424 3	0.320 7	0.242 9	0.184 6	0.140 6	0.107 3	0.082 2	0.063 0
30	0.741 9	0.552 1	0.412 0	0.308 3	0.231 4	0.174 1	0.131 4	0.099 4	0.075 4	0.057 3
35	0.705 9	0.500 0	0.355 4	0.253 4	0.181 3	0.130 1	0.093 7	0.067 6	0.049 0	0.035 6
40	0.671 7	0.452 9	0.306 6	0.208 3	0.142 0	0.097 2	0.066 8	0.046 0	0.031 8	0.022 1
45	0.639 1	0.410 2	0.264 4	0.171 2	0.111 3	0.072 7	0.047 6	0.031 3	0.020 7	0.013 7
50	0.608 0	0.371 5	0.228 1	0.140 7	0.087 2	0.054 3	0.033 9	0.021 3	0.013 4	0.008 5
55	0.578 5	0.336 5	0.196 8	0.115 7	0.068 3	0.040 6	0.024 2	0.014 5	0.008 7	0.005 3

附表二（续）

期数	12%	14%	15%	16%	18%	20%	24%	28%	32%	36%
1	0.892 9	0.877 2	0.869 6	0.862 1	0.847 5	0.833 3	0.806 5	0.781 3	0.757 6	0.735 3
2	0.797 2	0.769 5	0.756 1	0.743 2	0.718 2	0.694 4	0.650 4	0.610 4	0.573 9	0.540 7
3	0.711 8	0.675 0	0.657 5	0.640 7	0.608 6	0.578 7	0.524 5	0.476 8	0.434 8	0.397 5
4	0.635 5	0.592 1	0.571 8	0.552 3	0.515 8	0.482 3	0.423 0	0.372 5	0.329 4	0.292 3
5	0.567 4	0.519 4	0.497 2	0.476 2	0.437 1	0.401 9	0.341 1	0.291 0	0.249 5	0.214 9
6	0.506 6	0.455 6	0.432 3	0.410 4	0.370 4	0.334 9	0.275 1	0.227 4	0.189 0	0.158 0
7	0.452 3	0.399 6	0.375 9	0.353 8	0.313 9	0.279 1	0.221 8	0.177 6	0.143 2	0.116 2
8	0.403 9	0.350 6	0.326 9	0.305 0	0.266 0	0.232 6	0.178 9	0.138 8	0.108 5	0.085 4
9	0.360 6	0.307 5	0.284 3	0.263 0	0.225 5	0.193 8	0.144 3	0.108 4	0.082 2	0.062 8
10	0.322 0	0.269 7	0.247 2	0.226 7	0.191 1	0.161 5	0.116 4	0.084 7	0.062 3	0.046 2
11	0.287 5	0.236 6	0.214 9	0.195 4	0.161 9	0.134 6	0.093 8	0.066 2	0.047 2	0.034 0
12	0.256 7	0.207 6	0.186 9	0.168 5	0.137 3	0.112 2	0.075 7	0.051 7	0.035 7	0.025 0
13	0.229 2	0.182 1	0.162 5	0.145 2	0.116 3	0.095 3	0.061 0	0.040 4	0.027 1	0.018 4
14	0.204 6	0.159 7	0.141 3	0.125 2	0.098 5	0.077 9	0.049 2	0.031 6	0.020 5	0.013 5
15	0.182 7	0.140 1	0.122 9	0.107 9	0.083 5	0.064 9	0.039 7	0.024 7	0.015 5	0.009 9
16	0.163 1	0.122 9	0.106 9	0.098 0	0.070 9	0.054 1	0.032 0	0.019 3	0.011 8	0.007 3
17	0.145 6	0.107 8	0.092 9	0.080 2	0.060 0	0.045 1	0.025 9	0.015 0	0.008 9	0.005 4
18	0.130 0	0.094 6	0.080 8	0.069 1	0.050 8	0.037 6	0.020 8	0.011 8	0.006 8	0.003 9
19	0.116 1	0.082 9	0.070 3	0.059 6	0.043 1	0.031 3	0.016 8	0.009 2	0.005 1	0.002 9
20	0.103 7	0.072 8	0.061 1	0.051 4	0.036 5	0.026 1	0.013 5	0.007 2	0.003 9	0.002 1
21	0.092 6	0.063 8	0.053 1	0.044 3	0.030 9	0.021 7	0.010 9	0.005 6	0.002 9	0.001 6
22	0.082 6	0.056 0	0.046 2	0.038 2	0.026 2	0.018 1	0.008 8	0.004 4	0.002 2	0.001 2
23	0.073 8	0.049 1	0.040 2	0.032 9	0.022 2	0.015 1	0.007 1	0.003 4	0.001 7	0.000 8
24	0.065 9	0.043 1	0.034 9	0.028 4	0.018 8	0.012 6	0.005 7	0.002 7	0.001 3	0.000 6
25	0.058 8	0.037 8	0.030 4	0.024 5	0.016 0	0.010 5	0.004 6	0.002 1	0.001 0	0.000 5
26	0.052 5	0.033 1	0.026 4	0.021 1	0.013 5	0.008 7	0.003 7	0.001 6	0.000 7	0.000 3
27	0.046 9	0.029 1	0.023 0	0.018 2	0.011 5	0.007 3	0.003 0	0.001 3	0.000 6	0.000 2
28	0.041 9	0.025 5	0.020 0	0.015 7	0.009 7	0.006 1	0.002 4	0.001 0	0.000 4	0.000 2
29	0.037 4	0.022 4	0.017 4	0.013 5	0.008 2	0.005 1	0.002 0	0.000 8	0.000 3	0.000 1
30	0.033 4	0.019 6	0.015 1	0.011 6	0.007 0	0.004 2	0.001 6	0.000 6	0.000 2	0.000 1
35	0.018 9	0.010 2	0.007 5	0.005 5	0.003 0	0.001 7	0.000 5	0.000 2	0.000 1	*
40	0.010 7	0.005 3	0.003 7	0.002 6	0.001 3	0.000 7	0.000 2	0.000 1	*	*
45	0.006 1	0.002 7	0.001 9	0.001 3	0.000 6	0.000 3	0.000 1	*	*	*
50	0.003 5	0.001 4	0.000 9	0.000 6	0.000 3	0.000 1	*	*	*	*
55	0.002 0	0.000 7	0.000 5	0.000 3	0.000 1	*	*	*	*	*

附表三　年金终值系数表

期数	1%	2%	3%	4%	5%	6%	7%	8%	9%	10%
1	1.000 0	1.000 0	1.000 0	1.000 0	1.000 0	1.000 0	1.000 0	1.000 0	1.000 0	1.000 0
2	2.010 0	2.020 0	2.030 0	2.040 0	2.050 0	2.060 0	2.070 0	2.080 0	2.090 0	2.100 0
3	3.030 1	3.060 4	3.090 9	3.121 6	3.152 5	3.183 6	3.214 9	3.246 4	3.278 1	3.310 0
4	4.060 4	4.121 6	4.183 6	4.246 5	4.310 1	4.374 6	4.439 9	4.506 1	4.573 1	4.641 0
5	5.101 0	5.204 0	5.309 1	5.416 3	5.525 6	5.637 1	5.750 7	5.866 6	5.984 7	6.105 1
6	6.152 0	6.308 1	6.468 4	6.633 0	6.801 9	6.975 3	7.153 3	7.335 9	7.523 3	7.715 6
7	7.213 5	7.434 3	7.662 5	7.898 3	8.142 0	8.393 8	8.654 0	8.922 8	9.200 4	9.487 2
8	8.285 7	8.583 0	8.892 3	9.214 2	9.549 1	9.897 5	10.260	10.637	11.028	11.436
9	9.368 5	9.754 6	10.159	10.583	11.027	11.491	11.978	12.488	13.021	13.579
10	10.462	10.950	11.464	12.006	12.578	13.181	13.816	14.487	15.193	15.937
11	11.567	12.169	12.808	13.486	14.207	14.972	15.784	16.645	17.560	18.531
12	12.683	13.412	14.192	15.026	15.917	16.870	17.888	18.977	20.141	21.384
13	13.809	14.680	15.618	16.627	17.713	18.882	20.141	21.495	22.953	24.523
14	14.947	15.974	17.086	18.292	19.599	21.015	22.550	24.214	26.019	27.975
15	16.097	17.293	18.599	20.024	21.579	23.276	25.129	27.152	29.361	31.772
16	17.258	18.639	20.157	21.825	23.657	25.673	27.888	30.324	33.003	35.950
17	18.430	20.012	21.762	23.698	25.840	28.213	30.840	33.750	36.974	40.545
18	19.615	21.412	23.414	25.645	28.132	30.906	33.999	37.450	41.301	45.599
19	20.811	22.841	25.117	27.671	30.539	33.760	37.379	41.446	46.018	51.159
20	22.019	24.297	26.870	29.778	33.066	36.786	40.995	45.752	51.160	57.275
21	23.239	25.783	28.676	31.969	35.719	39.993	44.865	50.423	56.765	64.002
22	24.472	27.299	30.537	34.248	38.505	43.392	49.006	55.457	62.873	71.403
23	25.716	28.845	32.453	36.618	41.430	46.996	53.436	60.883	69.532	79.543
24	26.973	30.422	34.426	39.083	44.502	50.816	58.177	66.765	76.790	88.497
25	28.243	32.030	36.459	41.646	47.727	54.863	63.249	73.106	84.701	98.347
26	29.526	33.671	38.553	44.312	51.113	59.156	68.676	79.954	93.324	109.18
27	30.821	35.344	40.710	47.084	54.669	63.706	74.484	87.351	102.72	121.10
28	32.129	37.051	42.931	49.968	58.403	68.528	80.698	95.339	112.97	134.21
29	33.450	38.792	45.219	52.966	62.323	73.640	87.347	103.97	124.14	148.63
30	34.785	40.568	47.575	56.085	66.439	79.058	94.461	113.28	136.31	164.49
40	48.886	60.402	75.401	95.026	120.80	154.76	199.64	259.06	337.88	442.59
50	64.463	84.579	112.80	152.67	209.35	290.34	406.53	573.77	815.08	1 163.9
60	81.670	114.05	163.05	237.99	353.58	533.13	813.52	1 253.2	1 944.8	3 034.8

附表三（续）

期数	12%	14%	15%	16%	18%	20%	24%	28%	32%	36%
1	1.000 0	1.000 0	1.000 0	1.000 0	1.000 0	1.000 0	1.000 0	1.000 0	1.000 0	1.000 0
2	2.120 0	2.140 0	2.150 0	2.160 0	2.180 0	2.200 0	2.240 0	2.280 0	2.320 0	2.360 0
3	3.374 4	3.439 6	3.472 5	3.505 6	3.572 4	3.640 0	3.777 6	3.918 4	3.062 4	3.209 6
4	4.779 3	4.921 1	4.993 4	5.066 5	5.215 4	5.368 0	5.684 2	6.015 6	6.362 4	6.725 1
5	6.352 8	6.610 1	6.742 4	6.877 1	7.154 2	7.441 6	8.048 4	8.699 9	9.398 3	10.146
6	8.115 2	8.535 5	8.753 7	8.977 5	9.442 0	9.929 9	10.980	12.136	13.406	14.799
7	10.089	10.730	11.067	11.414	12.142	12.916	14.615	16.534	18.696	21.126
8	12.300	13.233	13.727	14.240	15.327	16.499	19.123	22.163	25.678	29.732
9	14.776	16.085	16.786	17.519	19.086	20.799	24.712	29.369	34.895	41.435
10	17.549	19.337	20.304	21.321	23.521	25.959	31.643	38.593	47.062	57.352
11	20.655	23.045	24.349	25.733	28.755	32.150	40.238	50.398	63.122	78.998
12	24.133	27.271	29.002	30.850	34.931	39.581	50.895	65.510	84.320	108.44
13	28.029	32.089	34.352	36.786	42.219	48.497	64.110	84.853	112.30	148.47
14	32.393	37.581	40.505	43.672	50.818	59.196	80.496	109.61	149.24	202.93
15	37.280	43.842	47.580	51.660	60.965	72.035	100.82	141.30	198.00	276.98
16	42.753	50.980	55.717	60.925	72.939	87.442	126.01	181.87	262.36	377.69
17	48.884	59.118	65.075	71.673	87.068	105.93	157.25	233.79	347.31	514.66
18	55.750	68.394	75.836	84.141	103.74	128.12	195.99	300.25	459.45	770.94
19	63.440	78.969	88.212	98.603	123.41	154.74	244.03	385.32	607.47	954.28
20	72.052	91.025	102.44	115.38	146.63	186.69	303.60	494.21	802.86	1 298.8
21	81.699	104.77	118.81	134.84	174.02	225.03	377.46	633.59	1 060.8	1 767.4
22	92.503	120.44	137.63	157.41	206.34	271.03	469.06	812.00	1 401.2	2 404.7
23	104.60	138.30	159.28	183.60	244.49	326.24	582.63	1 040.4	1 850.6	3 271.3
24	118.16	185.66	184.17	213.98	289.49	392.48	723.46	1 332.7	2 443.8	4 450.0
25	133.33	181.87	212.79	249.21	342.60	471.98	898.09	1 706.8	3 226.8	6 053.0
26	150.33	208.33	245.71	290.09	405.27	567.38	1 114.6	2 185.7	4 260.4	8 233.1
27	169.37	238.50	283.57	337.50	479.22	681.85	1 383.1	2 798.7	5 624.8	11 198
28	190.70	272.89	327.10	392.50	566.48	819.22	1 716.1	3 583.3	7 425.7	15 230.3
29	214.58	312.09	377.17	456.30	669.45	984.07	2 129.0	4 587.7	9 802.9	20 714.2
30	241.33	356.79	434.75	530.31	790.95	1 181.9	2 640.9	5 873.2	12 941	28 172.3
40	767.09	1 342.0	1 779.1	2 360.8	4 163.2	7 343.2	27 290	69 377	*	*
50	2 400.0	4 994.5	7 217.7	10 436	21 813	45 497	*	*	*	*
60	7 471.6	18 535	29 220	46 058	*	*	*	*	*	*

* >99 999

附表四　年金现值系数表

期数	1%	2%	3%	4%	5%	6%	7%	8%	9%
1	0.990 1	0.980 4	0.970 9	0.961 5	0.952 4	0.943 4	0.934 6	0.925 9	0.917 4
2	1.970 4	1.941 6	1.913 5	1.886 1	1.859 4	1.833 4	1.808 0	1.783 3	1.759 1
3	2.941 0	2.883 9	2.828 6	2.775 1	2.723 2	2.673 0	2.624 3	2.577 1	2.531 3
4	3.092 0	3.807 7	3.717 1	3.629 9	3.546 0	3.465 1	3.387 2	3.312 1	3.239 7
5	4.853 4	4.713 5	4.579 7	4.451 8	4.329 5	4.212 4	4.100 2	3.992 7	3.889 7
6	5.795 5	5.601 4	5.417 2	5.242 1	5.075 7	4.917 3	4.766 5	4.622 9	4.485 9
7	6.728 2	6.472 0	6.230 3	6.002 1	5.786 4	5.582 4	5.389 3	5.206 4	5.033 0
8	7.651 7	7.325 5	7.019 7	6.732 7	6.463 2	6.209 8	5.971 3	5.746 6	5.534 8
9	8.566 0	8.162 2	7.786 1	7.435 3	7.107 8	6.801 7	6.515 2	6.246 9	5.995 2
10	9.471 3	8.982 6	8.530 2	8.110 9	7.721 7	7.360 1	7.023 6	6.710 1	6.417 7
11	10.367 6	9.786 8	9.252 6	8.760 5	8.306 4	7.886 9	7.498 7	7.139 0	6.805 2
12	11.255 1	10.575 3	9.954 0	9.385 1	8.863 3	8.383 8	7.942 7	7.536 1	7.160 7
13	12.133 7	11.348 4	10.635 0	9.985 6	9.393 6	8.852 7	8.357 7	7.903 8	7.486 9
14	13.003 7	12.106 2	11.296 1	10.563 1	9.898 6	9.295 0	8.745 5	8.244 2	7.786 2
15	13.865 1	12.849 3	11.937 9	11.118 4	10.379 7	9.712 2	9.107 9	8.559 5	8.060 7
16	14.717 9	13.577 7	12.561 1	11.652 3	10.837 8	10.105 9	9.446 6	8.851 4	8.312 6
17	15.562 3	14.291 9	13.166 1	12.165 7	11.274 1	10.477 3	9.763 2	9.121 6	8.543 6
18	16.398 3	14.992 0	13.753 5	12.659 3	11.689 6	10.827 6	10.059 1	9.371 9	8.755 6
19	17.226 0	15.678 5	14.323 8	13.133 9	12.085 3	11.158 1	10.335 6	9.603 6	8.960 1
20	18.045 6	16.351 4	14.877 5	13.590 3	12.462 2	11.469 9	10.594 0	9.818 1	9.128 5
21	18.857 0	17.011 2	15.415 0	14.029 2	12.821 2	11.764 1	10.835 5	10.016 8	9.292 2
22	19.660 4	17.658 0	15.936 9	14.451 1	13.163 0	12.041 6	11.061 2	10.200 7	9.442 4
23	20.455 8	18.292 2	16.443 6	14.856 8	13.488 6	12.303 4	11.272 2	10.371 1	9.580 2
24	21.243 4	18.913 9	16.935 5	15.247 0	13.798 6	12.550 4	11.469 3	10.528 8	9.706 6
25	22.023 2	19.523 5	17.413 1	15.622 1	14.093 9	12.783 4	11.653 6	10.674 8	9.822 6
26	22.795 2	20.121 0	17.876 8	15.982 8	14.375 2	13.003 2	11.825 8	10.810 0	9.929 0
27	23.559 6	20.706 9	18.327 0	16.329 6	14.643 0	13.210 5	11.986 7	10.935 2	10.026 6
28	24.316 4	21.281 3	18.764 1	16.663 1	14.898 1	13.406 2	12.137 1	11.051 1	10.116 1
29	25.065 8	21.844 4	19.188 5	16.983 7	15.141 1	13.590 7	12.277 7	11.158 4	10.198 3
30	25.807 7	22.396 5	19.600 4	17.292 0	15.372 5	13.764 8	12.409 0	11.257 8	10.273 7
35	29.408 6	24.998 6	21.487 2	18.664 6	16.374 2	14.498 2	12.947 7	11.654 6	10.566 8
40	32.834 7	27.355 5	23.114 8	19.792 8	17.159 1	15.046 3	13.331 7	11.924 6	10.757 4
45	36.094 5	29.490 2	24.518 7	20.720 0	17.774 1	15.455 8	13.605 5	12.108 4	10.881 2
50	39.196 1	31.423 6	25.729 8	21.482 2	18.255 9	15.761 9	13.800 7	12.233 5	10.961 7
55	42.147 2	33.174 8	26.774 4	22.108 6	18.633 5	15.990 5	13.939 9	12.318 6	11.014 0

附表四（续）

期数	10%	12%	14%	15%	16%	18%	20%	24%	28%	32%
1	0.909 1	0.892 9	0.877 2	0.869 6	0.862 1	0.847 5	0.833 3	0.806 5	0.781 3	0.757 6
2	1.735 5	1.690 1	1.646 7	1.625 7	1.605 2	1.565 6	1.527 8	1.456 8	1.391 6	1.331 5
3	2.486 9	2.401 8	2.321 6	2.283 2	2.245 9	2.174 3	2.1 065	1.9 813	1.8 684	1.7 663
4	3.169 9	3.037 3	2.913 8	2.855 0	2.798 2	2.690 1	2.588 7	2.404 3	2.241 0	2.095 7
5	3.790 8	3.604 8	3.433 1	3.352 2	3.274 3	3.127 2	2.990 6	2.745 4	2.532 0	2.345 2
6	4.355 3	4.111 4	3.888 7	3.784 5	3.684 7	3.497 6	3.325 5	3.020 5	2.759 4	2.534 2
7	4.868 4	4.563 8	4.288 2	4.160 4	4.038 6	3.811 5	3.604 6	3.242 3	2.937 0	2.677 5
8	5.334 9	4.967 6	4.638 9	4.487 3	4.343 6	4.077 6	3.837 2	3.421 2	3.075 8	2.786 0
9	5.759 0	5.328 2	4.916 4	4.771 6	4.606 5	4.303 0	4.031 0	3.565 5	3.184 2	2.868 1
10	6.144 6	5.650 2	5.216 1	5.018 8	4.833 2	4.494 1	4.192 5	3.681 9	3.268 9	2.930 4
11	6.495 1	5.937 7	5.452 7	5.233 7	5.028 6	4.656 0	4.327 1	3.775 7	3.335 1	2.977 6
12	6.813 7	6.194 4	5.660 3	5.420 6	5.197 1	4.793 2	4.439 2	3.851 4	3.386 8	3.013 3
13	7.103 4	6.423 5	5.842 4	5.583 1	5.342 3	4.909 5	4.532 7	3.912 4	3.427 2	3.040 4
14	7.366 7	6.628 2	6.002 1	5.724 5	5.467 5	5.008 1	4.610 6	3.961 6	3.458 7	3.060 9
15	7.606 1	6.810 9	6.142 2	5.847 4	5.575 5	5.091 6	4.675 5	4.001 3	3.483 4	3.076 4
16	7.823 7	6.974 0	6.265 1	5.954 2	5.668 5	5.162 4	4.729 6	4.033 3	3.502 6	3.088 2
17	8.021 6	7.119 6	6.372 9	6.047 2	5.748 7	5.222 3	4.774 6	4.059 1	3.517 7	3.097 1
18	8.201 4	7.249 7	6.467 4	6.128 0	5.817 8	5.273 2	4.812 2	4.079 9	3.529 4	3.103 9
19	8.364 9	7.365 8	6.550 4	6.198 2	5.877 5	5.316 2	4.843 5	4.096 7	3.538 6	3.109 0
20	8.513 6	7.469 4	6.623 1	6.259 3	5.928 8	5.352 7	4.869 6	4.110 3	3.545 8	3.112 9
21	8.648 7	7.562 0	6.687 0	6.312 5	5.973 1	5.383 7	4.891 3	4.121 2	3.551 4	3.115 8
22	8.771 5	7.644 6	6.742 9	6.358 7	6.011 3	5.409 9	4.909 4	4.130 0	3.555 8	3.118 0
23	8.883 2	7.718 4	6.792 1	6.398 8	6.044 2	5.432 1	4.924 5	4.137 1	3.559 2	3.119 7
24	8.984 7	7.784 3	6.835 1	6.433 8	6.072 6	5.450 9	4.937 1	4.142 8	3.561 9	3.121 0
25	9.077 0	7.843 1	6.872 9	6.464 1	6.097 1	5.466 9	4.947 6	4.147 4	3.564 0	3.122 0
26	9.160 9	7.895 7	6.906 1	6.490 6	6.118 2	5.480 4	4.956 3	4.151 1	3.565 6	3.122 7
27	9.237 2	7.942 6	6.935 2	6.513 5	6.136 4	5.491 9	4.963 6	4.154 2	3.566 9	3.123 3
28	9.306 6	7.984 4	6.960 7	6.533 5	6.152 0	5.501 6	4.969 7	4.156 6	3.567 9	3.123 7
29	9.369 6	8.021 8	6.983 0	6.550 9	6.165 6	5.509 8	4.974 7	4.158 5	3.568 7	3.124 0
30	9.426 9	8.055 2	7.002 7	6.566 0	6.177 2	5.516 8	4.978 9	4.160 1	3.569 3	3.124 2
35	9.644 2	8.175 5	7.070 0	6.616 6	6.215 3	5.538 6	4.991 5	1.164 4	3.570 8	3.124 8
40	9.779 1	8.243 8	7.105 0	6.641 8	6.233 5	5.548 2	4.996 6	4.165 9	3.571 2	3.125 0
45	9.862 8	8.282 5	7.123 2	6.654 3	6.242 1	5.552 3	4.998 6	4.166 4	3.571 4	3.125 0
50	9.914 8	8.304 5	7.132 7	6.660 5	6.246 3	5.554 1	4.999 5	4.166 6	3.571 4	3.125 0
55	9.947 1	8.317 0	7.137 6	6.663 6	6.248 2	5.554 9	4.999 8	4.166 6	3.571 4	3.125 0